U0930347

安徽繁昌窑遗址发掘与研究

安徽繁昌窑遗址考古队
杨玉璋　张居中　李广宁　徐繁　著

中国社会科学出版社

图书在版编目（CIP）数据

安徽繁昌窑遗址发掘与研究/杨玉璋、张居中、李广宁、徐繁著.
北京：中国社会科学出版社，2010.4
ISBN 978-7-5004-8643-5

Ⅰ.①安… Ⅱ.①杨…②张…③李…④徐… Ⅲ.①瓷窑遗址-发掘报告-安徽省 Ⅳ.①K878.55

中国版本图书馆 CIP 数据核字（2010）第 054285 号

责任编辑 夏 侠 雁 声
责任校对 王雪梅
封面设计 大鹏工作室
技术编辑 戴 宽

出版发行 中国社会科学出版社
社 址 北京鼓楼西大街甲 158 号 邮 编 100720
电 话 010-84029450（邮购）
网 址 http://www.csspw.cn
经 销 新华书店
印 刷 北京君升印刷有限公司 装 订 广增装订厂
版 次 2010 年 4 月第 1 版 印 次 2010 年 4 月第 1 次印刷
开 本 710×1000 1/16
印 张 12
字 数 220 千字
定 价 78.00 元

国家社科基金后期资助项目

出版说明

后期资助项目是国家社科基金新设立的一类重要项目，它是经过严格评审，从接近完成的优秀科研成果中遴选立项的。为扩大后期资助项目的影响，更好地推动学术发展，促进成果转化，全国哲学社会科学规划办公室按照“统一标识、统一版式、符合主题、封面各异”的总体要求，委托商务印书馆、中华书局、中国社会科学出版社、社会科学文献出版社和人民文学出版社，陆续出版国家社科基金后期资助项目成果。

全国哲学社会科学规划办公室

2006 年 6 月

序

朱清时

科技考古是人文社会科学与自然科学的交叉学科，具有广阔的发展前景。科技考古学在中国的起步并不算晚，1949 年美国科学家利比发明碳十四测年技术后不久，当时的中国科学院考古研究所（现中国社会科学院考古研究所的前身）便开始着手筹建中国第一个碳十四断代实验室，在经过多年的发展后，逐步建立起了中国的碳十四年代学。20 世纪 80 年代后，随着中国的改革开放和中外文化交流的迅速发展，中国的考古学界与国际考古学界的交流愈加频繁，在新的自然科学技术成果应用于考古学领域的广度和深度，以及考古学对自然科学理论与方法的借鉴、吸收等方面有了迅速的发展，并取得了很多令人瞩目的成果，极大地推动了科技考古学在中国的发展。

中国科学技术大学科技史与科技考古系是国内建立较早的科技考古学科的科研单位之一，利用我校良好的科研环境，我们在陶瓷考古、冶金考古、生物考古、环境考古和农业考古等研究方向上已取得一系列的研究成果，通过系统的科研训练和一年一度的田野考古实习，在地方文博系统的支持下，培养了一批既懂传统考古学又懂科技考古的年轻人才，他们中有不少人在国内各高校和考古研究机构中从事科技考古的研究工作并已崭露头角，是我国科技考古事业发展的新生力量。同时，科技史与科技考古系包括考古发掘在内的一系列教学科研活动，不仅拓展了我们这所以理工科见长的高校的人文科学研究领域，而且还为活跃校园文化生活，丰富人文素质教育，增添了新的内容和形式，其中繁昌窑遗址的考古发掘与研究就是成功的案例之一。

2002 年，中国科学技术大学科技史与科技考古系与安徽省有关文物考古部门合作，对在青白瓷发展史上有重要地位的安徽繁昌窑遗址进行了科学的考古发掘，取得了丰富的成果，在国家哲学社会科学规划办公室和学校的支持下，课题组历经数年潜心研究，完成了这本富有特色的考古报告。我认为，本研究至少在以下几个方面有较为重要的学术价值：

首先，本研究通过对发掘资料的系统整理，第一次全面揭露了繁昌窑遗址的文化面貌和科学内涵，弄清了繁昌窑青白瓷的特征、类型、器物组合及其演变情况，并从地层上证实了繁昌窑青白瓷创烧于五代这一重要观点，这是目前已知的我国最早烧造青白瓷的窑址，同时，繁昌窑在地理位置上正处于唐代以来形成的“南青北白”瓷业格局的中间地带，五代时期在这两个地区成功烧造出青白瓷并不是历史的偶然，而是我国南北瓷业生产交流融合的结果，因此，繁昌窑的发掘与研究为探索我国青白瓷的起源及南北制瓷工艺交流等问题提供了珍贵资料。

其次，历史文献记载，皖南地区的“宣州窑”是曾为南唐国宫廷烧造贡瓷的贡窑，但多年来一直未能找到，“宣州窑”也因此成为中国陶瓷史上的一个不解之谜。经过对繁昌窑和南京南唐二陵中出土瓷器的对比研究，并结合文献考证和考古资料研究，确认了繁昌窑就是曾为南唐国宫廷生产贡瓷的“宣州窑”，从而解开了中国陶瓷史上这一历史谜团。

再次，实验还表明，繁昌窑在五代时期已使用了瓷石加高岭土的“二元配方”制瓷工艺，这一认识比传统上认为的“二元配方”工艺起源于元代初年景德镇窑的观点要早三百多年，对研究我国陶瓷科技发展史也具有非常积极的意义。同时，经对繁昌窑青白瓷胎及其制作原料的主微量元素分析发现，北宋中期后繁昌窑青白瓷制作原料品质明显下降，这是导致其青白瓷质量下降及繁昌窑衰落的主要原因，改变了过去认为的由于景德镇窑的兴起抢占了繁昌窑产品市场而导致繁昌窑衰落的观点。

最后，作为一本瓷窑遗址的考古发掘报告，据我所知，在利用自然科学手段进行分析测试研究方面做的是比较全面的，所得出的结论建立在科学依据之上，也就更具有说服力。因为作者不仅受到了传统考古学的严格训练，同时也接受了自然科学分析方法的严格训练，不仅参与了该项考古发掘的全过程，还主要承担了资料整理与报告编写工作，在研究中自己发现和提出科学问题，自己设法运用相应的自然科学方法来解决，实现了考古学与科技考古方法的统一与融合，可以说，这本报告在这方面是一次有益的尝试，这也是我们创办科技史与科技考古系的主要目的之一。

是为序。

目　录

第一章　地理环境与历史沿革 …………………………………………… (1)

第一节　地理环境 ……………………………………………………… (1)

第二节　历史沿革 ……………………………………………………… (4)

第二章　历年的考古与研究工作 ………………………………………… (6)

第一节　2002年前的考古研究工作 ………………………………… (6)

第二节　2002年的发掘工作情况 …………………………………… (8)

第三章　地层堆积 ………………………………………………………… (11)

第一节　探方分布及面积 …………………………………………… (11)

第二节　地层堆积 …………………………………………………… (11)

一　龙窑发掘区文化层堆积 ……………………………………… (11)

二　作坊区文化层堆积 …………………………………………… (16)

第四章　遗迹 ……………………………………………………………… (19)

第一节　窑炉 ………………………………………………………… (20)

一　位置及与地层的关系 ………………………………………… (20)

二　结构 …………………………………………………………… (20)

第二节　作坊 ………………………………………………………… (25)

第三节　过滤池与澄泥池 …………………………………………… (26)

一　C1(澄泥池) …………………………………………………… (27)

二　C2(过滤池) …………………………………………………… (28)

第四节　灰坑 ………………………………………………………… (29)

一 H1 …………………………………………………………（29）
二 H2 …………………………………………………………（29）
第五节 排水沟 ……………………………………………………（30）
第六节 墓葬及其他 ………………………………………………（30）
一 M1 …………………………………………………………（31）
二 M2 …………………………………………………………（31）

第五章 出土遗物 ……………………………………………………（34）
第一节 瓷器 ………………………………………………………（34）
一 青白釉瓷 ……………………………………………………（34）
二 酱黑釉瓷 ……………………………………………………（86）
第二节 制瓷工具 …………………………………………………（88）
一 擂钵 …………………………………………………………（88）
二 碾轮 …………………………………………………………（88）
三 荡箍 …………………………………………………………（89）
四 整形工具 ……………………………………………………（90）
五 陶拍 …………………………………………………………（90）
第三节 装烧窑具 …………………………………………………（90）
一 匣钵 …………………………………………………………（90）
二 匣钵盖 ………………………………………………………（93）
三 间隔具 ………………………………………………………（94）
四 试烧片 ………………………………………………………（95）
五 窑柱 …………………………………………………………（97）
第四节 文字与款识 ………………………………………………（97）
一 窑具上的文字 ………………………………………………（97）
二 瓷器上的文字 ………………………………………………（98）
第五节 钱币 ………………………………………………………（99）

第六章 分期与年代 ………………………………………………（100）
第一节 分期 ……………………………………………………（100）
一 地层分组 ……………………………………………………（100）

二　分期 ……………………………………………………………… (101)
三　遗迹所属的期别 ………………………………………………… (103)
第二节　各期特征及年代推断 ……………………………………… (104)

第七章　繁昌窑青白瓷的科学分析与研究 ……………………… (108)
第一节　繁昌窑青白瓷釉的研究 …………………………………… (108)
一　研究背景 ………………………………………………………… (108)
二　实验 ……………………………………………………………… (109)
三　讨论 ……………………………………………………………… (112)
四　结论 ……………………………………………………………… (116)
第二节　繁昌窑青白瓷胎微量元素组成的中子活化分析 ………… (117)
一　实验 ……………………………………………………………… (118)
二　结果与讨论 ……………………………………………………… (120)
三　结论 ……………………………………………………………… (128)
第三节　繁昌窑青白瓷胎主量元素组成的 XRF 分析 ……………… (128)
一　实验 ……………………………………………………………… (129)
二　结果与讨论 ……………………………………………………… (130)
三　结论 ……………………………………………………………… (137)
第四节　繁昌窑青白瓷化学组成特征及胎料配方工艺研究 ……… (138)
一　繁昌窑青白瓷元素组成特征分析 ……………………………… (138)
二　繁昌窑青白瓷胎料配方工艺研究 ……………………………… (141)
三　小结 ……………………………………………………………… (147)
第五节　繁昌窑制瓷工艺的模拟实验研究 ………………………… (147)
一　模拟实验 ………………………………………………………… (148)
二　理化分析 ………………………………………………………… (152)
三　结论 ……………………………………………………………… (157)

第八章　结语 ……………………………………………………… (158)
第一节　繁昌窑性质的讨论 ………………………………………… (158)
一　文献记载中的“宣州窑” ……………………………………… (158)
二　古宣州境内发现的瓷窑遗址 …………………………………… (160)

三 “宣州窑”的时代及其产品特征分析 ……………………………… (161)
四 “宣州官窑”及相关问题研究 ……………………………………… (162)
五 “宣州窑”与繁昌窑的关系 ………………………………………… (165)
第二节 繁昌窑的兴衰 ……………………………………………………… (166)
第三节 繁昌窑的历史地位 ………………………………………………… (167)
第四节 成型与装烧工艺 …………………………………………………… (169)

后记 ……………………………………………………………………………… (171)

插图目录

图一　繁昌窑遗址地理位置图 …………………………………… (2)
图二　繁昌窑遗址位置示意图 …………………………………… (3)
图三　繁昌窑遗址分区图 …………………………………………… (12)
图四　T119 西壁剖面图 …………………………………………… (13)
图五　T95 西壁剖面图 …………………………………………… (14)
图六　龙窑发掘区地层剖面图 …………………………………… (17)
图七　T340 南壁剖面图 …………………………………………… (16)
图八　柯家冲窑址遗迹分布示意图 ……………………………… (19)
图九　Y1 平剖面图 ………………………………………………… (21)
图一〇　Y1 窑头剖视图 …………………………………………… (22)
图一一　Y1 南三门西视剖面图 …………………………………… (24)
图一二　F1 平剖面图 ……………………………………………… (25)
图一三　C1、C2 平剖面图 ………………………………………… (27)
图一四　H1 平剖面图 ……………………………………………… (29)
图一五　H2 平剖面图 ……………………………………………… (29)
图一六　G2 平剖面图 ……………………………………………… (30)
图一七　M1 平剖面图 ……………………………………………… (31)
图一八　M2 平剖面图 ……………………………………………… (32)
图一九　Aa 型青白釉敞口碗 ……………………………………… (35)
图二〇　Ab 型Ⅰ式青白釉敞口碗 ………………………………… (35)
图二一　Ab 型Ⅱ式青白釉敞口碗 ………………………………… (37)
图二二　Ab 型Ⅲ式青白釉敞口碗 ………………………………… (38)
图二三　Ac 型Ⅰ式青白釉敞口碗 ………………………………… (39)

图二四　Ac 型Ⅱ式、Ⅲ式青白釉敞口碗 …………………………………………（41）
图二五　Ad 型青白釉敞口碗 …………………………………………（42）
图二六　Ba 型Ⅰ式、Ⅱ式青白釉敞口碗 …………………………………………（43）
图二七　Bb、Bc 型青白釉敞口碗 …………………………………………（45）
图二八　C 型青白釉敞口碗 …………………………………………（46）
图二九　青白釉侈口碗 …………………………………………（48）
图三〇　A 型青白釉温碗 …………………………………………（50）
图三一　B 型青白釉温碗 …………………………………………（52）
图三二　Aa 型Ⅰ式青白釉盏 …………………………………………（53）
图三三　Aa 型Ⅱ式青白釉盏 …………………………………………（54）
图三四　Aa 型Ⅲ式、Ⅳ式青白釉盏 …………………………………………（56）
图三五　Ab 型青白釉盏 …………………………………………（57）
图三六　B 型、F 型青白釉盏 …………………………………………（57）
图三七　C 型Ⅰ式青白釉盏 …………………………………………（58）
图三八　C 型Ⅱ式青白釉盏 …………………………………………（59）
图三九　C 型Ⅲ式青白釉盏 …………………………………………（60）
图四〇　D 型青白釉盏 …………………………………………（62）
图四一　Ea 型青白釉盏 …………………………………………（64）
图四二　Eb 型青白釉盏 …………………………………………（65）
图四三　Aa 型青白釉圈足碟 …………………………………………（65）
图四四　Ab、Ac 型青白釉圈足碟 …………………………………………（66）
图四五　B 型青白釉圈足碟 …………………………………………（67）
图四六　C 型青白釉圈足碟 …………………………………………（68）
图四七　青白釉平底碟 …………………………………………（70）
图四八　青白釉隐圈足碟 …………………………………………（71）
图四九　青白釉盘 …………………………………………（72）
图五〇　A 型青白釉执壶 …………………………………………（74）
图五一　Ba 型Ⅰ式青白釉执壶 …………………………………………（75）
图五二　Ba 型Ⅱ式青白釉执壶 …………………………………………（76）
图五三　Bb、Bc 型青白釉执壶 …………………………………………（77）
图五四　青白釉水盂 …………………………………………（78）

图五五　青白釉盒 …………………………………………………………… (80)
图五六　青白釉盒盖 ………………………………………………………… (81)
图五七　青白釉炉 …………………………………………………………… (82)
图五八　青白釉罐 …………………………………………………………… (84)
图五九　青白釉B型盏托(M2:3) ……………………………………………… (85)
图六〇　魂瓶及魂瓶盖 ……………………………………………………… (85)
图六一　酱黑釉瓷 …………………………………………………………… (87)
图六二　制瓷工具 …………………………………………………………… (89)
图六三　漏斗形匣钵 ………………………………………………………… (91)
图六四　桶形匣钵 …………………………………………………………… (92)
图六五　其他匣钵 …………………………………………………………… (93)
图六六　匣钵盖 ……………………………………………………………… (94)
图六七　垫饼 ………………………………………………………………… (95)
图六八　试烧片 ……………………………………………………………… (96)
图六九　窑具上的文字 ……………………………………………………… (98)
图七〇　繁昌窑青白瓷釉显微结构 ………………………………………… (111)
图七一　繁昌窑青白釉XRD图谱(T95⑪层出土标本) ………………………… (112)
图七二　繁昌窑青白釉组分分布图 ………………………………………… (116)
图七三　繁昌窑、青山窑、湖田窑青白瓷釉Si、Al含量分布图………………… (116)
图七四　繁昌窑、青山窑、湖田窑青白瓷釉Ca、Mg含量分布图 ……………… (116)
图七五　繁昌窑、青山窑、湖田窑青白瓷釉K、Na含量分布图………………… (116)
图七六　Rb元素含量的时代分布图 ………………………………………… (120)
图七七　Cs元素含量的时代分布图 ………………………………………… (120)
图七八　Nd元素含量的时代分布图 ………………………………………… (120)
图七九　Yb元素含量的时代分布图 ………………………………………… (120)
图八〇　Ce、Sr等元素含量平均值图………………………………………… (124)
图八一　Eu、Tb等元素含量平均值图 ……………………………………… (124)
图八二　Th、Rb等元素含量平均值图 ……………………………………… (124)
图八三　Yb、Hf等元素含量平均值图 ……………………………………… (124)
图八四　Cs、Rb元素含量比值图 …………………………………………… (126)
图八五　Eu、Co元素含量比值图 …………………………………………… (126)

图八六 Tb、Yb 元素含量比值图 ……………………………………………… (126)
图八七 Rb、Fe 元素含量比值图 ……………………………………………… (126)
图八八 繁昌窑瓷胎微量元素含量 PCA 散点图 ………………………… (127)
图八九 K_2O 含量的年代分布图 ……………………………………………… (134)
图九〇 SiO_2 含量的年代分布图 ……………………………………………… (134)
图九一 Fe_2O_3 含量的年代分布图 …………………………………………… (134)
图九二 Na_2O 含量的年代分布图 …………………………………………… (134)
图九三 Si、Al 含量比值图 …………………………………………………… (135)
图九四 K、Na 含量比值图 …………………………………………………… (135)
图九五 繁昌窑青白瓷胎式图 ………………………………………………… (135)
图九六 主量元素含量 PCA 散点图 ………………………………………… (135)
图九七 青白瓷胎 SiO_2、Al_2O_3 含量比值图 ………………………………… (141)
图九八 青白瓷胎 K_2O、Na_2O 含量比值图 ………………………………… (141)
图九九 青白瓷胎 CaO、MgO 含量比值图 …………………………………… (141)
图一〇〇 青白瓷胎 Fe_2O_3、TiO_2 含量比值图 ………………………………… (141)
图一〇一 繁昌窑制瓷原料、瓷胎及景德镇瓷石与高岭土组成分布图 ……………………………………………………… (146)
图一〇二 ZP-1 的 XRD 图谱 ………………………………………………… (154)
图一〇三 ZP-2 的 XRD 图谱 ………………………………………………… (154)
图一〇四 FL-1 的 XRD 图谱 ………………………………………………… (155)
图一〇五 CT-1 的 XRD 图谱 ………………………………………………… (155)
图一〇六 ZP-2 的 SEM 显微结构(×400) …………………………………… (155)
图一〇七 ZP-2 的 SEM 显微结构(×25,000) ………………………………… (155)
图一〇八 CT-1 的 SEM 显微结构(×400) …………………………………… (156)
图一〇九 CT-2 的 SEM 显微结构(×400) …………………………………… (156)
图一一〇 繁昌窑与南唐二陵出土瓷盏平剖面直视图 ……………………… (166)

彩版目录

彩版一　繁昌柯家冲窑址发掘
彩版二　2002年古陶瓷科学技术国际讨论会
彩版三　繁昌窑遗址专家论证会
彩版四　龙窑基址发掘
彩版五　龙窑遗迹全景
彩版六　龙窑遗迹
彩版七　龙窑窑壁与窑室
彩版八　龙窑窑门
彩版九　作坊与淘洗池
彩版一〇　作坊区遗迹
彩版一一　Aa型敞口碗
彩版一二　Ab型Ⅰ式敞口碗
彩版一三　Ab型Ⅰ式敞口碗
彩版一四　Ab型Ⅱ式敞口碗
彩版一五　Ab型Ⅱ式敞口碗
彩版一六　Ab型Ⅲ式敞口碗
彩版一七　Ab型Ⅲ式敞口碗
彩版一八　Ac型Ⅰ式敞口碗
彩版一九　Ac型Ⅰ式敞口碗
彩版二〇　Ac型Ⅱ式敞口碗
彩版二一　Ac型Ⅱ式敞口碗
彩版二二　Ac型Ⅱ式、Ⅲ式敞口碗
彩版二三　Ad型敞口碗

彩版二四　Ad 型敞口碗
彩版二五　Ad 型敞口碗
彩版二六　Ad 型敞口碗
彩版二七　Ba 型Ⅰ式、Ⅱ式敞口碗
彩版二八　Ba 型Ⅱ式敞口碗
彩版二九　Ba 型Ⅱ式敞口碗
彩版三〇　Bb 型敞口碗
彩版三一　Bb 型敞口碗
彩版三二　Bc 型敞口碗
彩版三三　Ca 型Ⅰ式敞口碗
彩版三四　Ca 型Ⅰ式敞口碗
彩版三五　Ca 型Ⅱ式敞口碗
彩版三六　Ca 型Ⅱ式敞口碗
彩版三七　Cb 型敞口碗
彩版三八　Cc 型敞口碗
彩版三九　Aa 型侈口碗
彩版四〇　Ab 型、Ba 型Ⅰ式侈口碗
彩版四一　Ba 型Ⅰ式侈口碗
彩版四二　Ba 型Ⅰ式、Ⅱ式侈口碗
彩版四三　Ba 型Ⅱ式侈口碗
彩版四四　Ba 型Ⅱ式、Bb 型侈口碗
彩版四五　Aa 型Ⅰ式温碗
彩版四六　Aa 型Ⅱ式温碗
彩版四七　Ab 型温碗
彩版四八　Ba 型温碗
彩版四九　Bb 型温碗
彩版五〇　Bb 型温碗
彩版五一　Aa 型Ⅰ式盏
彩版五二　Aa 型Ⅰ式盏
彩版五三　Aa 型Ⅰ式盏
彩版五四　Aa 型Ⅱ式盏

彩版五五　Aa型Ⅱ式盏
彩版五六　Aa型Ⅱ式盏
彩版五七　Aa型Ⅲ式盏
彩版五八　Aa型Ⅲ式盏
彩版五九　Aa型Ⅳ式盏
彩版六〇　Aa型Ⅳ式盏
彩版六一　Ab型盏
彩版六二　B型盏
彩版六三　C型Ⅰ式盏
彩版六四　C型Ⅰ式盏
彩版六五　C型Ⅱ式盏
彩版六六　C型Ⅱ式盏
彩版六七　C型Ⅲ式盏
彩版六八　C型Ⅲ式盏
彩版六九　Da型Ⅰ式盏
彩版七〇　Da型Ⅰ式盏
彩版七一　Da型Ⅱ式盏
彩版七二　Db型盏
彩版七三　Ea型盏
彩版七四　Ea型盏
彩版七五　Eb型盏
彩版七六　Eb型、F型盏
彩版七七　Aa型Ⅰ式圈足碟
彩版七八　Aa型Ⅱ式圈足碟
彩版七九　Ab型圈足碟
彩版八〇　Ac型圈足碟
彩版八一　Ba型、Bb型圈足碟
彩版八二　Ca型Ⅰ式圈足碟
彩版八三　Ca型Ⅱ式圈足碟
彩版八四　Ca型Ⅲ式圈足碟
彩版八五　Cb型Ⅰ式圈足碟

彩版八六　Cb 型Ⅱ式圈足碟
彩版八七　Cc 型圈足碟
彩版八八　平底碟
彩版八九　A 型隐圈足碟
彩版九〇　A 型隐圈足碟
彩版九一　B 型隐圈足碟
彩版九二　A 型盘
彩版九三　Ba 型盘
彩版九四　Bb 型、Ca 型盘
彩版九五　Ca 型盘
彩版九六　Ca 型、Cb 型盘
彩版九七　Cb 型盘
彩版九八　Aa 型Ⅰ式执壶
彩版九九　Aa 型Ⅱ式执壶
彩版一〇〇　Aa 型Ⅱ式、Ⅲ式执壶
彩版一〇一　Ab 型、Ba 型Ⅰ式执壶
彩版一〇二　Ba 型Ⅰ式执壶
彩版一〇三　Ba 型Ⅱ式执壶
彩版一〇四　Ba 型Ⅱ式执壶
彩版一〇五　Bb 型执壶
彩版一〇六　Bb 型、Bc 型执壶
彩版一〇七　Aa 型Ⅰ式水盂
彩版一〇八　Aa 型Ⅱ式、Ⅲ式水盂
彩版一〇九　Aa 型Ⅲ式、Ab 型水盂
彩版一一〇　Ba 型水盂
彩版一一一　Bb 型、C 型水盂
彩版一一二　A 型盒
彩版一一三　B 型盒
彩版一一四　C 型盒
彩版一一五　Aa 型盒盖
彩版一一六　Ab 型、Ba 型盒盖

彩版一一七　Bb 型盒盖
彩版一一八　Bb 型盒盖
彩版一一九　Aa 型炉
彩版一二〇　Ab 型、B 型炉
彩版一二一　A 型罐
彩版一二二　Ba 型、Bb 型罐
彩版一二三　C 型罐
彩版一二四　盏托
彩版一二五　魂瓶及魂瓶盖
彩版一二六　动物雕像
彩版一二七　瓜子、炉足
彩版一二八　圆瓷片与器盖
彩版一二九　酱、黑釉瓷器
彩版一三〇　酱、黑釉瓷器
彩版一三一　A 型擂钵
彩版一三二　B 型擂钵
彩版一三三　碾轮
彩版一三四　荡箍
彩版一三五　整形工具、陶拍
彩版一三六　A 型漏斗状匣钵
彩版一三七　A 型漏斗状匣钵
彩版一三八　B 型漏斗状匣钵
彩版一三九　A 型桶形匣钵
彩版一四〇　B、C 型桶形匣钵
彩版一四一　"M"形、平底匣钵
彩版一四二　A 型匣钵盖
彩版一四三　A 型、B 型匣钵盖
彩版一四四　垫圈
彩版一四五　垫圈与垫饼
彩版一四六　垫饼
彩版一四七　窑柱

彩版一四八　刻字匣钵
彩版一四九　刻字匣钵
彩版一五〇　刻字匣钵
彩版一五一　刻字匣钵
彩版一五二　刻字匣钵、瓷器
彩版一五三　刻字瓷器
彩版一五四　刻字瓷器
彩版一五五　刻字瓷器
彩版一五六　刻字瓷器
彩版一五七　铜币
彩版一五八　铜币
彩版一五九　文献与考古资料中南唐国瓷器与繁昌窑生产瓷器

表格目录

表 1　繁昌柯家冲窑址各组地层与出土器物型式对照表……………………（102）
表 2　繁昌柯家冲窑出土瓷片样品的地层、时代及外观特征 …………（110）
表 3　繁昌窑青白釉化学组成……………………………………………（113）
表 4　青山窑、景德镇窑青白瓷釉化学组成 ……………………………（115）
表 5　繁昌窑瓷片样品的出土地层、时代及特征 ………………………（118）
表 6　标准参考物质 GBW07103 的标准值和实验值……………………（119）
表 7　繁昌窑青白瓷胎微量元素化学组成………………………………（121）
表 8　不同时期瓷胎中微量元素的平均值和标准偏差值………………（125）
表 9　繁昌窑青白瓷主量元素 XRF 法测定条件 ………………………（130）
表 10　繁昌窑青白瓷瓷胎主量元素化学组成 …………………………（131）
表 11　繁昌窑各期青白瓷瓷胎主量元素含量的平均值及标准偏差 …（133）
表 12　景德镇窑、德化窑和青山窑青白瓷瓷胎主量元素化学组成……（139）
表 13　各类制瓷原料主要元素化学组成 ………………………………（145）
表 14　模拟实验样品烧成制度 …………………………………………（150）
表 15　景德镇附近三宝、余干瓷石粉料粒径分布………………………（150）
表 16　模拟实验样品 XRF 法测定条件…………………………………（153）
表 17　制瓷原料、粉料、模拟实验制品及繁昌窑瓷胎化学组成 ………（153）
表 18　模拟实验制品开口气孔率、吸水率及体积密度测试结果………（156）
表 19　繁昌窑青白瓷胎的开口气孔率、吸水率以及体积密度…………（157）

第一章　地理环境与历史沿革

第一节　地理环境

安徽位于华东中部，淮河、长江分别从其境内自西向东穿过，将全境由北向南自然分割成淮北平原、江淮之间的丘陵山地与皖中平原、皖南山地三个部分。境内河流皆属长江、淮河两大水系，气候具有明显的过渡性特征，淮河南北分属北亚热带湿润季风气候区和暖温带半温润季风气候区。

繁昌县位于皖南北部，长江南岸，属芜湖市所辖，东南连南陵县，西南接铜陵县，西北与无为县隔江相望，东北和芜湖市辖区毗邻（图一）。其地理位置介于北纬30°37′至31°17′，东经117°58′至118°22′之间，面积917平方公里，其中，平原390平方公里，占42.5%，丘陵、山地260平方公里，占37.9%，水面181平方公里，占19.6%。繁昌地势南高北低，西部、南部和东南部为丘陵、山地，海拔一般在400米以下，北部和东部为平原，海拔7—30米。

繁昌地处北亚热带湿润季风区南缘，全年气候温和，四季分明，无霜期较长，湿度大，光照充足。因受季风影响，降水年际变化较大，季节分配不均，年平均气温15.3℃，年均降雨量1244.1毫米。境内水系发育，尤以东北部为著，主要河流包括长江、漳河、峨溪河、小江、黄浒河等，均属长江水系。境内矿产资源丰富，金属矿产有铁、锌、铜、金、银等，非金属矿产包括石灰石、硫铁矿、白云石、沸石、重晶石、硅灰石、膨润土、高岭土和珍珠岩等，皆有较大的储量。其中，与制瓷业密切相关的有钠质瓷石、高岭土和膨润土等。①

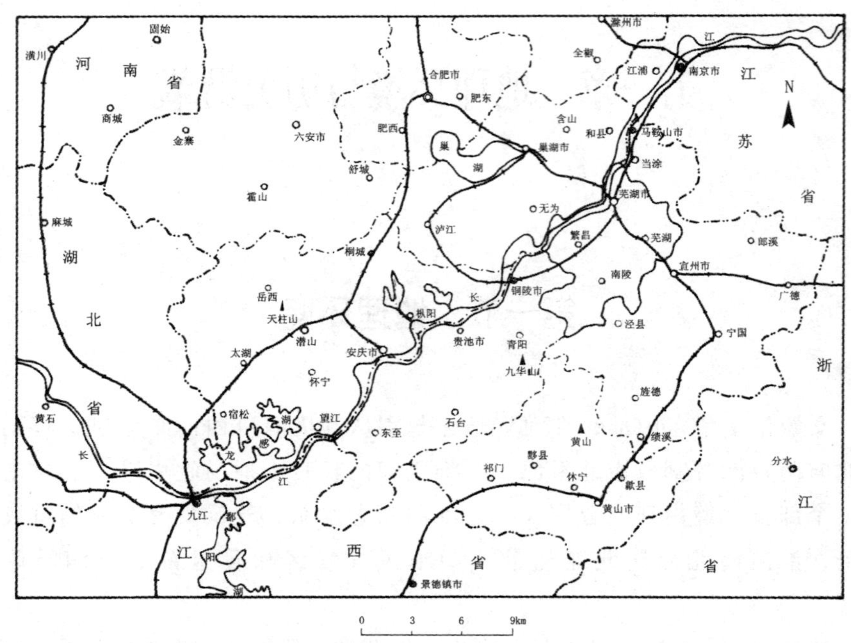

图一 繁昌窑遗址地理位置图

繁昌窑遗址是繁昌县城关镇及其附近地区分布的众多瓷窑遗址的统称，这些窑址散布于县城南郊和西郊的丘陵山坡上，包括柯家冲、骆冲、张塘、半边街和柳墩等数个地点（图二）。其中，以南郊的柯家冲窑址规模最大，保存最好，是繁昌窑的中心窑址，代表了繁昌窑制瓷的年代范围和器物的总体特征，2001 年被国务院公布为全国重点文物保护单位。柯家冲窑址位于繁昌县城关镇高潮行政村柯家冲自然村，柯家冲东、南、西三面环山，北面开敞，窑址就分布在东面的峨山和西边的锥子山之间。经考古调查，在东西长约 0.9

① a. 繁昌县地方志编纂委员会：《繁昌县志》，南京大学出版社 1993 年版，第 218 页。

b. 李灿华、赵学恺、蒋海成等：《芦南钠质瓷石地质特征及开发应用初探》，《非金属矿》1995 年第 6 期。

c. 《中华人民共和国区域地质调查报告繁昌县幅》，1989 年，安徽省地矿局藏，资料号：1318。

公里，南北宽约1.2公里，总面积约1平方公里的遗址区内散布大量的残窑砖、残破匣钵和瓷片，数十条龙窑遗迹分布在冲内的岗坡上，由于遗址区内植被较好，草木茂盛，多数龙窑遗迹得以保存，少量窑包由于早期村民的建房和农业生产等活动遭到不同程度的破坏，一些窑炉残迹暴露于地表。遗址北面的山脚下现为一片稻田，地势平坦开阔，调查发现有湖相沉积地层分布，峨溪河自西南向东北从窑址北侧流过，为繁昌窑瓷器的外运提供了便利的水路交通。根据现有考古资料来看，繁昌窑曾大量烧造日用民间瓷器，其产品行销于长江中下游各地，如南京、镇江、扬州、连云港等地，其中，尤其安徽沿江一带出土较多。据民间流传，宋代时当地窑场生产瓷器的工匠以柯大、柯二最为有名，至今，皖南地区的群众仍称大瓷碗为“柯大”、小瓷碗为“柯二”，足见柯家冲窑在当时的皖南地区所具有的社会影响。①

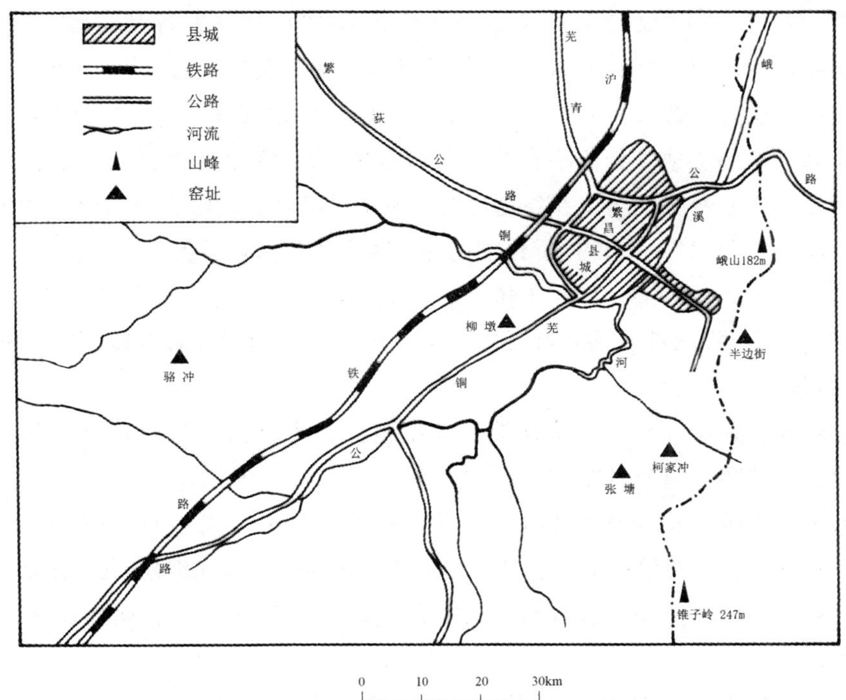

图二　繁昌窑遗址位置示意图

① 陈衍麟：《安徽繁昌柯家村窑址调查报告》，《东南文化》1991年第2期。

第二节 历史沿革

繁昌历史悠久，孙村人字洞遗址的发掘证明早在200万年前，已有先民在此活动,[①] 境内多处新石器时代、商周时期古遗址、古墓葬的发现则展现了当时人类活动的繁荣景象。

西周建国后，实行分封制，在安徽的铜陵一带，分布有焦、越、章等国。春秋战国时期，兼并战争频繁，安徽境内的小国，大部分被楚、吴两个大国先后兼并，越灭吴后，楚越两国继续瓜分安徽。公元前333年，楚灭越后，安徽全境为楚所有。战国后期，皖南地区大致属于楚江东郡和会稽郡。秦统一全国后，江南地区属于会稽郡的黝县（在今黟县）、歙县和丹阳县（在今丹徒）。[②] 西汉武帝元封二年（公元前109），建春谷县，属丹阳郡。三国吴永安年间（258—264），地属故鄣郡。西晋武帝太康元年（280），属宣城郡。东晋元帝大兴元年（318），司马睿即位建康（今南京），其襄城郡繁昌县（繁昌县故址繁阳亭在今河南临颍县西北30里）之民因避战祸，从帝渡江，流聚春谷，遂于春谷地侨置襄城郡繁昌县，是时春谷、繁昌两县并立。成帝咸和四年（329）侨置淮南郡，领春谷、繁昌等县。

南朝宋孝武大明六年（462），淮南郡并入宣城郡，明帝泰始三年（467），复属淮南郡。梁武帝天监元年（502），以阳谷地置南陵郡，治赭圻（故城址在今芦南乡）。

隋开皇九年（589），罢南陵郡置南陵县，废繁昌等县更置当涂县，自此始繁昌县阙，南陵县治赭圻，属宣州。唐武后长安四年（704），移南陵县治于青阳域（即今南陵县城），属宣城郡。南唐昇元年间（937—943），割南陵五乡，复置繁昌县（治所在县西北延载乡），属江宁府。北宋太祖开宝八年（975），繁昌县属宣州。太宗太平兴国二年（977），属江南东路太平州。

元世祖至元十四年（1277），改太平州为太平路。顺帝至正十五年

---

① 金昌柱、郑龙亭、董为：《安徽繁昌早更新世人字洞古人类活动遗址及其哺乳动物群》，《人类学学报》2000年第19卷第3期。

② 张南等：《简明安徽通史》，安徽人民出版社1994年版，第9页。

（1355），明兵渡江，首取江浙行省江东道太平路，升为太平府。明太祖洪武四年（1371）定太平府直隶京师。成祖永乐十八年（1420），改京师为南京，称南直隶太平府，繁昌属之。英宗天顺元年（1457），繁昌县知县王珣，因县治濒大江之冲，据南畿上游，往来供递钜剧，邑小莫支，民滋消耗，建议朝廷改迁，邑人中丞吴琛赞之，始迁县治于金峨上乡，以延载乡故城为旧县镇。清顺治二年（1645），康熙六年（1667），繁昌县先后隶属江南布政使司、安徽布政使司太平府。

中华民国初，繁昌属芜湖道。中华人民共和国成立后，属安徽省皖南人民行政公署芜当专区，1950 年上半年转辖于池州专区，1952 年划归芜湖专区，1981 年上半年属宣城地区行政公署，1983 年 7 月改属芜湖市。①

① 繁昌县地方志编纂委员会：《繁昌县志》，南京大学出版社 1993 年版，第 33—34 页。

第二章　历年的考古与研究工作

第一节　2002年前的考古研究工作

繁昌窑在古代文献中并无明确记载。1955年，安徽省博物馆葛绍棠先生首先发现繁昌柯家冲瓷窑遗址。① 1958年4月，安徽省文化局文物工作队对柯家冲窑址进行了第一次初步的调查，并做了一次小规模的试掘，发现残龙窑窑炉一座，所获遗物多为瓷器残片，能辨认出器型的只有碗一种②，此次调查与试掘揭开了繁昌窑研究的序幕。1978年安徽省博物馆又在柯家冲进行了一次试掘，但可惜未发表正式试掘报告，发掘成果不得而知。③ 1982年6月和1983年5月，安徽省博物馆王业友先生先后两次对柯冲窑遗址进行了调查，对调查所得器物和窑具进行了初步分类，分析了繁昌窑的兴衰历史，并对繁昌窑瓷器种类、呈色原因、产品分布范围及胎釉特征等进行了分析。④ 1983年，安徽省博物馆胡悦谦先生又对繁昌柯家冲窑进行了一次试掘，但也同样没有发表试掘报告。⑤ 1987年4月，故宫博物院李辉柄先生对繁昌窑柯家冲遗址进行了一次调查，对繁昌窑瓷器胎釉特征、器型及装饰方法等作了概括性的描述，并认为繁昌窑瓷器是受到景德镇青白瓷的影响而烧制的。⑥ 1991年，繁昌县文物管理所陈衍麟先生在长期对繁昌窑调查研究的

---

①　葛召棠：《安徽省博物馆在皖南进行历史文物的调查、征集工作》，《文物参考资料》1954年第12期。

②　张道宏：《试掘繁昌瓷窑遗址》，《文物参考资料》1958年第6期。

③　陈衍麟：《安徽繁昌柯家村窑址调查报告》，《东南文化》1991年第2期。

④　王业友：《繁昌瓷窑址调查纪要》，《文物研究》1988年总第4期。

⑤　胡悦谦：《安徽江南地区的繁昌窑》，《东南文化》1994年增刊1号。

⑥　李辉柄：《安徽省窑址调查纪略》，《故宫博物院院刊》1988年第3期。

基础上，发表了《安徽繁昌柯家村窑址调查报告》，较为详细地介绍了发现的繁昌窑产品、窑具及各类钱币，对繁昌窑产品特征和年代进行了分析，并讨论了繁昌窑与文献记载中的宣州窑的关系。① 1995 年，中国古陶瓷研究会年会在安徽繁昌召开，会议重点讨论了与繁昌窑有关的一些问题，为配合这次会议的召开，安徽省文物考古研究所在柯家冲遗址区内的断崖上进行了一次局部的剖面清理，提供文化层剖面和出土瓷片标本供与会者观摩。会议发表了数篇有关繁昌窑研究论文，并出版了论文集，是对繁昌窑研究的一次阶段性总结。② 1996 年为配合“应用磁法勘探地下文物”的研究项目，安徽省文物考古研究所再次对柯冲窑西北约 5 公里的骆冲窑遗址进行了一次试掘，发现龙窑窑炉一座，出土了一批精美的青白瓷器标本，这批标本制作精良，器型丰富，装饰技法多样，并具有明显的五代至北宋早期的特征。骆冲窑址发掘证明了五代时期的繁昌窑已能够烧制非常精美的青白瓷器，而不是传统上认为的青白瓷是景德镇窑北宋时期创烧的，为研究我国青白瓷早期发展历史提供了重要资料，但这批发掘资料同样至今未见系统公布。③

繁昌窑自发现以来，虽曾经历多次试掘，但发掘资料多未经系统整理，对其研究也多侧重于传统考古学领域。20 世纪 90 年代开始，一些学者开始注重对繁昌窑制作工艺的研究。安徽省博物馆胡悦谦先生在对繁昌柯家冲遗址出土青白瓷胎及窑址附近采集的“瓷土”进行了成分分析后，认为繁昌窑五代时期首创青白瓷并已开始使用“二元配方”的制瓷工艺。④ 这是最早提出繁昌窑使用“二元配方”制瓷工艺的报道，但此次实验仅选用了 1 件瓷胎标本和 2 块“瓷土”标本，而且瓷胎标本出土地层关系不明，缺乏明确的年代范围，故而未能得到学术界的广泛认同。此后，中科院上海硅酸盐研究所邓泽群等又运用能量色散 X 射线荧光光谱法和 ICP-AES 等离子发射光谱仪对柯家冲窑址采集的瓷片和岩石进行了成分分析，认为繁昌窑青白瓷瓷胎的 Na_2O 含量较高，与所采集的当地的块状岩石原料中主要晶相是钠长

① 陈衍麟：《安徽繁昌柯家村窑址调查报告》，《东南文化》1991 年第 2 期。

② 安徽省文物考古研究所等：《中国古陶瓷研究会 '95 年会论文集》，黄山书社 1995 年版，第 35—83 页。

③ 阚绪杭：《繁昌县骆冲窑遗址的发掘及其青白釉瓷的创烧问题》，《文物春秋》1997 年增刊。

④ 胡悦谦：《安徽江南地区的繁昌窑》，《东南文化》1994 年增刊 1 号。

石特征一致，但提出瓷胎中 Al_2O_3、Fe_2O_3 和 K_2O 的含量要高于原料，其胎料来源还有待进一步研究。① 中国科学技术大学的冯敏等通过对遗址采集的标本分析后认为，柯家冲遗址附近的岩石不是南方古代制瓷工业中常用的原料——瓷石，而是一种次火山岩，不能用来单独作为制瓷原料，并推测可能是掺和了其他富铝黏土（如高岭土）后作为制瓷原料的。②

第二节 2002 年的发掘工作情况

2002 年 9—11 月，由安徽省文物考古研究所主持，中国科学技术大学科技史与科技考古系与繁昌县文物管理所组成联合考古队，对繁昌柯家冲窑址进行了为期 2 个半月的发掘，发掘面积 516 平方米，出土各类瓷器、窑具标本 8 万余件，揭露龙窑窑炉 1 座、作坊基址 1 处，淘洗池遗迹 2 处及排水沟、灰坑、墓葬等遗迹，取得了重要成果（彩版一）。③

发掘繁昌柯家冲窑址的目的，一是通过发掘，推动繁昌窑研究工作的进展，弄清繁昌窑制瓷的始讫年代、性质、文化面貌和制瓷工艺等科学内涵；二是为配合 2002 年古陶瓷科学技术国际讨论会的召开，为参加会议的代表提供参观现场；三是为中国科学技术大学科技史与科技考古系学生提供一次田野考古实习的机会，并为志愿参加发掘的其他院系学生提供一次接受人文素质教育和参加社会实践的机会。经过近三个月的发掘，达到了上述预期目的。发掘期间，参加 2002 年古陶瓷科学技术国际讨论会的几十位来自世界各地的古陶瓷科技研究的专家学者对繁昌窑遗址进行了参观考察，并对发掘成果给予了一致肯定与好评（彩版二）。参加发掘的除科技史与科技考古系 6 名师生外，还有其他院系博士或硕士研究生、本科生共计 16 人，并先后接待中国科学技术大学师生近百人到发掘现场参观。

---

① 邓泽群、吴隽、李家治等：《繁昌窑青白瓷的研究》，载郭景坤主编《'02 古陶瓷科学技术国际讨论会论文集》，上海科学技术文献出版社 2002 年版，第 173—178 页。

② 冯敏、李广宁、凌雪等：《繁昌窑青白瓷初步研究》，《文物保护与考古科学》2004 年第 16 卷第 3 期。

③ 杨玉璋、张居中、李广宁等：《安徽繁昌县柯家冲瓷窑遗址发掘简报》，《考古》2006 年第 4 期。

发掘队伍的组成情况如下：

领队由安徽省文物考古研究所吴卫红研究员担任，考古发掘现场负责人为中国科学技术大学科技史与科技考古系张居中教授。

参加2002年发掘工作的有安徽省文物考古研究所李广宁研究员；中国科学技术大学博士或硕士研究生杨玉璋、邢钢、李董男、刘志峰、黄群、李良红、姬磊、李国强等，另有本科生8人；繁昌县文物管理所徐繁、黄柏挺、谢军、汪发智及河南省文物考古研究所技工贾长有等。

发掘结束后，在繁昌县召开了繁昌窑遗址发掘成果专家论证会（彩版三）。出席论证会的专家分别有国家文物局考古专家组组长、中国考古学会副会长黄景略研究员，国家文物局考古专家组成员、中国文物研究所叶学明研究员，国家文物局考古专家组成员、中国古脊椎动物与古人类研究所张森水研究员、中国古陶瓷学会名誉会长、故宫博物院耿宝昌研究员，中国古陶瓷学会常务副会长、故宫博物院王莉英研究员，中国文物研究所所长吴加安研究员，中国社会科学院考古研究所李德金研究员，中国古陶瓷学会副会长、南京博物院张浦生研究员，景德镇陶瓷学院欧阳世彬教授、郑乃章教授，以及安徽省文物考古研究所、安徽省博物馆、浙江省博物馆和安庆市博物馆等单位的专家，安徽省文化厅、文物局、中国科学技术大学宣传部、人文学院领导等二十多人参加了会议。新华社安徽分社、安徽日报、安徽省电视台等多家新闻媒体分别以不同形式报道了繁昌窑遗址此次发掘成果和专家论证会情况。与会专家认真检查了繁昌窑遗址考古发掘现场，观看了2002年发掘出土的瓷器标本，并参观了以往历年出土的繁昌窑瓷器精品展览。在论证会上，专家们认真分析，精辟论证，认为2002年的发掘发现了完整的龙窑窑炉、作坊遗址和原料产地，这种全面系统的发现在全国都是少见的，对此专家们给予高度评价。在对窑址认真观察后认为，2002年发掘的龙窑应为北宋时期，但是根据此次发掘出土的部分瓷器标本以及近年来繁昌境内墓葬出土的五代瓷器标本，并结合文献中关于宣州窑的记载以及南唐二陵墓中出土的相关文物，专家们认为繁昌窑的创烧年代当不晚于五代，并且可能曾为南唐国宫廷生产过贡瓷，某些产品曾经外销。在同时代的南方古瓷窑遗址中，这座龙窑窑炉坡度之陡、保存程度之完整，是非常少见的。专家们指出，这次发掘在研究窑炉结构、瓷器烧造工艺流程及作坊遗址的功能等方面提出了一系列新的课题。专家们还就进一步做好相关发掘、有关标本的分析测试和资料整理，对窑址分布范围和窑址的布局进行调查和钻探，尽快出版发掘简报和发掘报告，并在此基础上制订保护计划，把繁昌窑遗址作为爱国主义教育基地等提出了宝贵的建议。同时，还对作坊区的遗迹现象进行了认真分析，使发掘中遇到的一些疑难问题得到了较为合理的解释。

第三章　地层堆积

第一节　探方分布及面积

2002年发掘时，为了记录的方便，根据地形地貌特征，将柯家冲窑址划分为六个区。经过调查，在第Ⅰ区的煤堆山东侧斜坡上发现一处窑包保存较好，山脚下有较为开阔的平地，并可依稀辨出依山而建的龙窑遗迹及龙窑两侧隆起的废品堆积，是一处理想的发掘地点（图三）。确定发掘地点后，为了获得更为准确的位置，以龙窑南侧一座现代墓碑的中心为坐标基点，对煤堆山所在的第Ⅰ发掘区进行图上统一布方，在隆起的堆积层上顺山坡从下往上在T54、T72、T69的位置布了三条探沟，并在T72的南端发现了窑炉遗迹。确定龙窑位置后，先顺窑炉延伸的方向布下两排8个探方，其后发现龙窑向山顶和山脚两个方向延伸，为了完整揭露窑炉，又顺其延伸的方向布方12个。在窑炉发掘过程中，发现窑炉南侧约25米处的山脚平地上有遗迹分布，于是在该区再次布方9个进行发掘，两处共揭露探方33个，由于发掘区周围都是居民的林地和耕地，部分探方没有完整揭露，实际发掘面积516平方米（彩版四，1）。

第二节　地层堆积

一　龙窑发掘区文化层堆积

柯家冲窑址文化层堆积较厚，保存较好，基本没有被后代扰动。由于瓷

繁赤公路
红旗村
水塘
文物标志牌
野宗山
Ⅵ区
Ⅲ区
新塘村
龙窑遗迹
葛召棠墓
柯家冲村
传流场
前山
Ⅴ区
Ⅱ区
峨山头
高潮村
雪小煤场
洞山
山坳
团山
堆路山
小路
Ⅰ区
Ⅳ区
箬帽顶
135.5m
李家坳
现代采矿点
峰顶
89.2m
翻车岭
0 40 160m

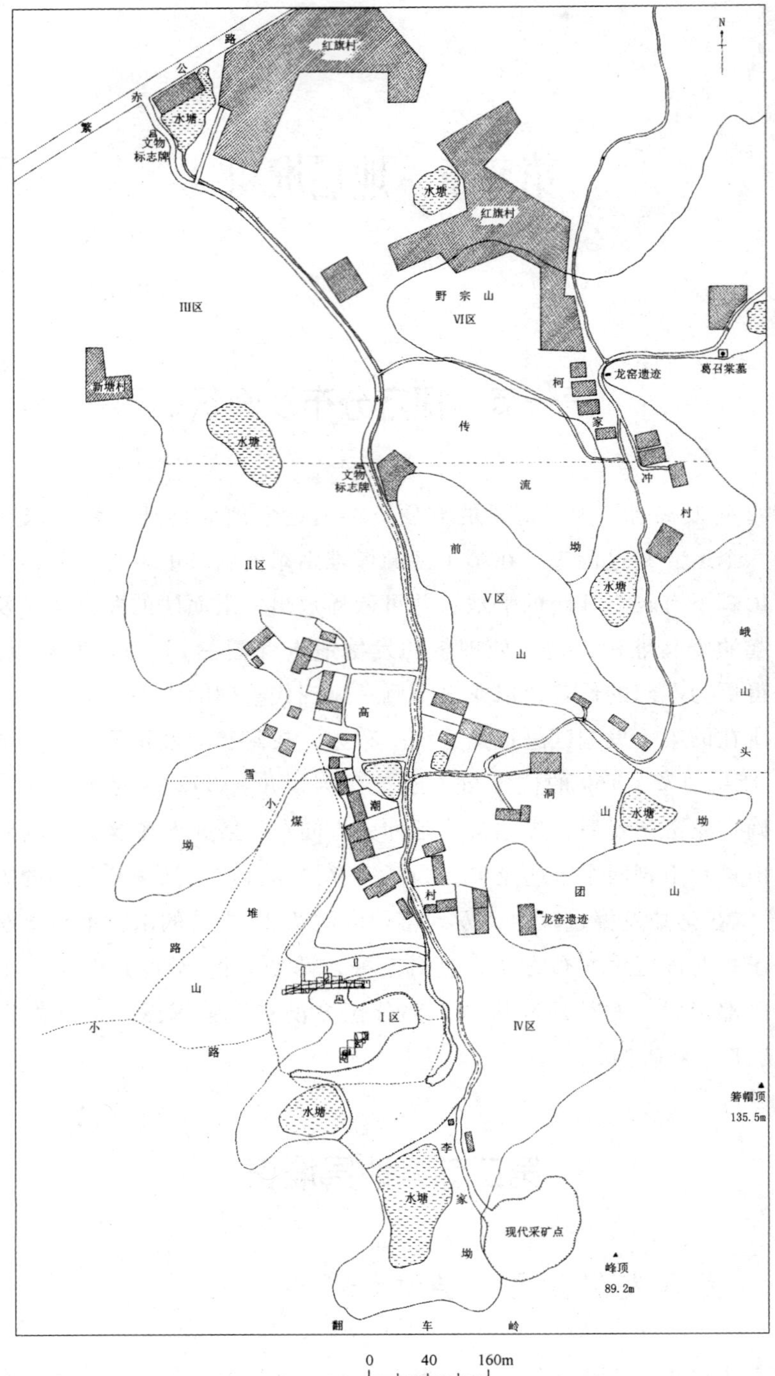

图三 繁昌窑遗址分区图

窑遗址地层堆积的特殊性——废品堆积很厚，结构疏松，容易塌方，给发掘工作和整个发掘区的地层统一造成了困难。现以 T119、T95 两个探方为例说明，以期较全面地概括该发掘区的地层关系。

（一）T119 西壁

T119 位于窑炉中部，堆积可分为 4 层。窑炉倒塌后的凹陷处由于水流作用形成一道冲沟（编号 G1），打破第②、③层，第④层以下即为基岩，窑炉坐落于基岩之上（图四；彩版四，2）。

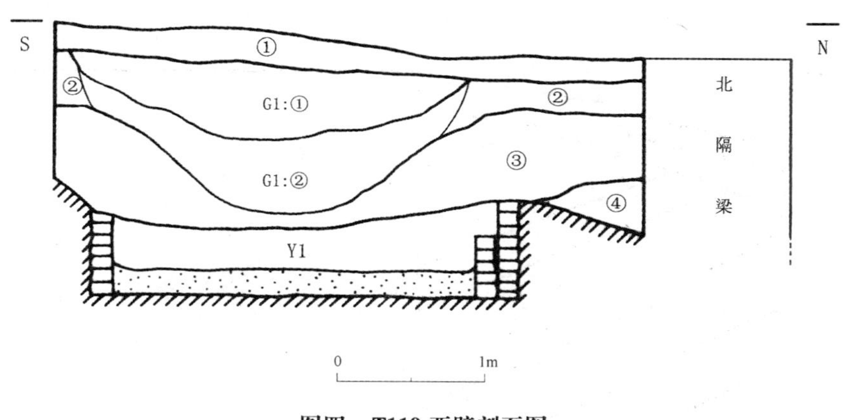

图四　T119 西壁剖面图

第①层，厚 0.1—0.25 米。分布于整个探方。土质疏松，土色灰黑，含较多腐殖质，包含大量残碎瓷片和窑具。青白釉瓷片多数偏青。器型以碗为主，另发现一擂钵及部分垫饼。

第②层，深 0.1—0.25 米，厚 0—0.4 米。分布于探方南北两侧，中部被东西向的冲沟（编号 G1）打破。土质稍松，土色黄褐。出土有碗、盏、执壶、盘、水盂等青白釉瓷片，其中碗以叠唇为主要特征，部分盏的内底有纽扣状圆点凸起，少量标本带有戳印纹饰。窑具主要是垫饼，多为随手捏制。

第③层，深 0.4—0.6 米，厚 0.08—0.68 米。分布于探方南北两侧，中部被 G1 打破。土质较硬，浅红褐色土，含少量红烧土颗粒。出土有碗、盏、执壶等，青白釉瓷片部分稍偏黄白。另外还出土了大量垫饼、垫圈、匣钵等窑具。

第④层，深 0.85—1.05 米，厚 0—0.38 米。仅分布于探方的西北角。

土质疏松，成砂粒状，土色灰黄。出土文化遗物较少。青白釉瓷片部分偏黄白，少数较白。器型有碗、盏、执壶等，另发现一擂钵残片，制作精美。窑具主要是一些垫饼，制作不规整。

（二）T95 西壁

T95 位于窑炉中部北侧，南与 T119 相邻，我们仅揭露了探方南部 3 米宽，主要为残碎瓷片和窑具的废品堆积，包含了五代至北宋中期的地层，较为全面地反映了该窑的生产历史，揭露部分地层堆积共分为 11 层（图五）。

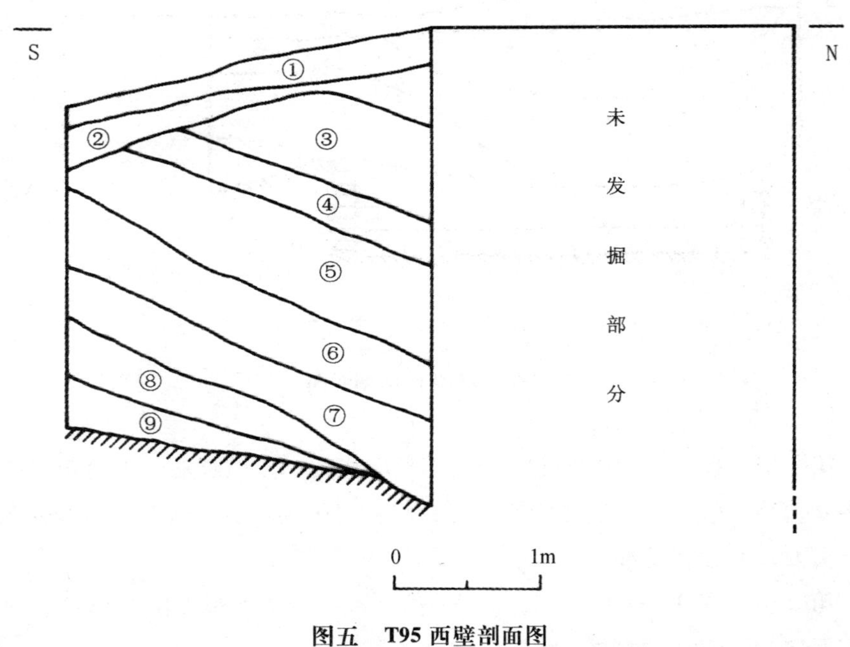

图五　T95 西壁剖面图

第①层，表土层，厚 0. 1—0. 25 米。分布于整个探方。土质疏松，土色灰黑，富含腐殖质及大量草木根茎。出土较多残碎瓷片与窑具，青白釉瓷片多数偏青。器型以碗为主，另有少量盏、壶等。窑具主要是漏斗形匣钵和垫饼。

第②层，深 0. 1—0. 25 米，厚 0. 05—0. 4 米。分布于探方中西部。土质较疏松，土色浅黄。出土大量残碎瓷片、窑具及砖块。青白釉瓷片多数较偏青。器型以碗为主，另有盏、执壶等。窑具有漏斗状匣钵、筒状匣钵及较多的垫饼。

第③层，深0.3—0.7米，厚0—0.7米。分布于探方中北部，由南向北倾斜。由大量匣钵残片、碎瓷片堆积而成，土色灰。青白釉瓷片部分偏黄。出土器物包括碗、盏、执壶、盘、罐、水盂盒、碟等。窑具主要是漏斗状匣钵和垫饼，筒状匣钵较少。

第④层，深0.35—1.4米，厚0—0.3米。分布于探方中北部，自南向北倾斜。土质较疏松，夹杂有较多红烧土颗粒，土色灰黄。出土较多残碎瓷片、匣钵残片及砖块等。青白釉瓷片部分偏黄。出土器物有碗、盏、执壶、盒、碟、盘等，其中凹底盘为新出器型。窑具以漏斗状匣钵和垫饼为主，有少量筒状匣钵。此层还发现一未施釉碗底残片，其中心有一规整对穿圆孔，应为试烧片，俗称火照。

第⑤层，深0.4—1.7米，厚0.15—0.7米。主要分布在探方中北部，并由南向北倾斜。土质疏松，土色灰。含大量残碎瓷片、匣钵残片及残砖块。青白釉瓷片部分偏白、偏黄。出土器物有盏、碗、执壶、盘、碟等。窑具主要是漏斗状匣钵和垫饼，筒状匣钵略少。另发现一带“方”字的匣钵和宋真宗（1008—1016）时“祥符元宝”铜钱一枚。

第⑥层，深0.6—2.4米，厚0.4—0.53米。分布于除东南角以外的其余区域。土质较硬，土色黄。包含物较第⑤层为少。青白釉瓷片部分稍偏黄，部分烧生。出土器物有盏、碗、执壶、碟、盒等，窑具有漏斗状匣钵、筒状匣钵和垫饼。

第⑦层，深1.15—2.8米，厚0.3—0.6米。分布于除东南角以外的其余区域。土质稍疏松，成砂粒状，土色灰黄。该层包含物稍少，主要是匣钵残片和残碎瓷片。青白釉瓷片部分偏黄白，有烧生现象。出土器物有碗、盏、执壶、罐、碟等类。窑具主要是漏斗状、筒状匣钵和垫饼。

第⑧层，深1.5—3.05米，厚0—0.4米。分布于除东南角和西北角以外的其余区域。为封窑土废弃堆积，较潮湿，土色灰暗。包含物较少。釉色青白，少量偏黄白，有的生烧。出土器物有碗、盏、执壶、碟等类。本层发现一带“方”字匣钵。窑具为漏斗状匣钵和垫饼。

第⑨层，深1.95—3.05米，厚0—0.4米。分布于探方西南部。基本上是匣钵、瓷片堆积，青白釉瓷片部分偏黄。出土器物有碗、盏、碟等。窑具为漏斗状匣钵和垫饼。

第⑩层，厚0—0.68米。分布于探方东南部。土质疏松，土色微红。为封窑土废弃堆积，有大量红烧土及窑砖、灰烬等，包含物较少。出土器物有碗、盏、碟等。窑具主要是垫饼及少量匣钵。

第⑪层，厚0—0.2米。主要分布于探方东南部。土质疏松，土色灰。包含少量残碎瓷片和匣钵残片。出土器物有碗、盏、水盂等类，有些瓷片上残留有黑色的灰烬痕迹。窑具主要是垫饼。由于第10、11层分布于探方东南部，故不见于图五中。

第⑪层下为基岩，由南向北向下倾斜，坡度在40度以上，为原始自然山坡。

整个龙窑发掘区的文化层堆积基本可分为龙窑窑炉上的堆积和龙窑北侧的废品堆积两部分。龙窑窑炉上的堆积层厚薄不一，窑尾部分位于山顶，由于水流的剥削作用，其上堆积较薄，尾端已露出地表，其上无晚期堆积，第一层即为文化层。而龙窑窑炉倒塌后由于水流的冲击作用在其上形成一条冲沟。窑炉中前部及窑头部分位于山脚，其上堆积较厚，应为山顶即窑尾部分冲刷而来。窑炉北侧的废品堆积深达数米，由于这种堆积非常疏松，在发掘时很容易造成塌方，因此并未发掘到底。发掘时各探方地层单独编号，除第一层外，其他堆积层未受扰动，保留了其原始的堆积状态。窑炉北侧还保留了部分窑外封土，图六中的T72第4—7层分别相当于T96第3—6层（图六）。

二　作坊区文化层堆积

作坊区在发掘时为了保存上层作坊遗迹，均未掘到底，已发掘部分地层较为简单，基本上可分为两层，现以T340南壁剖面为例说明如下（图七）。

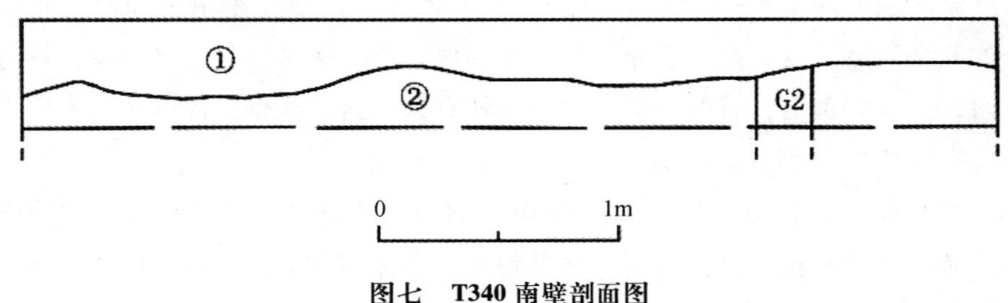

图七　T340南壁剖面图

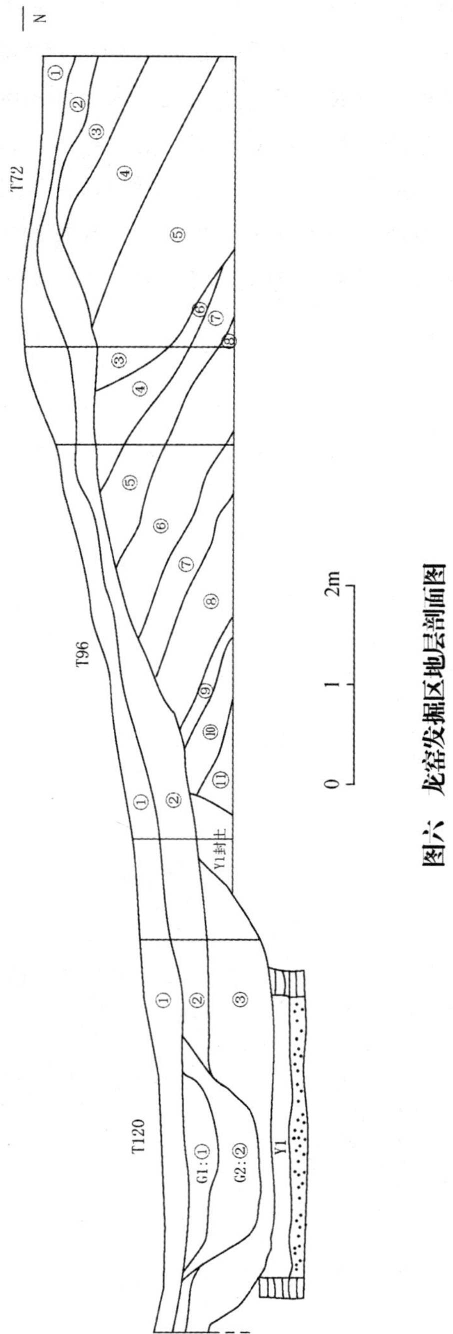

图六　龙窑发掘区地层剖面图

第①层，厚0.15—0.28米。分布于整个探方，为窑址生产时期作坊区沉淀过滤掉弃置的废料渣堆积，土质疏松，含颗粒较大的砂粒，土色灰褐。发掘前被村民长年耕种，但因属于剥蚀地貌，未再堆积晚期地层。包含少量残碎瓷片、垫饼及匣钵碎片等。器型有碗、盏、盘等。该层下压G2。

第②层，现发掘厚度最大0.25米，为保留G2，本层未发掘到底。分布于整个探方，为窑炉生产时期作坊区沉淀过滤掉弃置的废料渣堆积，灰黄色砂粒层夹少量红棕土块，土质疏松，包含物较少。出土瓷片器型有碗、盏类。窑具主要有垫饼。

第四章　遗迹

2002 年的发掘共清理出五代北宋时期的遗迹 9 处，包括龙窑窑炉 1 座，作坊基址 1 处，淘洗池 2 个，灰坑 2 个，排水沟 1 处，墓葬 2 座。其中，窑炉、作坊、过滤池等遗迹布局排列有序，地层关系清楚（图八）。

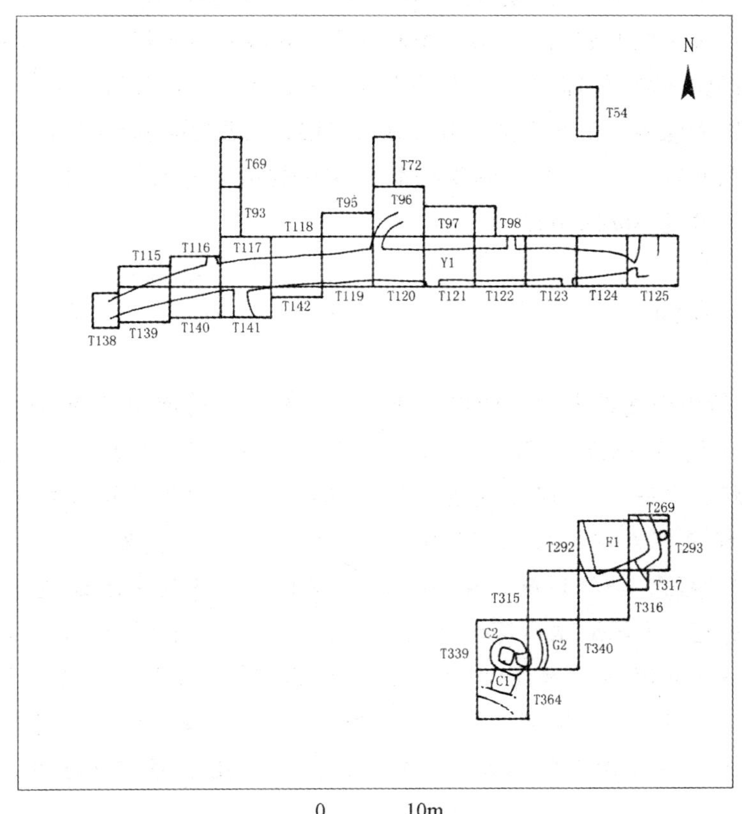

图八　柯家冲窑址遗迹分布示意图

第一节 窑炉

窑炉 1 座，编号 Y1。

一 位置及与地层的关系

Y1 位于柯家冲窑址的西南部，第一发掘区的西北部，煤堆山的东坡，窑炉两侧是隆起的废品堆积。窑炉塌陷后，因水流的剥蚀，隆起的两侧堆积向中间冲积，窑炉基址上形成较厚的堆积层，因此窑床大部分保存较好。窑尾端位于山顶上，由于长年水流的剥蚀等作用，已露出地表，保存状况稍差。窑头位于山坡的最低处，其上堆积较厚，保存相对较好。窑炉基址上的堆积层因部位不同而厚薄不一，窑头上堆积深达 3 米，可分为 7 层，而窑尾部位已暴露于地表，中间部位一般可分为三层，因此窑炉基址开口于第 3 层下，坐落在基岩上（图六）。从窑炉北壁保留的情况来看，Y1 至少经过三次维修，且窑身不断向南移动。

二 结构

Y1 为依山而建的龙窑。砖砌而成。窑头及窑室的前中部 30 米，方向 90 度，窑室后半段及窑尾 22.15 米，依山势稍向南弯折 10 度。现存窑前工作面、火膛、窑室、窑门等，除窑顶已全部坍塌，整个窑炉保存相对较好。炉体斜长 56.4 米，水平长 52.15 米，头尾水平高差 19.2 米，坡度大小不等，可分为四段，前缓后陡，在 10—24 度之间。炉体近火膛处宽 1.4 米，以后逐渐加宽，中段最宽约 2.8 米，此后又渐收窄，至窑尾处宽 2 米。残窑壁距地表最深 1.85 米，最浅仅 0.1 米，窑内为窑壁、窑顶的倒塌堆积，含大量窑砖、红烧土，厚 0.30—0.50 米。根据 Y1 部位及功能的不同，将 Y1 分成窑前工作面、操作间、火膛、窑室、窑门等几个部分（图九；彩版五）。

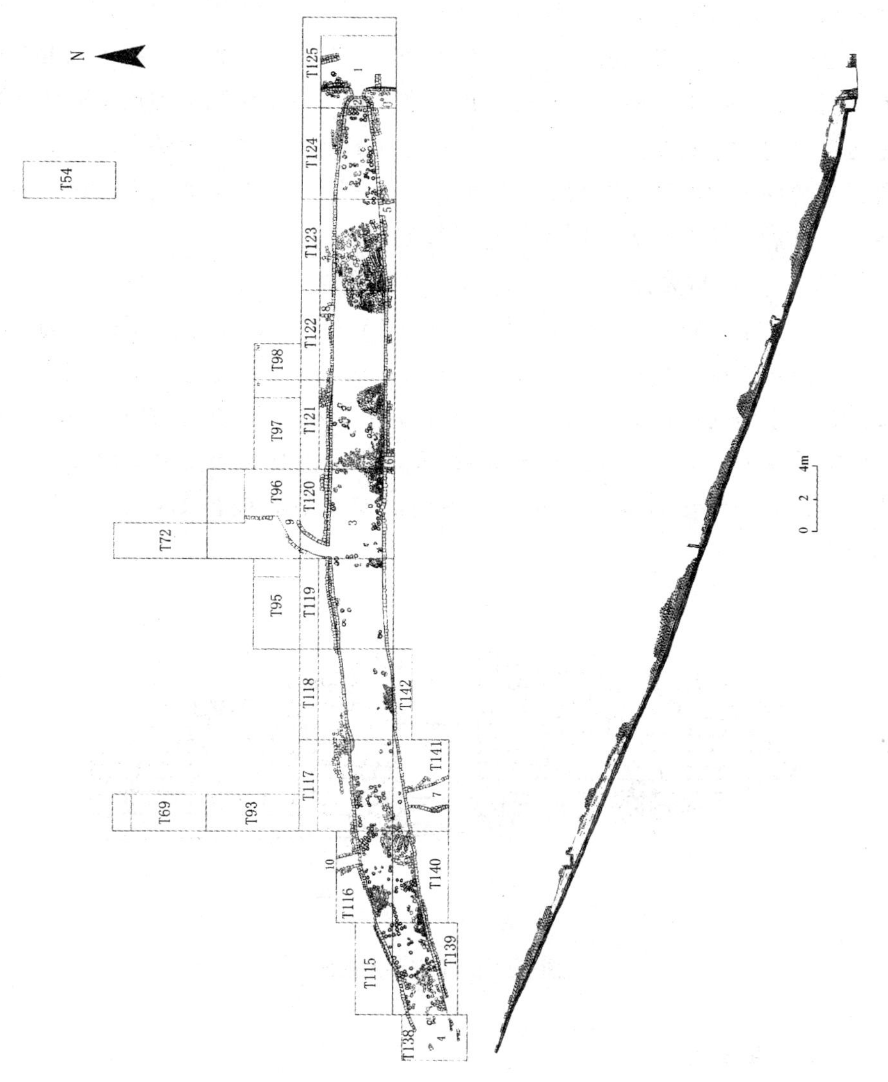

图九　Y1平剖面图

1. 操作间　2. 火膛　3. 窑室　4. 窑尾　5. 南1号窑门　6. 南2号窑门　7. 南3号窑门　8. 北1号窑门　9. 北2号窑门　10. 北3号窑门

（一）操作间及窑前工作面

操作间位于窑头前端，稍偏向火门的北侧，并以窑头两侧用残窑砖垒砌的挡土墙为其西墙，东墙距窑头挡土墙1.4—1.5米，现清理出东墙长1米，宽0.4米，残存最高0.45米；南墙与火门南侧的挡土墙连接，东端残，清理残长 1.2 米，宽 0.3 米，残高 0.2 米；据发掘情况来看，北墙应压于 T15 的北壁外，由于受发掘时间、经费等条件的限制，未能揭露。在火门北侧的操作间内靠近挡土墙的位置发现匣钵 2 排 8 摞，在个别匣钵内尚留有生烧的瓷碗。窑前工作面在操作间之东，与操作间的地面一致，地势自南向北稍倾斜，现清理出的面积东西长 1 米，南北长 4 米。由于窑工的长期活动，地面平整、光滑，并有经火烧烤的痕迹（彩版六，1）。

（二）火门与火膛

火门位于火膛前中部，宽约 0.45—0.65 米，残高 1 米，在火门的内口残留封门砖 3 层，高 0.2 米。火膛位于窑炉前端，平面呈半圆形。底面平铺有砖，由东向西沿山坡呈 10 度的倾斜，其上留有一层灰烬。砖砌后壁平直。火膛宽 1.4 米，火门至火膛后壁 0.45 米，后壁高 0.5 米。火膛周壁砖上均抹有泥，并烧结出青绿色的窑汗，该处的窑壁最高残存 1.4 米（图一〇；彩版六，2）。

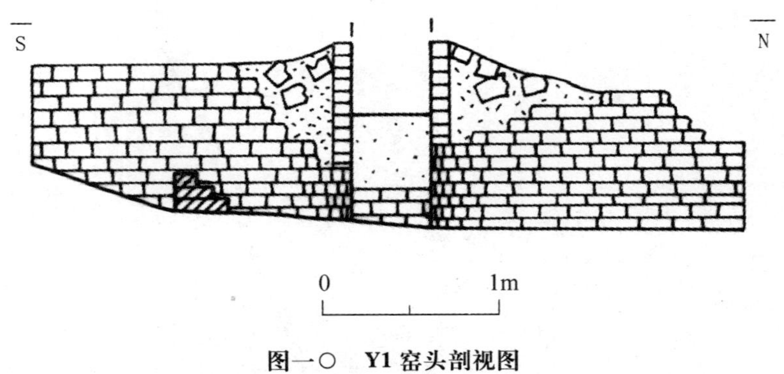

图一〇 Y1 窑头剖视图

（三）窑室

窑室位于窑炉中部，亦顺山势呈斜坡状。窑顶已经坍塌，塌砖多数杂乱，无法复原顶部结构及投柴孔的分布情况。部分倒塌窑壁排列整齐，对复原窑炉高度和窑壁结构提供了重要参考。窑壁皆土坯砖错缝平砌，残存层数不等，最高残存 1.4 米，窑尾处仅残存两层，壁内多有熔融的黑褐色或青灰色烧结面。

窑床中部最宽（2.8 米），两端稍窄（前端 1.4 米、后端 2 米）。窑床底面用砂土铺成，并已烧结，保存非常完整。为了解窑床底面的结构，在窑床中部，距窑头 12.4 米处，紧靠窑的南壁作了一个 0.5×0.6 米的解剖坑。发现在 Y1 窑床垫面下另有 3 层窑床垫面和 3 个窑壁基础形成的叠压关系。Y1 窑床垫面厚 7 厘米，结构稍松，分黏土和沙土两小层。其下叠压第一层旧窑底垫面和一道 6 厘米宽的窑壁基础，旧窑床垫面厚 10 厘米，稍硬，灰褐色，又分为各 5 厘米厚的黏土、沙土层。第二层旧窑床垫面厚 8 厘米，烧结坚硬，呈灰褐色，分为厚各 4 厘米的黏土、沙土层。旧窑壁基础宽 16 厘米，为较坚硬的红烧土。第三层旧窑床垫面厚 8 厘米，烧结坚硬，也分为厚各 4 厘米的黏土、沙土层，其下为灰白色的基岩，旧窑壁为砖平砌，宽 28 厘米。从以上叠压情况来看，Y1 至少经过 3 次整修（彩版七，1）。窑床上尚存有大量匣钵，许多匣钵内尚存有生烧废弃的产品。相对来说，窑室前中段残留窑具较少，多集中在后段（彩版七，2），最高保留有 14 层匣钵，从保留较好的地方观察，匣钵横向成排，两排之间的距离约 3—5 厘米。匣钵的放置方法是先用匣钵片倒扣于窑床斜面上，用泥抹平，形成一个小台面，再把匣钵放置其上，然后用沙土或泥在底的周围加固即可。

窑尾端被扰，左右两壁稍向内收，呈弧形。底面倾斜度为 18 度，尾端残存基础部分系由较碎匣钵片掺黄土砸实而成，基础之上因长期暴露于地表，排烟室已不存，其结构无法判断。

（四）窑门

共 6 个，南北两侧各有 3 个。其中窑门口径内外一致的有 4 个，内小外大呈喇叭形的 2 个。3 对窑门均错向对应而建，由窑头向上依顺序编号。

南 1 号窑门，距窑头 6.5 米，口径内外相同，用砖平砌，外口部分压于 T123 的南壁下，清理长 0.9 米，宽 0.6 米，残高 0.3 米。从目前清理出部分的情况来看，该门在使用的过程中被弃之不用，用红烧土封填。

南 2 号窑门，距南 1 号窑门 13.4 米，外口压于 T121 南壁下，两壁用砖平砌，内外同宽，现清理长 0.55 米，残高 0.5 米，宽 0.6 米，底面略高于窑床。

南 3 号窑门，距南 2 号窑门 18 米，距窑尾端 12.3 米，外口压于 T141 未发掘部分的南壁下。内口小，外口大，平面呈喇叭状。底面外高内低，倾斜度为 30 度，比较平整，光滑坚硬，内外口高于窑床面 0.1—0.2 米。两壁用砖平砌，西壁的南段用烧连接的匣钵柱向外加长，内口宽 0.7 米，现揭露处外口宽 1.5 米。在该窑门东壁下，发现叠压一段残存的旧窑门门壁，残长

0.55 米，高 0.2 米（图一一；彩版八，1）。

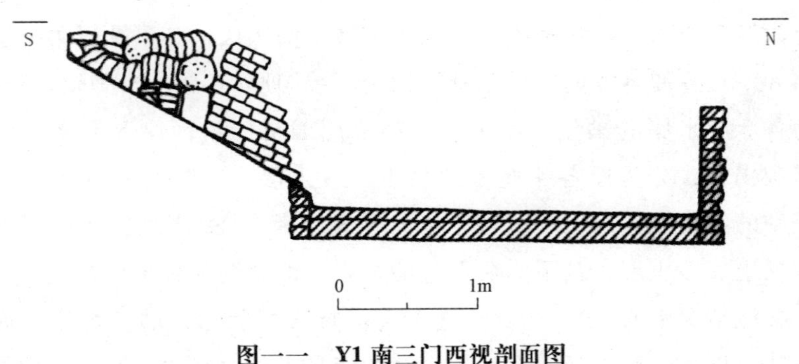

图一一 Y1 南三门西视剖面图

北 1 号窑门，距窑头 12 米，外口压于 T122 北壁下，内外口同宽，约 0.65 米，发掘时被红烧土封闭，表明在废弃前已停止使用。

北 2 号窑门，距北 1 号窑门 17.81 米，两壁用砖所砌，向东弯曲，呈弧形，内口宽 0.6 米，外口宽 0.75 米，长 3 米，最高残存 0.45 米。西壁的外口处又加了一段南北挡土墙，其长 1.5 米，残高 0.3 米，以挡西侧高坡堆土向下滚落，保护出口工作面，门道内底面平整坚硬，外高内低，倾斜度为 20 度。发掘时在门墙的倒塌砖堆中，发现铁钉 2 枚，故推测当时在窑门顶部可能有棚舍建筑（彩版八，2）。

北 3 号窑门，距北 2 号窑门 16.2 米，距窑尾端 9 米。外口压于 T116 北隔梁下，两侧壁用砖平砌，内外同宽，为 0.6 米，最高残存 0.55 米，底面内外高度一致，高出窑床面 0.1—0.3 米，内口处残留有封门砖两层，高 0.15 米。

（五）窑内堆积及包含物

窑内堆积中含大量红烧土块，部分可以看出是涂抹窑壁的泥块，有些则是窑顶的坍塌物。窑床面上多处保留有成排的匣钵，在窑室的后段，密集堆放着多层的匣钵摞，最多一摞达 14 层，部分匣钵内还保留有生烧的碗等。匣钵多为漏斗状，筒状匣钵少见。出土瓷器以青白釉为主，部分偏黄，器型以碗为主，都是该窑炉最后一窑的残留物，可作为晚期的典型代表。但因窑炉基址上的堆积层是窑炉两侧隆起的废品堆积向中间冲积形成，就混杂了早晚不同时期的包含物。

第二节 作坊

发现作坊基址1处，编号F1。

F1位于柯家冲窑址西南部的山脚平地上，窑址第Ⅰ发掘区的中部，跨越多个探方，现仅揭露T292、T293、T316、T317内部分。F1北侧25米处为Y1，西南侧7米处为淘洗池C1、C2。F1开口于第1层下，打破第2层，为地面建筑，平面呈长方形，方向155度，东西长8米，清理南北宽6.5米。已发掘出东、南、西三面墙，发掘时对北墙的位置进行了钻探，未发现砖墙基础，应已遭破坏（图一二，彩版九，1）。

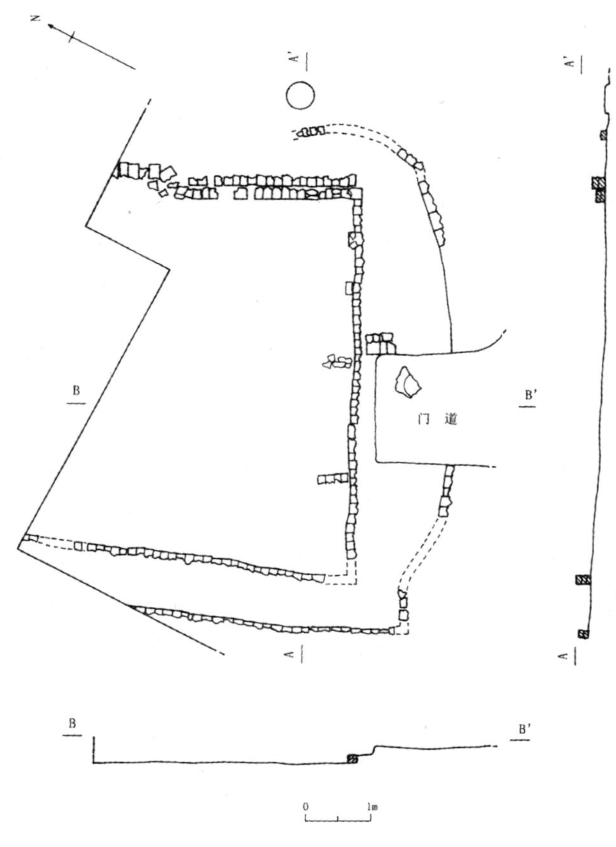

图一二 F1平剖面图

从现揭露出的部分来看，F1墙壁使用残窑砖平砌，垒砌不甚规整，残砖的完整面多朝向室内。东墙长约3.75米，宽约0.35米，高约0.2米；南墙长约6.25米，宽与高约0.15米；西墙长约5.15米，宽约0.15米，高约0.25米。在F1内有四段隔墙残迹连接在南墙壁上，均为碎砖砌筑，西向东分别为：第一道隔墙，残长约0.5米，宽约0.15米，距F1西墙壁1.5米；第二道隔墙，残长0.45米，宽0.15米，西距第一道隔墙1.65米，在这两道隔墙间是F1的门道。第三道隔墙残长0.1米，宽0.2米，西距第二道隔墙1米；第四道隔墙残长0.1米，宽0.25米，西距第三道隔墙0.5米，东距F1东墙壁0.5米。房内地面基本平坦，坚硬。从4道残存隔墙的情况分析，F1可能是当时的晾坯房建筑。门道在F1南侧，宽1.65米，距西墙1.6米，距东墙2.15米，方向155度，门道与门同宽，清理出长2.8米，高于室内地面0.3米，槛处有两级各为0.15米高的台阶。门外东侧路面扣置一残缸底，作垫路之用。在F1的周围残存有一砖砌回廊遗迹，最高残存0.25米，西侧回廊宽0.7米，东侧回廊宽0.65米，南侧回廊向外呈弧形，门道处最宽，为1.4米。

F1南端现揭露出道路一段，路基为细砂夹少量黏土，路面经人们踩踏，较平整，坚硬而光滑。南北长2.5米，东西宽1.7米。因发掘面积有限，路的走向与长度不详。在F1的西侧有较为平坦的工作面，与过滤池C1、C2连接。在F1东回廊外有一块圆形夯土遗迹，直径0.45米，分析可能是制坯轮盘的基础。

F1内堆积可分为上下两层。上层为灰褐色黏土与砂的混合堆积，较疏松，内含有大量的粗砂粒。下层东部乱置有大量的残碎砖块，应为该房倒塌时的堆积物；下层西部铺垫黄白色砂粒，内夹大量残碎瓷器、匣钵残片、成堆的垫饼及用废瓷片打制而成的圆形小瓷片等，应为该房废弃后，为平整场地而从他处搬运早期堆积物铺垫而成。其内出土完整及可复原的瓷器数十件，器型以碗和盏为主，还有少量的执壶和水盂等，因之包含了部分早、中期遗物。瓷片以青白釉为主，黄白釉次之，白釉极少。初步统计匣钵多为漏斗状，筒状较少。

第三节　过滤池与澄泥池

在作坊区F1的西南部发现有相邻淘洗池两个，分别编号为C1、C2

（图一三；彩版九，2）。

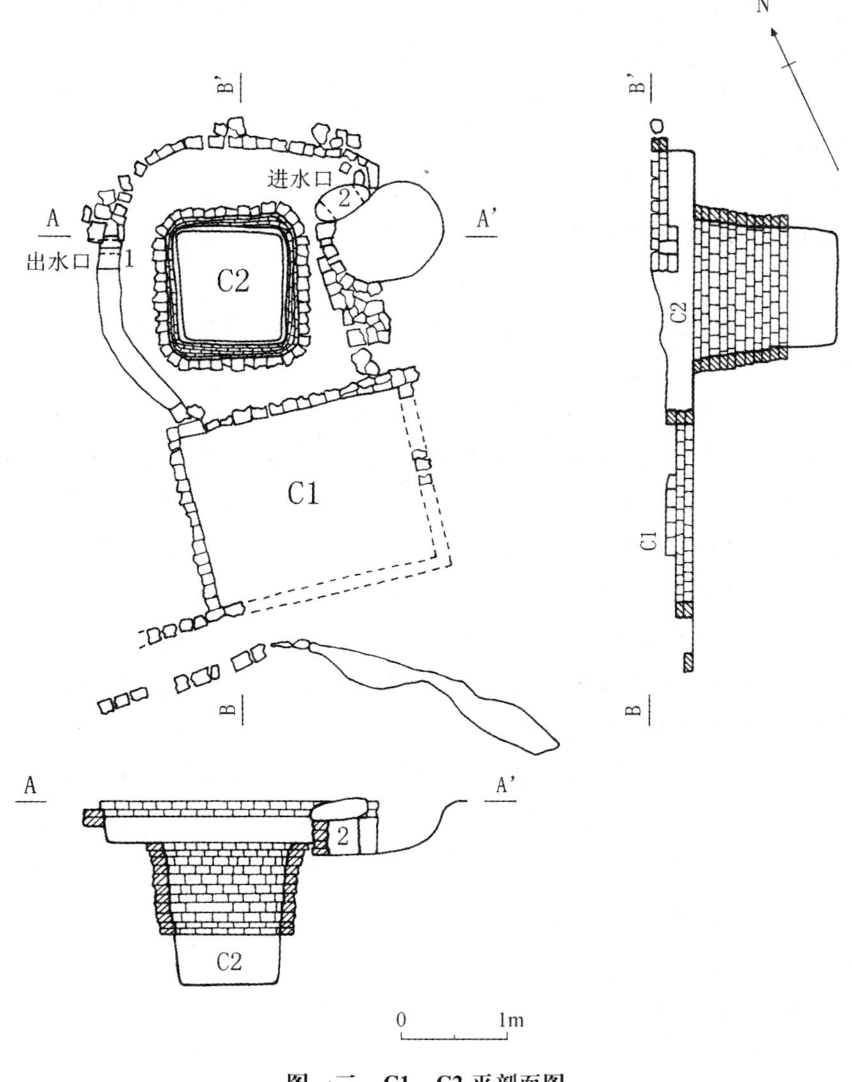

图一三 C1、C2平剖面图

一 C1（澄泥池）

开口于T364第1层下，打破第2层，距地表约0.5米。平面呈方形，东西向稍长，四壁用残窑砖平砌而成，其中北壁及西壁保存完整，北壁砖墙残留3层，长2.4米，西壁保留一层，长1.7米，南壁和东壁破坏严重，南壁残长0.7米，东壁残长0.3米，均仅存一层砖。紧靠C1南壁残留一条东西向的0.45米宽、1.5米长的水沟状遗迹，沟底平坦，沟内为纯净的细沙堆积，应是C1的排水设施。

C1内堆积仅一层，为较纯净的黄白色砂粒，内出黄白色花口碗一件及少量瓷片。

二 C2（过滤池）

位于C1的北部，开口于T339第1层下，打破第2层，呈圆角方形，南北长2.75米，东西宽1.80米。北壁保存较好，留有三层砖墙，高0.23米，在一层与三层之间还夹有废弃的一些匣钵残片。南壁即为C1的北墙。东壁稍残，长约1.85米，在靠近东北角处有一不规则的椭圆形大石块与东壁的2排砖墙形成一宽0.5米的“八”字形水口，水口外是一堆直径约为1米、厚达0.4米的圆形沙堆，中间高，周围低，沙质纯净，色泽洁白，粒度均匀。西壁保存稍差，残长1米。在西壁靠近西北角处发现另一暗道水口，其内含有较为纯净的沙粒。

在C2中部深约0.4米处发现另一完整的圆角方形水池，南北长1.3米，东西宽1.15米。周壁用砖平砌而成，共11层，深0.8米。底部南北1.05米，东西1米。C2内第1层为黄白色细沙颗粒，最薄处为0.4米，最厚处为0.6米。质地纯净，含少量瓷片及匣钵、垫饼等窑具。瓷片以青白，黄白为主，少量为白瓷，胎质较为坚硬，洁白。第2层为浅黄色黏土层，质地纯净，少见杂质，叠压至池底部，最薄处为0.6米，最厚处1.27米。在C2中间小池底部有大量的乱砖、碎匣钵和瓷片堆积，厚约0.3米，内有几件完整或大部分完整的瓷器，有碗、执壶等，出土瓷片以青白为主，黄白、白色较少，器型以生活用具为主（彩版一〇，1）。

从地势来看，C1、C2位于北高南低倾斜约20度的坡地上，C2与T339西北部残留有南北向砖墙。从C1和C2的造型结构及包含物来看，可能是一个整体的三级水池，为沉淀原料泥浆的整个过滤池系统的一部分，其作用是通过多次淘洗被碾碎的瓷石从而得到较纯净的胎料。

第四节　灰坑

发现灰坑两个，分别编号 H1、H2。

一　H1

H1 位于 T316 南部，开口于第 1 层下，打破第 2 层，距表 0.36 米。部分压于 T316 南壁下，从揭露的情况来看，大致呈椭圆形，长径 2.9 米，短径 2 米，深 0.18 米，底部近平，为沙土层。坑内上层铺垫细沙，含少量早期残瓷器，近底部土质松软，土色灰黑，应是制瓷作坊的废弃物堆积，出土遗物多碗、碟残片，以及大量大小近似的垫饼，同时还发现有一些半径约为 1 厘米的圆形小瓷片，另有一刻有“吉”字桶形匣钵，字迹流畅（图一四）。

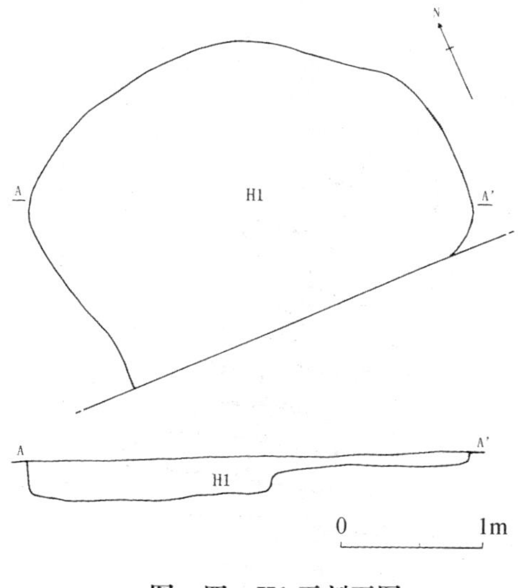

图一四　H1 平剖面图

二　H2

H2 位于 T316 中部偏西北，与 H1 情况类似。开口于第 1 层下，打破第 2 层，距地表 0.36 米。平面呈椭圆形，东西较长，南北窄，长径 1.9 米，短径 1.3 米，深 0.2 米，底部近平，其下为黄色沙土层。坑内堆积仅 1 层，土质松软，呈颗粒状，土色灰黑，其内包含有瓷器碎片，

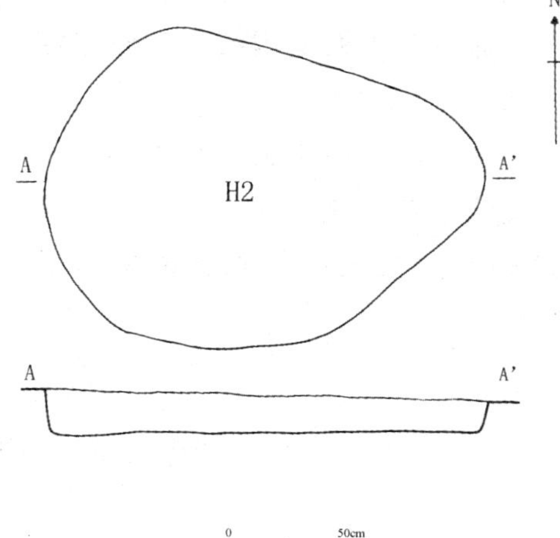

图一五　H2 平剖面图

匣钵及垫饼等。其功能与 H1 类似（图一五）。

第五节　排水沟

排水沟 1 处，编号 G2。

G2 位于 T340 的西部，被第 1 层叠压，坐落于第 2 层，西侧 1.5 米处为 C1、C2。G2 被破坏较严重，现保留部分平面呈弧形，南北向，南北两端皆已残，与周围遗迹关系不详，残长 3.5 米，残存最高处距地表 0.3 米。北高南低，水平差 5 度（图一六；彩版一〇，2）。

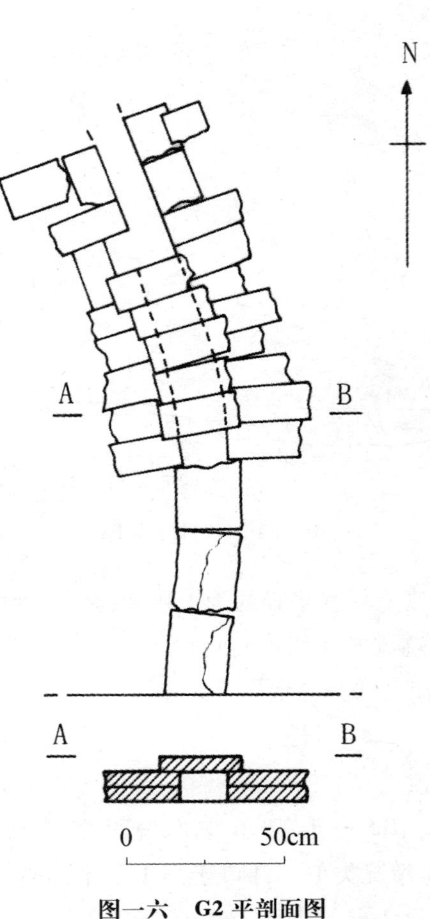

图一六　G2 平剖面图

G2 北段用残窑砖砌筑，残长 1.2 米，宽 0.65 米，高 0.15 米，涵洞高 0.1 米，宽 0.15 米；南段 2.3 米，是将桶状匣钵的底部打穿后对接起来后当作涵管使用的。现存有 3 个匣钵，长 0.75 米，直径 0.2 米，其余部分只能看到沟痕，延伸于探方南壁下。

涵洞内淤积满黄灰色细沙，不含文化遗物。其功能应该是与 C1、C2 等一起构成一处制瓷原料加工场所。

第六节　墓葬及其他

墓葬发现两座，编号 M1、M2。

一　M1

为一近代竖穴土坑墓，位于T121内Y1北侧，葬具已不存，墓内有弧形瓦8块及数块残破人骨，随葬当地至今仍常见的粗瓷单耳罐一件，此处不作详细介绍（图一七）。

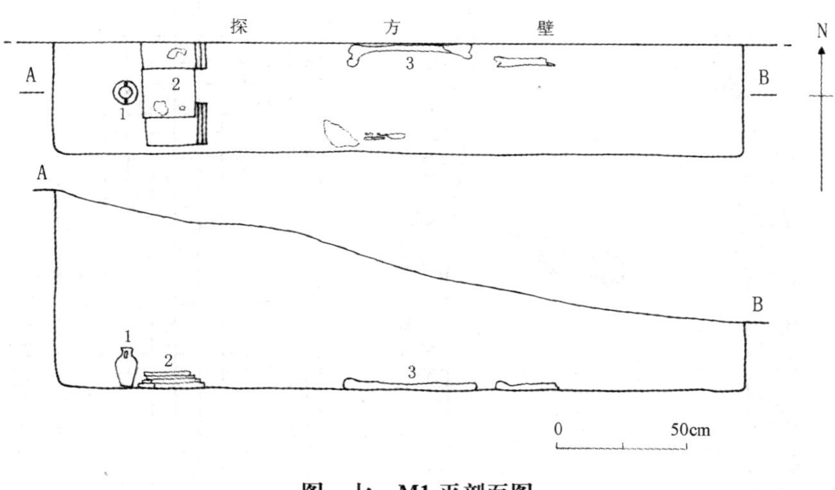

图一七　M1平剖面图

1. 陶罐　2. 陶瓦　3. 人骨

二　M2

窑址发掘期间，在Y1所在的煤堆山西北坡发现一座刚被盗挖开一角的古墓葬，就立即进行清理，编号M2。开口于表土层下，坐落于生土层内，墓口距地面0.1米，墓底距地面0.78米。西北东南向，墓室为废窑砖所砌，四壁保存完好，高0.68米，拱券顶已坍塌，墓长2.55米，东南端宽1.2米，西北端宽0.9米。墓底为基岩，见有棺木朽痕和10枚棺钉，偶见人骨朽痕，未见人骨存留。西北端由左至右随葬魂瓶、盏、盏托、炉各一件，墓底中部随葬盂、粉盒各一件，推测墓主人头向西北端。墓内填土中还见有碎瓷片、匣钵片等，随葬品器型与Y1所出同类器基本相同（图一八）。

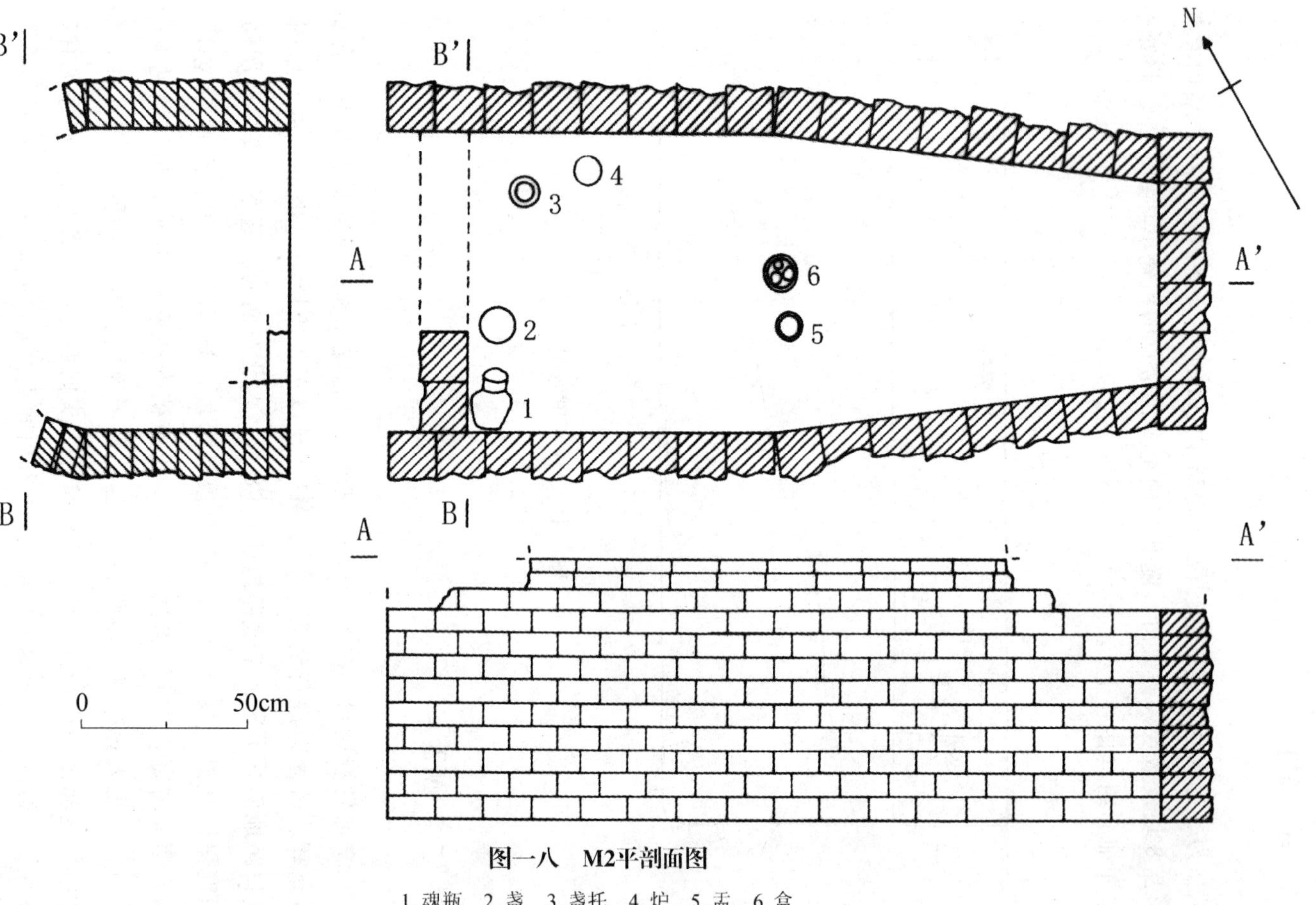

图一八　M2平剖面图

1.魂瓶　2.盏　3.盏托　4.炉　5.盂　6.盒

此外，在龙窑遗迹区，由于水流作用，在窑炉塌陷的位置形成一条天然冲沟，编号 G1。G1 内堆积可分为 2 层，窑尾和窑中部较薄，向下渐厚，至窑头处厚达 1.2 米，其内堆积为少量黏土夹大量匣钵碎片和碎瓷片，皆为窑炉废弃后山洪冲积形成，此处不做详细介绍。

第五章　出土遗物

繁昌柯家冲窑址发掘出土的器物可分为瓷器、制瓷工具、装烧窑具和金属钱币等几大类。现按以上分类分别予以叙述。

第一节　瓷器

瓷器主要是青白釉瓷，根据功能差异可分为碗、盏、碟、盘、水盂、执壶、罐、盒、炉、盏托等多个器类。此外，还出土有少量黑褐釉瓷器，从器型和胎釉特征来看，它们不是繁昌窑的产品。

一　青白釉瓷

出土青白釉瓷器 8 万余件（片），大多釉面光洁，玻化程度好，其中，早期青白釉瓷胎色洁白，釉色纯正，制作规整，至晚期胎釉色泽逐渐偏青，制作也渐趋粗糙。根据器物的复原和残存情况，选出 300 余件典型瓷器标本，予以分类介绍。

（一）日常生活用瓷

1. 碗

103 件，为出土器物的大宗。分敞口碗与侈口碗两大类，以敞口碗占多数。

（1）敞口碗

89 件，为出土瓷器的大宗。依口沿形态差异分 3 型。

A 型 58 件，叠唇。根据碗内底及口沿的特征分四个亚型。

Aa 型 4 件。内大平底。器型较大，青白釉近白，施釉至圈足。

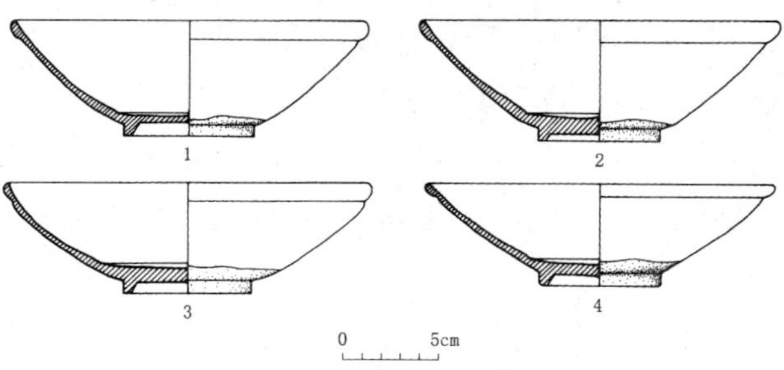

图一九　Aa 型青白釉敞口碗

1. T364②：14　2. T364②：13　3. T364②：8　4. T364②：6

标本 T364②：14，青白釉，釉面有极少量冰裂纹。碗内底粘有一圈匣钵痕迹。口径 18.2，足径 6.8，高 6.2 厘米（图一九，1）。

标本 T364②：13，圆口。白胎。碗内底留有一圈不连续的泥条痕迹。口径 18.5，足径 6.4，高 6.5 厘米（图一九，2；彩版一一，1）。

标本 T364②：8，青白釉。胎色白，质细腻。口径 19，足径 6.7，高 6.5 厘米（图一九，3；彩版一一，2）。

标本 T364②：6，青白釉偏白，胎质细腻，色白。下腹露胎处及圈足上有少量釉层。口径 18，足径 6.5，高 5.5 厘米（图一九，4）。

Ab 型 29 件。内平底稍小而下凹，并在平底周围形成一周折棱。根据内平底的深浅程度分三式。

Ⅰ式 8 件。内平底深，底周折棱明显。

标本 T97⑦：54，青白釉，釉面匀净，有少量开片，釉层厚薄不匀。胎质细腻，色白中泛青。口径 18，足径 5.6，高 5 厘米（图二〇，1）。

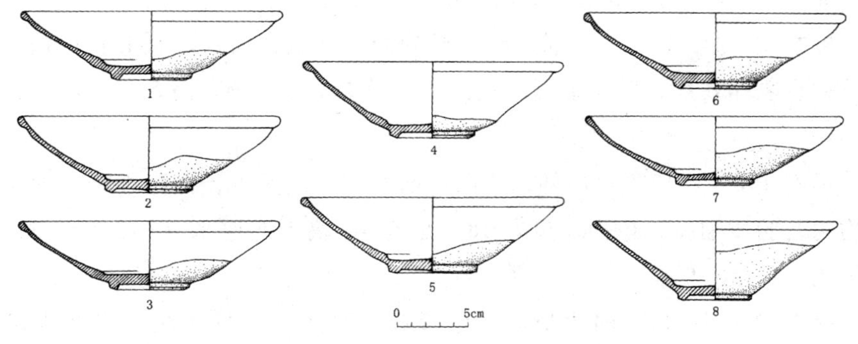

图二〇　Ab 型Ⅰ式青白釉敞口碗

1. T97⑦：54　2. T97⑦：52　3. T97⑦：48　4. T97⑦：53

5. T97⑦：51　6. T97⑦：47　7. T97⑦：44　8. T316②：16

标本T97⑦：53，圆口。青白釉，釉面光亮，开片较少，白胎。口径18，足径6，高5.5厘米（图二〇，4）。

标本T97⑦：52，青白釉，釉面匀净，开片大而多，釉面厚薄不匀。胎质细腻，色洁白。口径18，足径6.2，高5.5厘米（图二〇，2；彩版一二，1）。

标本T97⑦：51，青白釉，釉面有灰色小斑点，不开裂。器外壁有较多土锈。口径18，足径6.2，高5.5厘米（图二〇，5）。

标本T97⑦：48，青白釉，釉面有少量黑点，有开片，釉层厚薄均匀。胎质细腻，色白中泛青。口径18，足径5.6，高5厘米（图二〇，3；彩版一二，2）。

标本T97⑦：47，青白釉微泛黄，釉面有少量黑点及落砂，釉层厚薄均匀，胎质细腻，色白中泛青，口沿处粘有少许匣钵残痕。口径18，足径5.8，高5.5厘米（图二〇，6；彩版一三，1）。

标本T97⑦：44，青白釉偏青，釉面不开冰裂纹，釉层厚薄不匀，胎色青白。口径17.5，足径5.6，高5厘米（图二〇，7；彩版一三，2）。

标本T316②：16，青白釉微泛黄，釉面有较多黑点，开细密纹片，碗内粘有数个较大砂质颗粒，釉层厚薄不匀，外壁施釉不及腹中部，胎质稍粗，色黄白，胎中含较大铁质黑斑点，圈足较矮。口径17，足径5.2，高5.7厘米（图二〇，8）。

Ⅱ式11件。内平底比Ⅰ式浅，底周折棱较平缓。

标本T98④：13，青白釉，釉面较匀净，开细密纹片，唇下有积釉，口沿处粘有匣钵残片，胎质细腻，色白。口径18，足径6，高5.5厘米（图二一，1）。

标本T98④：12，青白釉，泛白。釉面有少量黑点，开片细密，釉层厚薄均匀，胎质细腻，色白。口径18，足6.4，高5.5厘米（图二一，2；彩版一四，1）。

标本T98④：11，略生烧，釉色青黄，釉面有大量铁质黑点及少量落砂，无开片，胎色黄白，质稍粗。口径19.5，足径5.8，高5.5厘米（图二一，3）。

标本T98③：9，青白釉，釉面少量黑点及较多落砂，开片较大，内底

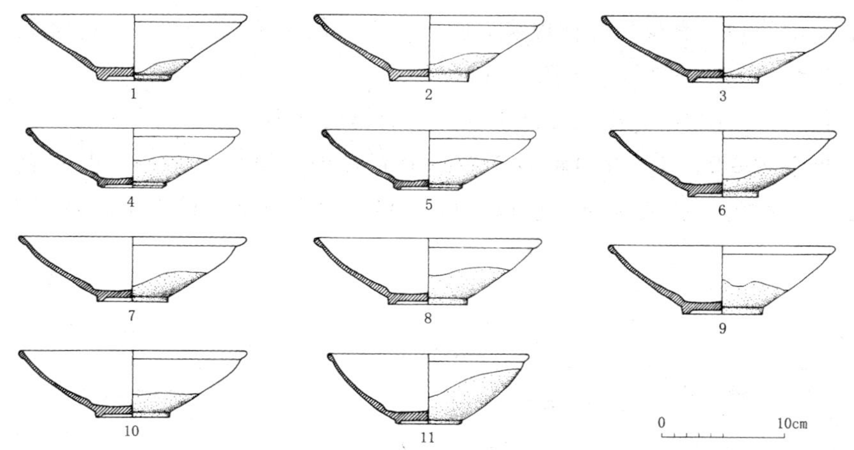

图二一　Ab 型 II 式青白釉敞口碗

1. T98④：13　2. T98④：12　3. T98④：11　4. T98③：9　5. T97⑥：39　6. T97⑤：24　7. T97⑤：23　8. T97⑤：22　9. T97⑤：21　10. T97④：20　11. T292②：18

处微有凸起变形现象，釉层厚薄不匀，有积釉现象，胎质细腻，色白中泛青。口径 18，足径 6.5，高 5.4 厘米（图二一，4）。

标本 T97⑥：39，青白釉，釉面有少量黑点，无开片，釉层厚薄均匀。胎质细腻，色白中泛青。口径 17，足径 5.6，高 5 厘米（图二一，5；彩版一四，2）。

标本 T97⑤：24，青白釉微泛黄，釉面有少量黑点，开细密纹片，釉层厚薄均匀，胎质细腻，色白。口径 18.2，足径 5.8，高 5.5 厘米（图二一，6）。

标本 T97⑤：23，青白釉，釉面匀净，无开片，釉层厚薄略有不匀。胎质细腻，色白。口径 18，足径 5.8，高 5.5 厘米（图二一，7）。

标本 T97⑤：22，圆口。青白釉稍泛白，釉面有开片，胎洁白，制作精细。口径 18，足径 6.4，高 5.5 厘米（图二一，8）。

标本 T97⑤：21，青白釉微泛黄，釉面匀净，开细密纹片，釉层厚薄均匀，胎色白，质细腻。口径 18，足径 6.6，高 5.8 厘米（图二一，9；彩版一五，1）。

标本 T97④：20，青白釉，釉面有少量黑点及落砂，有较大开片，胎质细腻，色白中泛青，釉层厚薄均匀。口径 18，足径 6，高 5.5 厘米（图二一，10）。

标本 T292②：18，青白釉泛灰，釉面粘有大量红色砂粒，开细密纹片，釉层厚薄均匀，有少量胎釉现象，胎质稍粗，色青灰。口径16，足径5，高5.8厘米（图二一，11；彩版一五，2）。

Ⅲ式 10件。内平底较Ⅱ式更浅，底周折棱已不明显。

标本T98②：4，青白釉微泛白，釉面有少量黑斑及落砂，开片稍大，釉层厚薄均匀。胎质细腻，色白。口径17，足径5.8，高5.5厘米（图二二，1；彩版一六，1）。

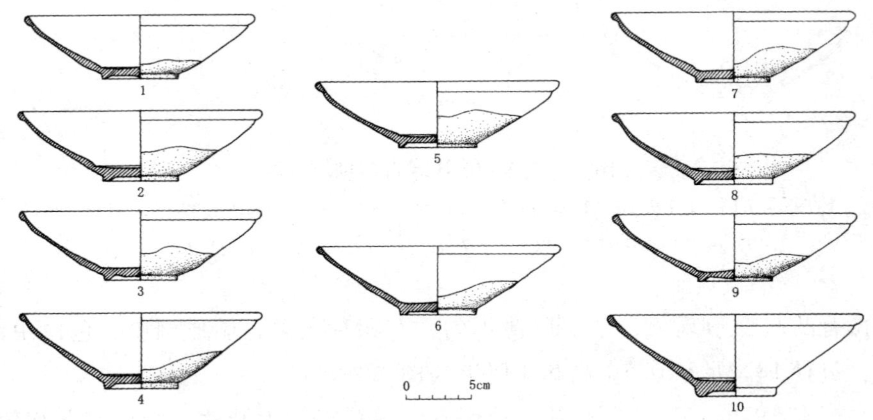

图二二　Ab型III式青白釉敞口碗

1. T98②：4　2. T97③：19　3. T97③：18　4. T97③：17　5. T97③：16　6. T97③：15　7. T97③：14　8. T97③：13　9. T97②：3　10. T364②：10

标本T97③：19，青白釉，釉面较匀净，开片较大，釉层厚薄均匀，胎质稍粗，色白中泛青。口径18，足径5.8，高5.5厘米（图二二，2）。

标本T97③：18，青白釉，釉面有较大黑色斑点，开片较大，釉层厚薄不匀，胎质细腻，胎色白中泛青。口径18，足径5.6，高5.5厘米（图二二，3；彩版一六，2）。

标本T97③：17，青白釉泛黄，釉面开细密纹片。釉层厚薄均匀，口沿及碗内皆粘有匣钵残迹。胎质细腻，色白。口径17，足径5.5，高5.6厘米（图二二，4）。

标本T97③：16，青白釉，釉面匀净，无开片，釉层厚薄略有不匀，胎色洁白，胎质细腻。口径18，足径6，高5.2厘米（图二二，5）。

标本T97③：15，青白釉微泛灰，釉面有少量落砂，开片较大，釉层厚薄均匀。胎质稍粗，色白中泛青。口径 18，足径 5.8，高 5.5 厘米（图二二，6）。

标本 T97③：14，圆口。青白釉釉色纯正，釉面光亮，釉面无开片，黄白胎。口径 18，足径 5.5，高 5.5 厘米（图二二，7；彩版一七，1）。

标本 T97③：13，青白釉微泛灰，釉面有细小黑色斑点，不开片，釉层厚薄均匀，胎质稍粗，胎色白中泛青。口径 18，足径 6，高 5.6 厘米（图二二，8）。

标本 T97②：3，青白釉偏黄，碗底有较多落砂，釉面开细密纹片，裂纹呈灰黑色，釉层厚薄均匀。胎质细腻，洁白，圈足内残留有垫饼。口径 18，足径 5.3，高 5.4 厘米（图二二，9；彩版一七，2）。

标本 T364②：10，生烧。胎质细腻。口径 19，足径 6.2，高 6.5 厘米（图二二，10）。

Ac 型 17 件。圜底，腹壁较直。根据内圜底的平缓程度分三式。

Ⅰ式 7 件。内圜底近平，底周有一道弦纹。

标本 T140②：3，青白釉，釉面有少量黑点及落砂，有开片，釉层厚薄均匀，器外壁粘有大量黑灰。胎质细腻，色白中泛青。圈足内开裂纹，并粘有垫砂。口径 15.5，足径 5.2，高 5.6 厘米（图二三，1；彩版一八，1）。

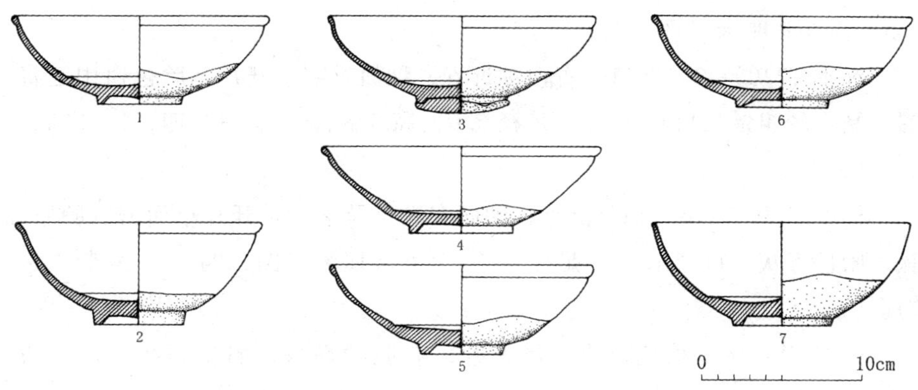

图二三　Ac 型Ⅰ式青白釉敞口碗

1. T140②：3　2. T118③：3　3. T117③：15　4. T95③：5　5. T93③：17　6. T93①：2　7. T54③：16

标本T118③：3，釉面较多黑色小斑点，开细密纹片，釉层厚薄均匀。胎质较粗，色青灰。口径15，足径5.5，高6.5厘米（图二三，2）。

标本T117③：15，釉色泛青，釉面有针眼，黑斑及少量落砂，开细密纹片，器外壁粘有少量黑色灰迹，釉层厚薄均匀。胎质细腻，呈灰青色，圈足上粘有垫饼一块。口径16.5，足径5.5，高5.5厘米（图二三，3）。

标本T95③：5，釉色泛黄，局部稍显红色，釉面有黑点，开细密纹片，胎质较粗，色白中泛青。口径17，足径6.5，高5.5厘米（图二三，4）。

标本T93③：17，釉色泛青，釉面有较多大小不同的黑斑，不开片，釉层厚薄均匀。胎质稍粗，色青灰，圈足内粘有较多砂粒。口径16，足径5，高5.7厘米（图二三，5；彩版一八，2）。

标本T93①：2，釉面有较多黑色斑点，开片少但较大，釉层厚薄均匀，胎质稍粗，色呈青灰。内底及口沿处留有匣钵粘痕，圈足内粘有少量砂粒。口径16，足径5.8，高5.8厘米（图二三，6；彩版一九，1）。

标本T54③：16，釉色泛白，釉面有较多落砂，开细密纹片，釉层厚薄均匀，胎质粗，色黄白。口径16.2，底径6.2，高6.5厘米（图二三，7；彩版一九，2）。

Ⅱ式9件。内圜底较Ⅰ式深，底有一道弦纹。

标本T72③：11，生烧。内底有落砂，口沿有匣钵粘痕。口径16，足径5.5，高6.8厘米（图二四，1）。

标本T72②：2，圆口。青白釉近青，釉面有细小开片，胎色白中泛青。圈足制作较粗糙。口径15.2，足径5.6，高5.8厘米（图二四，5；彩版二〇，1）。

标本T339②：4，釉色泛青，釉面有黑点及落砂，开片小而密，胎质细腻，胎色青灰。口径15.5，足径5.7，高6.2厘米（图二四，7；彩版二〇，2）。

标本F1：14，釉色泛青，不开片，有脱釉现象，胎质稍粗，色青灰。口径15，足径5.4，高6厘米（图二四，2；彩版二一，1）。

标本C2：15，略生烧。釉色青黄，有细密开片，碗内有匣钵粘痕，胎质粗，色黄白。口径16，足径5.5，高6.2厘米（图二四，6）。

标本C2：14，釉面有落砂，开细密纹片。釉层厚薄不匀，胎质稍粗，

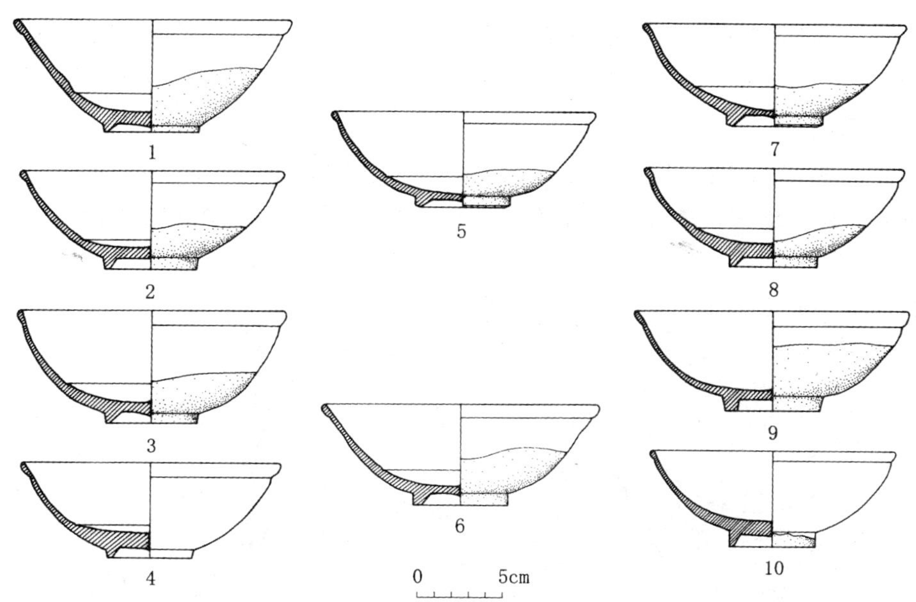

图二四　Ac型Ⅱ式、Ⅲ式青白釉敞口碗

1. Ⅱ式（T72③：11）　2. Ⅱ式（F1：14）　3. Ⅱ式（C2：10）　4. Ⅱ式（Y1：29）　5. Ⅱ式（T72②：2）　6. Ⅱ式（C2：15）　7. Ⅱ式（T339②：4）　8. Ⅱ式（C2：14）　9. Ⅱ式（Y1：30）　10. Ⅲ式（T293①：1）

色青灰。胎体有气泡存在，口沿部有变形现象。口径15，足径5.3，高6厘米（图二四，8；彩版二一，2）。

标本C2：10，釉色泛黄，釉面匀净，有细密开片，胎质粗疏，色黄白。口径15.5，足径5.4，高6.8厘米（图二四，3；彩版二二，1）。

标本Y1：30，釉色泛青，有细小开片，口沿处有脱釉现象，胎质粗，色青灰。口径16，足径5.5，高6厘米（图二四，9）。

标本Y1：29，釉色泛青，釉面有较多黑色小斑点，开细密纹片，釉层厚薄均匀，胎质粗，色青灰。口径15，足径5，高5.8厘米（图二四，4）。

Ⅲ式1件。内圜底较Ⅱ式更深，内底周弦纹消失。

标本T293①：1，圆口。釉色青黄，釉面有细小开片，黄白胎。圈足高而直，足内侧有旋削痕迹。口径17，足径6，高7厘米（图二四，10；彩版二二，2）。

Ad型8件。内圜底，口沿外折，底心戳印一菊花纹，圈足较高。

标本 T125⑤：7，釉面匀净，开细密纹片，厚薄均匀，胎质稍粗，色黄白。口沿处变形严重，外壁有少量匣钵粘痕。口径约 15，足径 4.8，高 6 厘米（彩版二三）。

标本 T123③：30，釉色青灰，碗内粘有大量落砂，釉层厚薄不匀，有开片，胎质细腻，色青灰。口径 15，底径 4.5，高 5.3 厘米（图二五，1）。

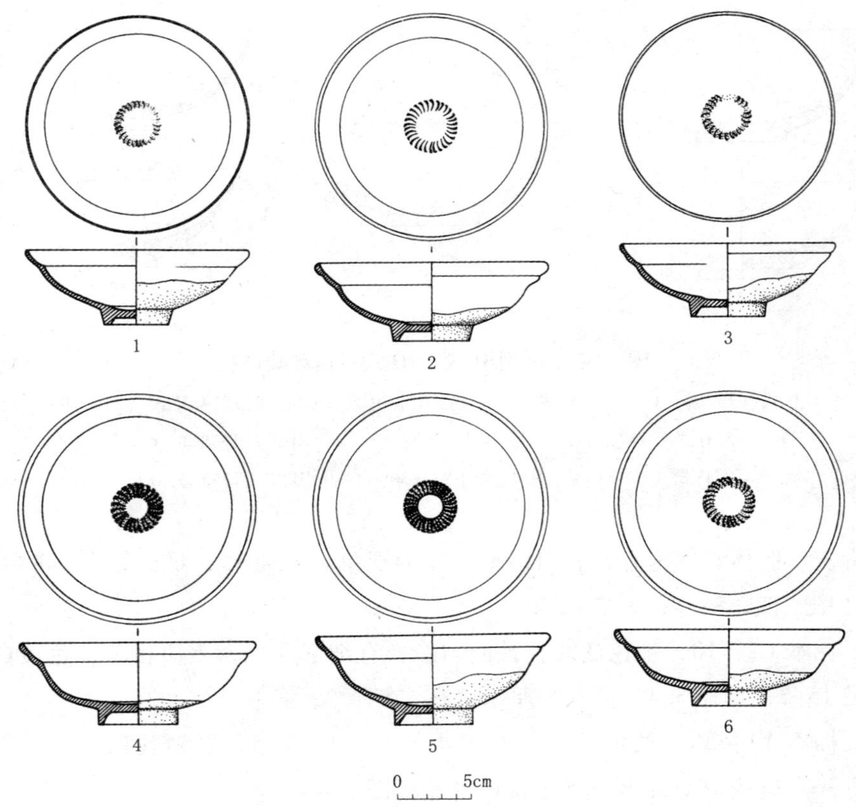

图二五　Ad 型青白釉敞口碗

1. T123③：30　2. T123③：29　3. T123③：27
4. T123③：25　5. T123③：24　6. T122②：8

标本 T123③：29，釉色微黄，釉面有细小开片，有脱釉现象，施釉不及底，黄白胎。器身留有轮制痕迹，内底戳印菊花纹。口径 15.5，足径 5.3，高 5.6 厘米（图二五，2；彩版二四，1）。

标本 T123③：28，青黄釉，较多脱釉，开细密纹片，碗内粘有较多落砂，胎质稍粗，色白中泛青。内底戳印菊花纹。口径 15，足径 5.2，高 5.3 厘米（彩版二四，2）。

标本 T123③：27，釉面匀净，开细密纹片，厚薄稍有不匀，胎质细腻，色青灰。口径 14.5，足径 5，高 5.2 厘米（图二五，3；彩版二五）。

标本 T123③：25，青黄釉，较多脱釉，开细密纹片，碗内粘有较多落砂，胎质稍粗，色白中泛青。口径 15.5，底径 5.4，高 5.7 厘米（图二五，4）。

标本 T123③：24，青黄釉，内底粘大量落砂，釉面开细密纹片，釉层厚薄不匀，有少量脱釉，胎质稍粗，色黄白。口径 15.5，足径 5.3，高 6.2 厘米（图二五，5）。

标本 T122②：8，青黄釉，开细密纹片，有较多脱釉，胎质稍粗，色白中泛青。口径 15，足径 5，高 5.3 厘米（图二五，6；彩版二六）。

B 型 16 件。卷唇。根据腹部特征的差异分三个亚型。

Ba7 件。深腹，圜底。根据腹部斜直程度不同分两式。

Ⅰ式 1 件。直壁，腹较深，高圈足。

标本 C2：9，釉色青黄，无开片，施釉及底，白胎。圈足高而直。口径 16，足径 6.5，高 7.8 厘米（图二六，1；彩版二七，1）。

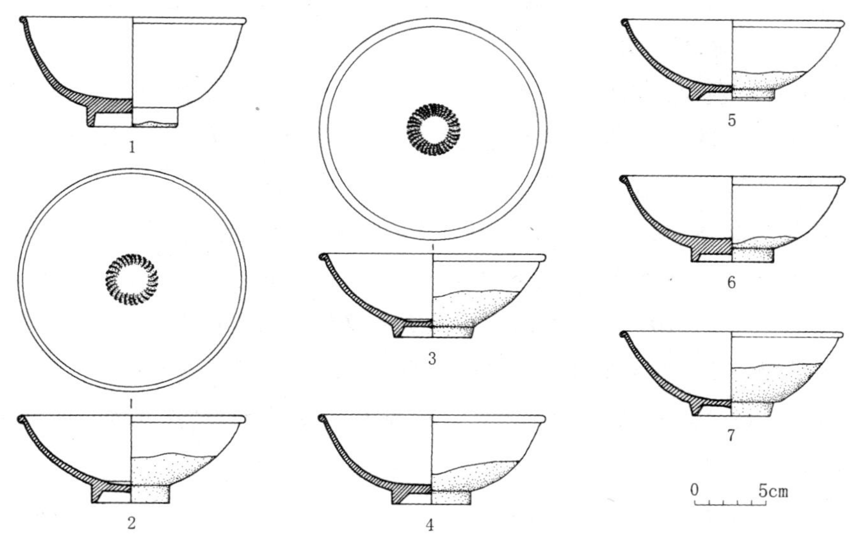

图二六　Ba 型Ⅰ式、Ⅱ式青白釉敞口碗

1. Ⅰ式（C2：9）　2. Ⅱ式（T124③：18）　3. Ⅱ式（T123③：20）　4. Ⅱ式（T339②：3）　5. Ⅱ式（F1：39）　6. Ⅱ式（C2：17）　7. Ⅱ式（Y1：13）

Ⅱ式6件。斜壁，腹稍浅，矮圈足。

标本T124③：18，青黄釉，开细密纹片，有脱釉现象，胎质细腻，色黄白，内底戳印一菊花纹（图二六，2）。

标本T123③：20，青黄釉，开细密纹片，有脱釉，胎质细腻，色黄白，内底有开裂纹，戳印一菊花纹。口径16，底径5.5，高6厘米（图二六，3；彩版二八）。

标本T339②：3，釉色泛青，釉面有大小不同黑斑，不开片，釉层厚薄均匀。胎质细腻，色青灰，胎中含大量黑点。口径16，足径5.5，高6.4厘米（图二六，4；彩版二七，2）。

标本F1：39，青黄釉，釉面开片，有黑点，釉层厚薄不匀。胎色青灰，胎质较粗。矮圈足中心凸起，制作不精。口径15.8，足径6，高5.7厘米（图二六，5；彩版二九，1）。

标本C2：17，青黄釉，有黑点，开细密纹片，釉层厚薄不匀，有脱釉现象，胎质较粗，胎色黄白。口径16，足径5.8，高6.2厘米（图二六，6）。

标本Y1：13，生烧，内底粘有落砂。口径15.5，足径5.5，高6厘米（图二六，7；彩版二九，2）。

Bb6件。浅腹，内底有一周弦纹。

标本T121③：7，生烧。胎色泛红。口径14.5，底径4.5，高4.2厘米（图二七，1）。

标本T72②：4，釉面光亮，开片大，胎质较粗，色青灰，器身有匣钵粘痕。口径14，足径4.5，高4厘米（彩版三〇，1）。

标本T54②：10，釉面有黑斑，开细密纹片，胎质稍粗，色青灰。口径12.6，足径3.6，高4厘米（图二七，2；彩版三〇，2）。

标本Y1：16，生烧。胎色泛红。口径15，底径5，高4厘米（图二七，3；彩版三一，1）。

标本Y1：15，生烧，圈足中心凸起。口径15，足径5.2，高4.6厘米（图二七，5；彩版三一，2）。

标本Y1：10，生烧。内底戳印一菊花纹。口径14.5，底径5.4，高4厘米（图二七，4）。

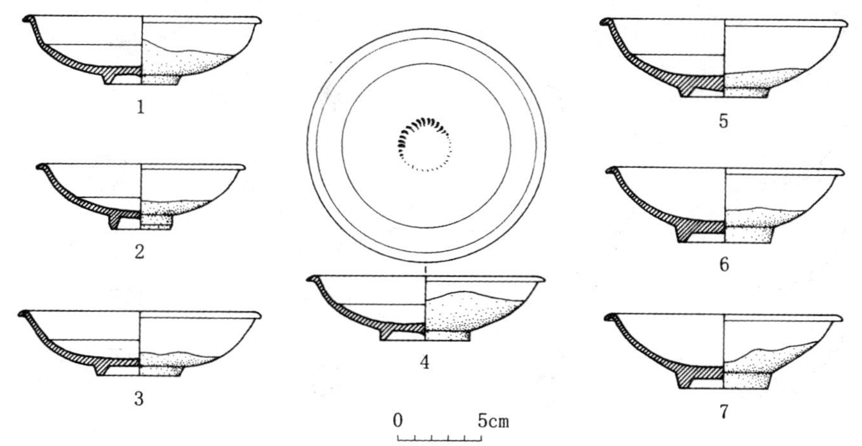

图二七 Bb、Bc型青白釉敞口碗

1. Bb型（T121③：7） 2. Bb型（T54②：10） 3. Bb型（Y1：16） 4. Bb型（Y1：10） 5. Bb型（Y1：15） 6. Bc型（C2：8） 7. Bc型（C2：5）

Bc3件。浅腹，内底无弦纹。

标本T339②：9，釉色泛青，有开片，釉层厚薄不匀，胎质粗，色青灰。口沿仅残余少部分，圈足制作不规整。足径5，高5厘米（彩版三二，1）。

标本C2：8，略生烧，胎色泛红。口径14.5，底径5.5，高4.6厘米（图二七，6）。

标本C2：5，略生烧，青黄釉，有少量开片，施釉不及底，胎质较粗，色黄白。圈足稍高。口径14.5，足径5.4，高4.6厘米（图二七，7；彩版三二，2）。

C型15件。尖唇。分三个亚型。

Ca12件。深腹。根据内底不同分两式。

Ⅰ式6件。内小平底。

标本T293①：2，青白釉，釉面光亮多黑点，开片大，施釉近圈足，胎质粗糙，胎色灰青。口径15.2，足径5.4，高6.7厘米（图二八，1；彩版三三，1）。

标本T292②：20，釉色泛青，有黑点，开片大，厚薄均匀，胎质粗糙，色青灰。口径15，足径6.5，高6.5厘米（图二八，2）。

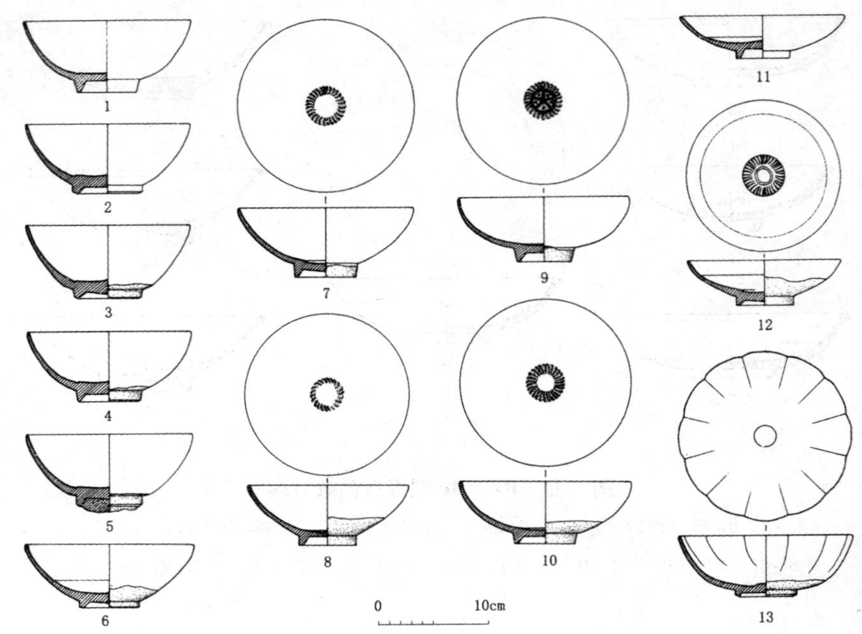

图二八　C型青白釉敞口碗

1. Ca型Ⅰ式（T293①：2）　2. Ca型Ⅰ式（T292②：20）　3. Ca型Ⅰ式（F1：48）
4. Ca型Ⅰ式（F1：21）　5. Ca型Ⅰ式（F1：20）　6. Ca型Ⅱ式（T93③：18）
7. Ca型Ⅱ式（T124③：17）　8. Ca型Ⅱ式（T123③：22）
9. Ca型Ⅱ式（T123③：21）　10. Ca型Ⅱ式（T123③：6）　11：Cb型（Y1：5）
12. Cb型（Y1：25）　13. Cc型（T95④：12）

标本F1：48，青黄釉，有黑斑，开细密纹片，有少量脱釉、积釉现象，胎质粗糙，色青灰。口径15，足径6，高6.8厘米（图二八，3）。

标本F1：21，青白釉，釉面光洁，有小黑斑，开细密纹片，釉层厚薄均匀。胎质粗糙，色青灰。口径15，足径5.8，高6.5厘米（图二八，4；彩版三三，2）。

标本F1：20，釉面多黑斑及针眼，开片稍大，胎质粗糙，色青灰，圈足上粘有大量垫砂。口径15.2，足径6，高6.7厘米（图二八，5；彩版三四，1）。

标本F1：15，釉面多黑点与落砂，开片大，施釉近圈足，碗内有匣钵粘痕，胎质粗糙，色青灰。口径15.2，高6.5，足径5.5厘米（彩版三四，2）。

Ⅱ式6件。内圜底，多数底心戳印一菊花纹。

标本T124③：17，釉色青黄，旋釉至圈足，脱釉严重，开细密纹片，内底戳印一菊花纹。胎质较粗，色青灰。口径16，底径5.5，高6.5厘米（图二八，7）。

标本T123③：22，开片少，有积釉现象，碗内因流釉形成白色斑点状花纹，内底戳印一菊花纹。胎质较粗，色青灰。口径15，底径5.2，高5.6厘米（图二八，8）。

标本T123③：21，釉面黑点稍少，开细密纹片。釉层厚薄不匀，有积釉现象，内底戳印一花蕊纹饰，施釉至圈足（图二八，9；彩版三五）。

标本T123③：19，釉色泛青，开细密纹片，厚薄不均。口沿变形，碗内有匣钵粘痕，圈足内粘有垫砂，内底戳印一菊花纹。口径约16.5，足径5.2，高7厘米。

标本T123③：6，青黄釉，釉面有小黑点，开细密纹片，施釉不及底，胎质较细，胎色青灰，内底戳印一菊花纹。口径15.6，足径5.5，高5.8厘米（图二八，10；彩版三六）。

标本T93③：18，釉面匀净，开片大，有积釉，碗内积釉因窑变呈蓝紫色。胎质较粗，色青灰。口径15，足径5.4，高6厘米（图二八，6）。

Cb2件。浅腹。

标本Y1：25，圆口。素烧，底心戳印一菊花纹，圈足制作较粗糙。口径14，足径5.2，高4.2厘米（图二八，12；彩版三七，1）。

标本Y1：5，青黄釉，釉面不开片，内底上凸，胎质粗，色青灰。口径15，底径4.9，高4厘米（图二八，11；彩版三七，2）。

Cc1件。花口。

标本T95④：12，12曲花口，素烧，矮圈足，内底中心有一纽扣状凸起。口径15.8，足径5.5，高5.8厘米（图二八，13；彩版三八）。

（2）侈口碗

14件。根据口沿及腹部特征差异分2型。

A型3件。花口。

Aa型，2件，器型较大。

标本T364②：15，釉色泛白，开片大，黑斑少，五缺花口，腹部有出筋五道，胎质洁白细腻，制作精细。口径18.6，底径7，高6厘米（图二九，3；彩版三九，1）。

标本T364②：9，釉色泛白，釉面光亮匀净，黑斑点极少，少开片，五缺花口，折沿，花口处腹部对应有五道压痕，胎质细腻洁白，制作精细。内底及口沿处留有或匣钵粘痕，施釉至圈足。口径19，足径6.7，高6.4厘米（图二九，6；彩版三九，2）。

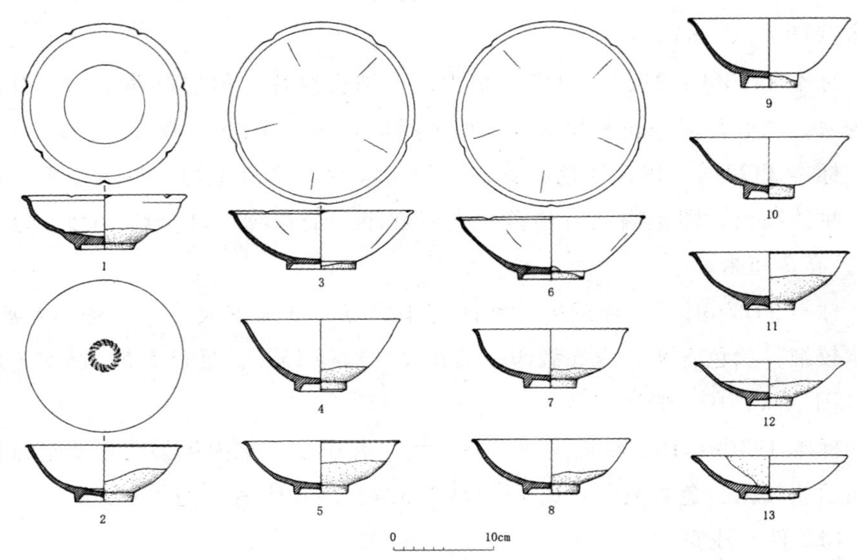

图二九 青白釉侈口碗

1. Ab型（T54③：15） 2. Ba型Ⅱ式（Y1：2） 3. Aa型（T364②：15）
4. Ba型Ⅰ式（C2：2） 5. Ba型Ⅱ式（Y1：27） 6. Aa型（T364②：9）
7. Ba型Ⅱ式（Y1：17） 8. Ba型Ⅱ式（Y1：7） 9. Ba型Ⅰ式（T124③：19）
10. Ba型Ⅰ式（T123③：23） 11. Ba型Ⅱ式（Y1：6）
12. Bb型（T124③：24） 13. Bb型（T118③：2）

Ab型，1件，器型较小。

标本T54③：15，釉面有黑点，开片较少，花口，胎质稍粗，色青灰，口径16.5，底径5.8，高5.6厘米（图二九，1；彩版四〇，1）。

B型11件。圆口，根据器腹深浅分为两个亚型。

Ba型，9件，深腹。根据圈足特征差异分两式。

Ⅰ式4件。高圈足，口沿微外撇，腹较深。

标本T139①：2，釉面多黑点，开片大，口沿有匣钵粘痕，圈足留有垫砂，胎质粗糙，色青灰。口径6.3，足径5.5，高6.7厘米（彩版四〇，2）。

标本T124③：19，青黄釉，釉面无黑斑，脱釉严重，开片细密，施釉至圈足。胎质较细腻，色青灰。口径16.4，足径5.6，高7厘米（图二九，9；彩版四一，1）。

标本T123③：23，青白釉偏青，釉面有开片，胎色青灰。圈足中心凸起。口径16，足径5.1，高6.4厘米（图二九，10；彩版四一，2）。

标本C2：2，釉色泛黄，开细密纹片，有黑点，略有脱釉，胎质粗糙，色黄白。口径16，足径4.2，高7.4厘米（图二九，4；彩版四二，1）。

Ⅱ式5件。圈足变矮，口沿外撇成平沿状，腹较Ⅰ式浅。

标本Y1：27，釉面开片少，釉层厚薄略有不匀，有少量落砂，施釉不及底，圈足中心凸起，制作较粗糙，胎质稍细，色青灰。口径16，足径5.2，高5.5厘米（图二九，5；彩版四二，2）。

标本Y1：17，釉色泛黄，开细密纹，胎质稍细，色青。口径15.6，足径5.2，高6厘米（图二九，7；彩版四三，1）。

标本Y1：7，略生烧。釉色青灰，无开片，碗内粘有落砂。胎质粗，色青灰。口径16，足径5.5，高5.6厘米（图二九，8）。

标本Y1：6，开片细密，胎质粗糙，色青灰，圈足内有垫砂。口径16.2，足径5，高6厘米（图二九，11）。

标本Y1：2，釉色泛青，多黑斑，开片少，胎质粗，色青灰。内底戳印一菊花纹，圈足内胎体有开裂现象（图二九，2；彩版四三，2；彩版四四，1）。

Bb型，2件。浅腹，矮圈足。

标本T124③：24，釉色泛黄，开片细密，有黑点，胎质细腻，色黄白。口径15，足径4.5，高4.5厘米（图二九，12；彩版四四，2）。

标本T118③：2，釉色泛青，开片稍大，有黑点及落砂，器内小部分施釉，器外施釉近圈足，胎色青灰，胎体厚重。器身粘有匣钵残片。口径15.6，足径5.2，高4.5厘米（图二九，13）。

2. 温碗

16件，圈足。分两型。

A型8件，侈口。分两个亚型。

Aa型6件，平口。分两式。

Ⅰ式4件，平底。

标本T316②：14，釉色泛黄，开片细密，施釉近圈足，胎质较细，色青灰。内底中心微凸起。口径15.8，底径6.8，高6.8厘米（图三〇，1；彩版四五，1）。

标本T316①：10，开片细密，除圈足内通体施釉，胎质细腻，胎色白中泛青，器底开裂纹。口径15.7，底径6.5，高7厘米（图三〇，2）。

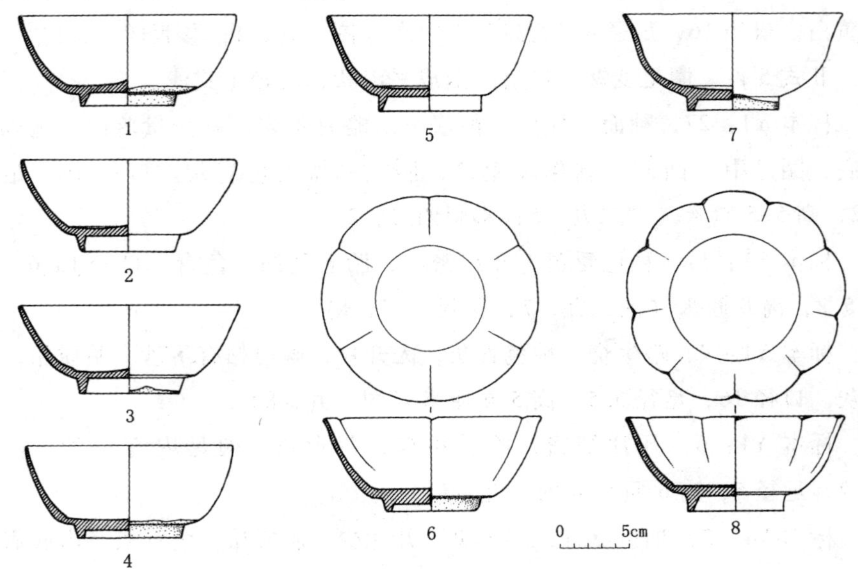

图三〇 A型青白釉温碗

1. Aa型Ⅰ式（T316②：14） 2. Aa型Ⅰ式（T316①：10） 3. Aa型Ⅰ式（T316①：9）
4. Aa型Ⅰ式（T269①：1） 5. Aa型Ⅱ式（T316①：11） 6. Ab型（T339②：5）
7. Aa型Ⅱ式（T292②：23） 8. Ab型（T316②：15）

标本T316①：9，釉色微黄，开片细密，黑点少，有脱釉，通体施釉，胎质稍粗，色青灰。口径16，底径7.2，高6.7厘米（图三〇，3；彩版四五，2）。

标本：T269①：1，胎色灰白，釉面有细开片，施釉近圈足，釉下有较多细小黑点，胎质稍粗。口径15，足径7.5，高6.8厘米（图三〇，4）。

Ⅱ式2件，底近圜。

标本 T316①：11，釉色泛黄，开片细密，黑斑多，通体施釉，胎质粗，色黄白。口径 15，足径 7.6，高 7.2 厘米（图三〇，5；彩版四六，1）。

标本：T292②：23，开片细密，釉下黑点较多，胎质较细，胎色白中泛青，施釉及圈足。口径 16，足径 6.6，高 7.2 厘米（图三〇，7；彩版四六，2）。

Ab 型 2 件，花口。

标本：T339②：5，六缺花口，腹部对应六道压印棱线，胎色泛青，釉色纯正，釉面开片，施釉及圈足。口径 15.8，足径 6.5，高 7 厘米（图三〇，6；彩版四七，1）。

标本 T316②：15，九缺花口。色泛黄，开片少，通体施釉，胎质较细，色黄白。口径 16，足径 7，高 7 厘米（图三〇，8；彩版四七，2）。

B 型 8 件，撇口。分两个亚型。

Ba 型 3 件，平口。

标本 F1：25，开片细密，有铁质黑点及针眼，施釉近圈足，胎质稍粗，色青灰，碗内底粘有落砂。口沿残，足径 5.5，高 6.8 厘米。

标本 F1：5，釉色泛黄，开片细密，釉层厚薄不匀，有脱釉现象，内平底粘有少量落砂，施釉至圈足。圈足制作较为粗糙。胎质稍粗，色青灰。口径 15.6，足径 6，高 6.6 厘米（图三一，1；彩版四八，1）。

标本 F1：4，釉色黄，开片细密，有脱釉，施釉至圈足，胎质粗，色黄白。内底胎有开裂现象。口径 15.5，足径 5.8，高 7.2 厘米（图三一，2；彩版四八，2）。

Bb 型 5 件，花口。

标本 T293②：6，釉色泛黄，局部隐现红色，开片细密，施釉近圈足，七缺花口，胎质粗，色黄白，内底胎体开裂。口径 15.5，底径 6，高 6.8 厘米（图三一，3）。

标本：T293②：5，六缺花口，胎质细腻，胎青灰色，青白釉纯正，釉面有细开片，黑斑多，内平底。口径 15.8，足径 6，高 6.5 厘米（图三一，4；彩版四九，1）。

标本 F1：51，七缺花口，开片较少，釉面有少量针眼及落砂，通体施釉，胎质粗糙，色青灰。口径 16.5，底径 6.4，高 7 厘米（图三一，5；彩版四九，2）。

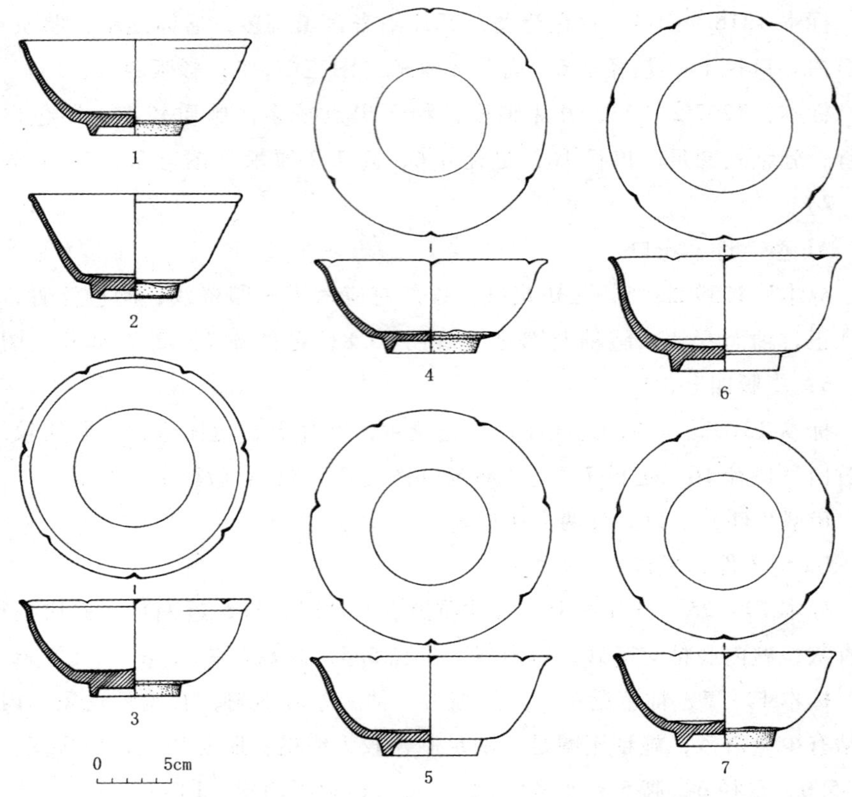

图三一　B型青白釉温碗

1. Ba型（F1：5）　2. Ba型（F1：4）　3. Bb型（T293②：6）　4. Bb型（T293②：5）　5. Bb型（F1：51）　6. Bb型（F1：45）　7. Bb型（F1：19）

标本F1：45，略生烧，釉色泛黄，开片细密，七缺花口，胎质稍粗，色黄白。碗内有落砂。口径15.8，足径7.2，高8厘米（图三一，6；彩版五〇，1）。

标本F1：19，釉色泛黄，开片细密，七缺花口。胎质细腻，色青灰，内底及圈足内胎体皆开裂。口径15，底径6.5，高6.6厘米（图三一，7；彩版五〇，2）。

3. 盏

93件。数量仅次于碗，根据口沿和器底特征的差异分六型。

A型35件。叠唇敞口，圜底。根据腹部特征差异分两个亚型。

Aa型33件。浅腹，矮圈足。根据叠唇特征不同分四式。

Ⅰ式 8 件。叠唇剖面近三角形，最大厚度在唇下缘。

标本 T97⑦：41，釉色偏白，釉面光洁，铁质黑斑少，开片细密。胎质细腻，色黄白。制作精细。口径 12，足径 4.2，高 4.2 厘米（图三二，1；彩版五一，1）。

标本 T95⑪：33，生烧。胎质稍粗，色黄白。口径 11.5，高 4，足径 3.8 厘米（彩版五一，2）。

标本 T340②：2，青白釉，釉面光洁明亮，铁质黑斑少，开片较大。胎质细腻，胎色白中泛青。口径 11.8，高 3.7，足径 4 厘米（彩版五二，1）。

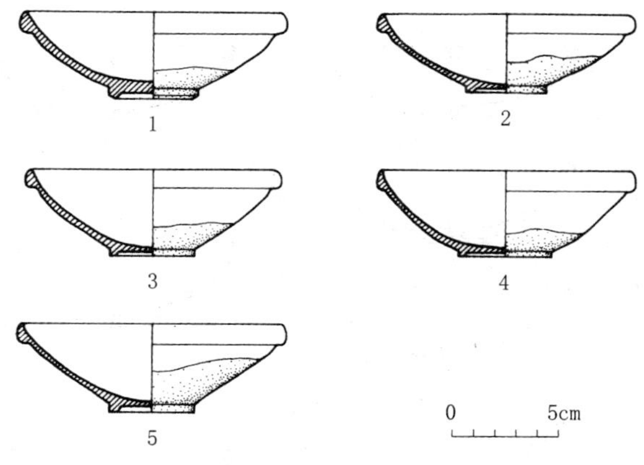

图三二　Aa 型Ⅰ式青白釉盏

1. T97⑦：41　2. H1：12　3. H1：8　4. H1：7　5. H1：6

标本 T316②：23，青白釉，釉面光洁，釉层厚薄不匀，有积釉现象，开片较大，胎质细腻，胎色白中泛青。口径 11.8，高 3.7，足径 4 厘米（彩版五二，2）。

标本 H1：12，釉色偏白，釉面光亮，有少量铁质黑斑及落砂，开片细密，圈足制作精细。圈足内胎体微开裂。胎质细腻，色黄白。口径 11.8，足径 3.8，高 3.8 厘米（图三二，2）。

标本 H1：8，生烧。口径 11.5，足径 4，高 4.2 厘米（图三二，3）。

标本 H1：7，生烧。口径 11.8，足径 4.4，高 4.2 厘米（图三二，4；彩版五三，1）。

标本 H1：6，生烧。口径 12.2，足径 4，高 4.3 厘米（图三二，5；彩版五三，2）。

Ⅱ式 13 件。叠唇剖面为半椭圆形，叠唇最大厚度上移至接近唇中部。

标本 T98⑤：14，青白釉，釉面光亮匀净，釉下有少量铁质小黑斑，开片较大。胎质稍粗，色青白。口径 12.5，足径 3.8，高 3.5 厘米（图三三，1）。

标本 T97⑦：43，青白釉，釉面光洁明亮，开片少，铁质黑斑少，胎质细腻，色青白。口径 12，足径 3.8，高 3.6 厘米（图三三，2）。

标本T97⑦：42，釉色泛黄，开片稍大，口沿处有少量匣钵粘痕。釉下有少量铁质黑点，胎质稍粗，色青白。口径12，足径4，高4厘米（图三三，3）。

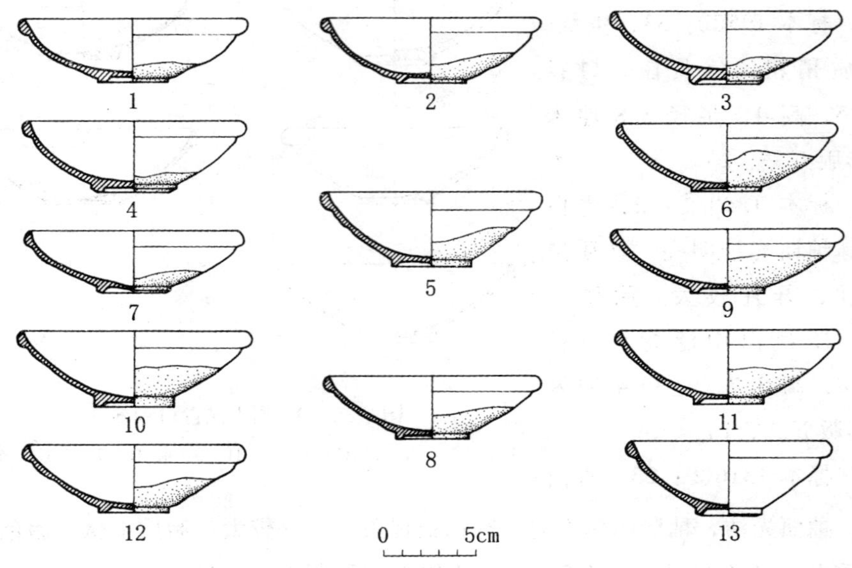

图三三 Aa型II式青白釉盏

1. T98⑤：14 2. T97⑦：43 3. T97⑦：42 4. T97⑤：26 5. T97⑤：25 6. T97⑤：26 7. T316①：4 8. T316①：2 9. T316①：1 10. H1：14 11. H1：11 12. H1：13 13. H1：5

标本T97⑤：26，釉色泛黄，开片稍大，釉面光亮，胎质细腻，色黄白。器底胎体有开裂纹。口径12，足径4.6，高4厘米（图三三，4）。

标本T97⑤：25，釉色泛黄，不开片，微有脱釉。胎质细腻，色黄白。施半釉，釉色纯正，釉面光洁明亮，不开片。口径12，底径4.3，高4.1厘米（图三三，5）。

标本T97⑤：26，青白釉，釉面光亮，不开片，铁质黑斑少，釉层厚薄微有不匀。胎质细腻，色青白。口径11.4，足径3.8，高3.8厘米（图三三，6；彩版五四，1）。

标本T316①：4，釉色微黄，开片细密，器内外皆粘有较多落砂，釉下有铁质黑点，胎质细腻，色青灰。口径11.2，底径4，高3.5厘米（图三三，7；彩版五四，2）。

标本T316①：2，釉色泛青，开片稍大，釉下铁质黑点较多，胎质细腻，色青灰。口径11.2，足径4，高3.6厘米（图三三，8；彩版五五，1）。

标本T316①：1，青白釉泛灰，釉面匀净，开片少，胎质稍粗，色青灰。口径12，足径4，高3.6厘米（图三三，9）。

标本H1：14，釉色泛黄，开片细密，少量开片裂纹呈灰黑色，胎质细腻，色青白。口径12，足径4.3，高4.3厘米（图三三，10）。

标本H1：13，釉色微泛黄，釉面光亮，开片稍大。胎质稍粗，色青灰。口径11.4，足径3.8，高3.8厘米（图三三，12；彩版五五，2）。

标本H1：11，青白釉，釉面光亮匀净，铁质黑斑少，开片细密，胎质细腻，色青白。口径11.8，足径3.8，高4.2厘米（图三三，11；彩版五六，1）。

标本H1：5，釉色泛黄，开片细密，内粘有大量落砂，胎质稍粗，色黄白。口径11.4，足径3.6，高4.2厘米（图三三，13；彩版五六，2）。

Ⅲ式6件。叠唇剖面呈三棱状，最大厚度在唇中部。

标本T316①：6，釉色泛绿，开片细密，釉下铁质黑斑较少。胎质细腻，胎色青白。口径12，足径3.9，高4厘米（图三四，1）。

标本T315②：6，釉色泛黄，开片细密。釉层厚薄微有不匀，釉厚处呈青色。胎质细腻，色黄白。口径12，足径4，高3.5厘米（图三四，2；彩版五七，1）。

标本T292②：9，釉色黄，开片细密，微有脱釉，胎质较粗，色黄白。口径12，足径4.4，高4.6厘米（图三四，3；彩版五七，2）。

标本F1：36，釉色泛黄，釉面有少量针眼，开片细密，器身无釉处有大量黑色小斑点，圈足极矮，胎质细腻，色黄白。口径11.6，足径3.8，高3.8厘米（图三四，4；彩版五八，1）。

标本F1：17，釉色较黄，开片细密，有脱釉现象，器内底粘有落砂，胎质细腻，色黄白。口径11.2，足径4，高3.5厘米（图三四，5）。

标本F1：10，釉色泛白，开片细密，铁质黑斑少，胎质细腻，色黄白。内底粘有大量落砂。口径11，高3.8，足径4厘米（彩版五八，2）。

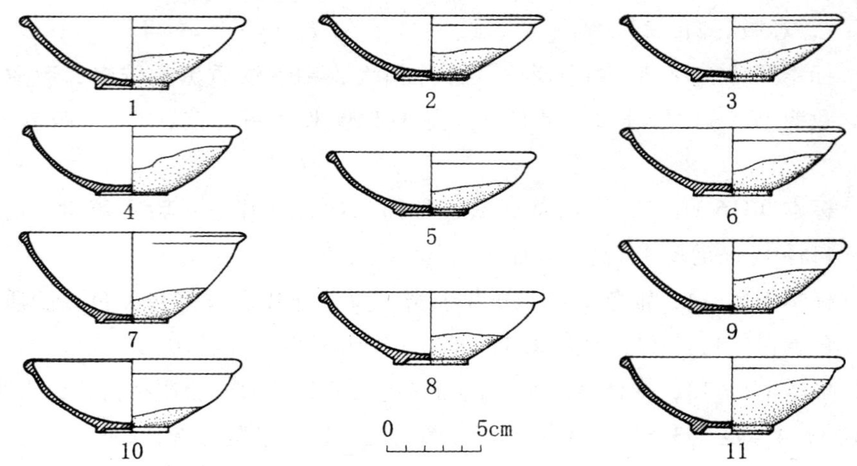

图三四　Aa 型 III 式、IV 式青白釉盏

1. III 式（T316①：6）　2. III 式（T315②：6）　3. III 式（T292②：9）　4. III 式（F1：36）　5. III 式（F1：17）　6. IV 式（T54④：18）　7. IV 式（T340②：4）　8. IV 式（T316②：24）　9. IV 式（T315②：7）　10. IV 式（T292②：10）　11. IV 式（Y1：20）

Ⅳ式 6 件。叠唇剖面呈倒三角形，最大厚度处在唇上缘，形成小平沿。

标本 T54④：18，釉色泛青，开片稍大，釉下铁质黑斑较多，釉层厚薄不匀，口沿变形且有匣钵粘痕，胎体有气泡凸出，胎质细腻，色青灰，圈足内有少量垫砂。口径 12，足径 3.2，高 3.7 厘米（图三四，6；彩版五九，1）。

标本 T340②：4，釉色泛黄，开片细密，铁质黑斑少，胎质细腻，色黄白。口沿处有匣钵粘痕。口径 12，足径 3.9，高 5 厘米（图三四，7；彩版五九，2）。

标本 T316②：24，釉色泛黄，开片细密，内底粘有落砂，胎质较粗，色黄白。口径 12，足径 4，高 4 厘米（图三四，8；彩版六〇，1）。

标本 T315②：7，釉色泛青，开片细密，釉层厚薄不匀，釉厚处泛绿，胎质细腻，色青白。口径 12，足径 4.2，高 4 厘米（图三四，9；彩版六〇，2）。

标本 T292②：10，略生烧。釉色泛黄，开片细密，内底呈红色，胎质细腻，色红。口径 11.6，足径 3.8，高 4 厘米（图三四，10）。

标本 Y1：20，釉色泛黄，开片细密，釉面粘有少量落砂，有脱釉现象，胎质较粗，色青灰。口径 12，足径 4.5，高 4.2 厘米（图三四，11）。

Ab 型 2 件。叠唇，唇沿近卷，深腹，圈足稍高。

标本 T93①：1，施釉至下腹部，釉色泛青，开片较大，釉下黑斑较多。圈足内有垫砂，腹壁斜直。胎质较粗，色青灰。口径 11.5，足径 4.2，高 5 厘米（图三五，1；彩版六一，1）。

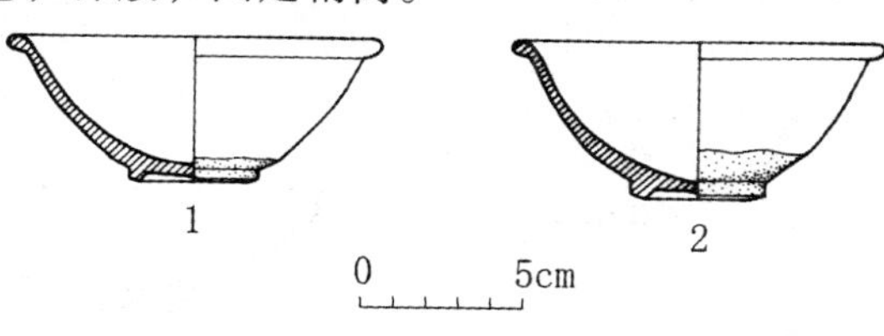

图三五　Ab 型青白釉盏

1. T93①：1　2. T292②：37

标本 T292②：37，釉色泛黄，开片细密，胎质较粗，色青白。口径 11.5，足径 4，高 4.6 厘米（图三五，2；彩版六一，2）。

B 型 3 件。尖唇敞口，内底大，斜腹近直，矮圈足。

标本 T316②：18，釉色泛白，开片疏大，釉面光亮，釉下黑斑少，胎色黄白，胎质稍粗。口径 13，足径 5，高 5.2 厘米（图三六，1；彩版六二，1）。

标本 T315②：3，釉色灰黄，开片细密，釉层厚薄不匀。胎质细腻，色黄白，内底粘有 3 颗较大落砂。口径 13，足径 4.5，高 4.6 厘米（图三六，2；彩版六二，2）。

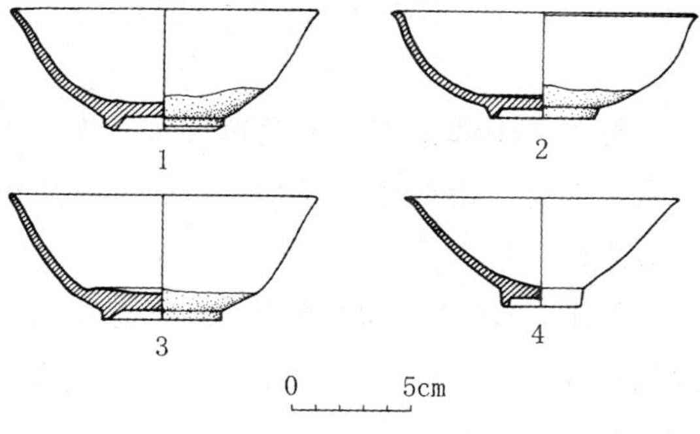

图三六　B 型、F 型青白釉盏

1. B 型（T316②：18）　2. B 型（T315②：3）　3. B 型（H1：17）　4. F 型（T122③：16）

标本 H1：17，釉色泛黄，开片较少，不光亮，胎质细腻，色黄白。口径 13，足径 5，高 5.5 厘米（图三六，3）。

C 型 30 件。尖唇平底，根据口沿形态差异分三式。

Ⅰ式 8 件。敛口。

标本 T95⑥：23，釉色微泛黄，开片细密，釉面光亮，纹片部分被染成黄色，胎质稍粗，色青白。器外壁粘有少量匣钵残迹。口径 12，足径 4.2，高 3.7 厘米（图三七，1；彩版六三，1）。

标本 T316②：22，青白釉，开片疏大，釉面光亮，胎质稍粗，色青白。

微有积釉，器内粘有落砂。口径 13.6，足径 4，高 4.2 厘米（图三七，4；彩版六三，2）。

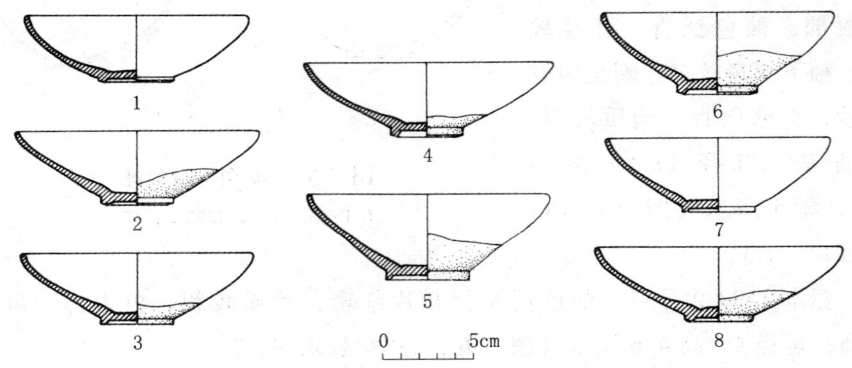

图三七　C 型 I 式青白釉盏

1. T95⑥：23　2. T316②：21　3. T316①：7　4. T316②：22　5. T316②：20　6. T315②：5　7. T315②：4　8. H2：1

标本 T316②：21，釉色微泛黄，施釉不及底，釉面开片大，胎色白中泛青。器物口沿处稍有变形。口径 13，足径 4，高 4.2 厘米（图三七，2；彩版六四，1）。

标本 T316②：20，釉色泛灰泛黄，不开片，不光亮，釉层厚薄不匀，厚处泛绿。胎质较细，胎色黄白。口径 13.4，足径 4.6，高 4.8 厘米（图三七，5）。

标本 T316①：7，釉色微泛黄，开片较少，不光亮，胎质稍粗，色黄白，微泛红。口径 12.2，足径 4，高 4 厘米（图三七，3；彩版六四，2）。

标本 T315②：5，微生烧，釉色灰黄，不开片。胎质较细，色黄白。口径 12.8，底径 4.4，高 4.6 厘米（图三七，6）。

标本 T315②：4，色微泛黄，开片细密，盏内有落砂，胎质细腻，色黄白。口径 12.5，足径 4，高 4.2 厘米（图三七，7）。

标本 H2：1，青白釉，开片细密，釉下铁质黑斑少，釉面光亮，胎质细腻，色青白。口径 13.8，足径 3.8，高 4.2 厘米（图三七，8）。

Ⅱ式 8 件。敞口。

标本 T117③：16，釉色泛黄，釉面无光，开片细密，胎质较粗，色黄白。器底粘有少量落砂。口径12.5，足径4.5，高5厘米（图三八，1）。

标本T93②：10，釉色灰黄，开片少，釉面无光，釉层厚薄略有不匀，胎质较细，色青灰，内底粘有落砂。口径12，足径4.5，高5厘米（图三八，2）。

标本T54③：14，青白釉，釉面光亮，开片细密，釉下多铁质黑斑，釉层厚薄不匀。胎质较细，色青灰。口径12.5，足径4.2，高4厘米（图三八，3；彩版六五，1）。

标本T293②：7，青白釉，釉面光亮，开片疏大，釉下铁质黑斑较少，器底有少量积釉，胎质较粗，色青灰。口径12.4，足径4.2，高4.5（图三八，4；彩版六五，2）。

标本T292②：5，釉色泛青，不开片，釉面无光，胎质较粗，色青灰。口径11.8，足径3.8，高4.3厘米（图三八，5）。

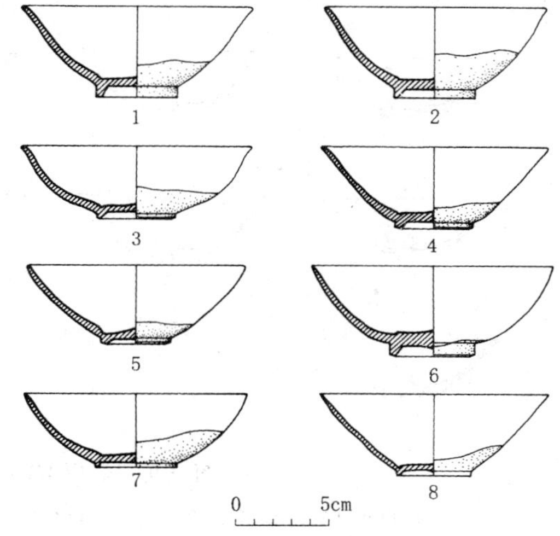

图三八　C型II式青白釉盏

1. T117③：16　2. T93②：10　3. T54③：14　4. T293②：7　5. T292②：5　6. F1：12　7. F1：11　8. M2：2

标本F1：12，釉色微泛黄，釉面光亮，开片细密，釉下铁质黑斑多，施釉至圈足，胎质较细，色青灰。口径13，足径4.6，高5厘米（图三八，6）。

标本F1：11，釉色泛青，开片少，釉下多铁质黑斑，釉层厚薄不匀。胎质细腻，色青灰。圈足内粘有少量垫砂，口沿微变形且粘有少量匣钵残片。胎体中多气泡，因膨胀而破裂。口径12，足径4.5，高4.2厘米（图三八，7；彩版六六，1）。

标本M2：2，口外敞，尖唇，斜壁，矮圈足。周身有轮制痕迹。黄胎，黄白釉施至腹下部。口径12.1，底径3.9，高4.5厘米（图三八，8；彩版六六，2）。

Ⅲ式　14件。侈口。

标本T139②：5，釉色微泛青，釉面开片少，釉面无光，釉下铁质黑斑多，釉面有黑灰，胎质粗，色青灰。口径12.2，足径4.2，高4.5厘米（图三九，1）。

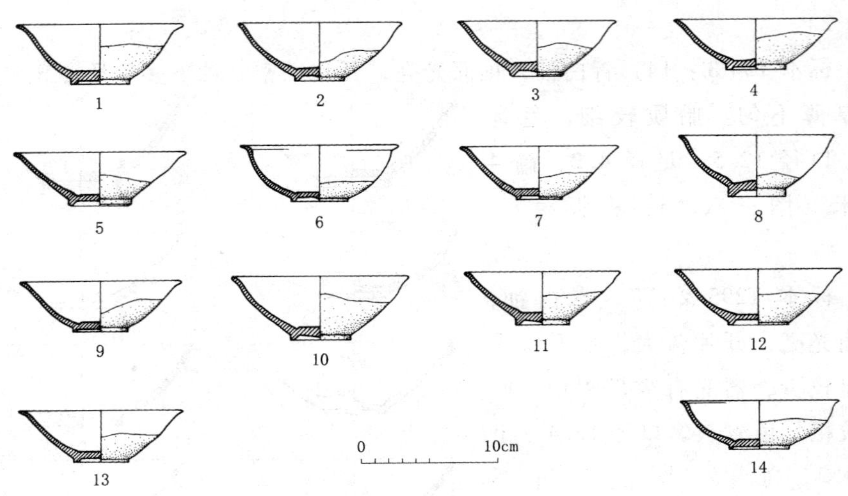

图三九　C型III式青白釉盏

1. T139②：5　2. T124②：11　3. T121③：8　4. T116④：5　5. T116③：4　6. T116①：1　7. T72②：6　8. T72②：5　9. T54④：17　10. T54②：11　11. T54①：3　12. T54①：2　13. C2：7　14. Y1：18

标本T124②：11，釉色泛青，釉面光亮，开片少，釉下黑点极多，胎质粗，色青灰。口径12，足径3.6，高4.4厘米（图三九，2；彩版六七，1）。

标本T121③：8，釉色泛青，釉面光亮，不开片，釉下黑点多，胎质较粗，色青灰。口径11.8，足径4，高4.2厘米（图三九，3；彩版六七，2）。

标本T116④：5，釉色泛青，开片少，釉面光亮，釉层厚薄不匀。釉外多铁质黑斑，胎质较粗，色青灰。口径12，足径4.5，高3.8厘米（图三九，4）。

标本T116③：4，釉色泛青，釉面光亮，开片细密，釉下铁质黑斑多，胎质细腻，色青灰，口沿粘有匣钵残片。口径12.6，足径4.6，高4厘米（图三九，5）。

标本T116①：1，微生烧。釉色泛黄，不开片。胎质细腻，色黄白。口径 11.5，足径 4.2，高 4.2 厘米（图三九，6）。

标本 T72②：6，釉色泛青，釉面光亮，开片细密，釉下多铁质黑斑，釉层厚薄不匀，胎质较粗，色青灰。口径 11.5，足径 3.4，高 4 厘米（图三九，7；彩版六八，1）。

标本 T72②：5，釉色微泛青，开片较少，釉层厚薄不匀，胎质粗糙，色青灰。口沿变形，内底粘满落砂。口径 11.6，足径 4.2，高 4.6 厘米（图三九，8）。

标本 T54④：17，釉色微泛青，釉面光亮，釉层厚薄不匀，开片疏大，釉下铁质黑斑多，胎质稍粗，色青灰。口径 11.8，足径 4，高 3.8 厘米（图三九，9）。

标本 T54②：11，生烧。口径 13，足径 4.5，高 4.8 厘米（图三九，10）。

标本 T54①：3，青白釉，釉面光亮，开片疏大，胎质较粗，色青灰。口径 11.5，足径 4，高 4 厘米（图三九，11）。

标本 T54①：2，釉色泛黄，釉面光亮，开片细密，釉下铁质黑点少，胎质较细，色黄白。内底粘有落砂及匣钵残片。口径 12.2，足径 4.5，高 4.2 厘米（图三九，12）。

标本 C2：7，釉色泛黄，开片少，釉面光亮，釉层厚薄不匀，胎质较粗，色青灰。器物口沿变形，盏内粘有匣钵残片。口径 12，足径 4，高 4 厘米（图三九，13；彩版六八，2）。

标本 Y1：18，釉色青灰，开片疏大，釉面无光。釉下铁质黑斑多，胎质较粗，色青灰。口沿处粘有匣钵残片。口径 11.5，足径 4.2，高 3.8 厘米（图三九，14）。

D 型 12 件。内底中心为纽扣状凸起。根据唇部形态差异分两亚型。

Da 型 10 件。尖唇。根据口部形态差异分两式。

Ⅰ式 6 件。敞口或微敛。

标本 T95⑤：17，生烧。口径 14，足径 4.2，高 6 厘米（图四〇，1）。

标本 T316①：8，青白釉，开片疏大，釉面光亮，釉下铁质黑斑极少，釉层厚薄不匀，胎质较细，色青白。口径 12.2，足径 4.2，高 4 厘米（图四〇，2；彩版六九，1）。

标本 H1：19，青白釉，开片疏大，釉面光亮，釉下铁质黑斑极少，内底有少量积釉，胎质较细，色青白。口径 13.5，足径 4，高 4.2 厘米（图四〇，3；彩版六九，2）。

标本 H1：18，青白釉，开片疏大，釉面光亮，釉下铁质黑斑少，器底微有积釉，釉层厚薄不匀，胎质较细，色青白。口径 13，足径 4，高 4 厘米（图四〇，4；彩版七〇，1）。

标本 Y1：28，釉色微泛青，开片疏大，釉面光亮，釉下铁质黑斑多，内底有少量积釉，釉层厚薄不匀。胎质较粗，胎色青灰，盏内粘有匣钵残片。口径 10.4，足径 4.2，高 4.2 厘米（图四〇，5；彩版七〇，2）。

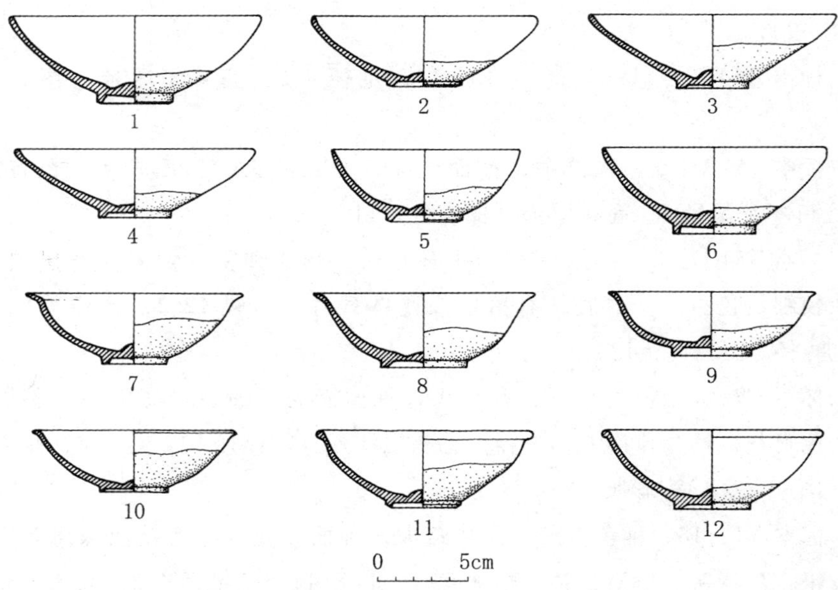

图四〇 D 型青白釉盏

1. Da 型 I 式（T95⑤：17） 2. Da 型 I 式（T316①：8） 3. Da 型 I 式（H1：19） 4. Da 型 I 式（H1：18） 5. Da 型 I 式（Y1：28） 6. Da 型 I 式（Y1：24） 7. Da 型 II 式（T123③：4） 8. Da 型 II 式（T119②：5） 9. Da 型 II 式（T96②：4） 10. Da 型 II 式（Y1：26） 11. Db 型（T72②：7） 12. Db 型（Y1：3）

标本 Y1：24，釉色微泛黄，釉面光亮，开片细密，部分开片呈黄色，胎质较粗，胎色青灰。口径 12.5，足径 4.6，高 5 厘米（图四〇，6）。

Ⅱ式 4 件。侈口。

标本 T123③：4，釉色泛黄，不开片，釉面无光，釉层隐现红色，胎质较细，色黄白。内底粘少量落砂。口径 12，足径 3.6，高 4 厘米（图四〇，7）。

标本 T119②：5，生烧。口径 12.2，足径 4.8，高 4.2 厘米（图四〇，8）。

标本 T96②：4，釉色泛青，釉面光亮，开片细密，内底有少量积釉，釉层厚薄不匀，胎质较粗，色青灰。口径 11.4，足径 4.4，高 3.6 厘米（图四〇，9；彩版七一，1）。

标本 Y1：26，釉色泛青，釉面光亮，开片细密，釉面有少量针眼，釉下黑斑较少，内底有少量积釉，胎质较细，色青灰，口沿处粘有匣钵残迹。口径 11.2，足径 3.8，高 3.5 厘米（图四〇，10；彩版七一，2）。

Db 型 2 件。卷唇敞口。斜弧腹，矮圈足。

标本 T72②：7，釉色微泛黄，开片细密，釉面光亮，胎质较粗，色青灰。口径 11.3，足径 4.4，高 4.4 厘米（图四〇，11；彩版七二，1）。

标本 Y1：3，釉色泛绿，开片细密，釉面光亮，内底有少量积釉，胎质较细，色青灰。口径 11.5，足径 4.2，高 4.5 厘米（图四〇，12；彩版七二，2）。

E 型 12 件。折沿侈口。根据口沿形态差异分两亚型。

Ea 型 9 件。平口。

标本 T141②：4，青白釉，釉面光亮，开片疏大，内底有少量积釉。胎质较粗，色青灰。口径 12.8，足径 4.4，高 4.8 厘米（图四一，1）。

标本 T98②：6，釉色泛白，釉面光亮，开片细密，釉下黑斑少，胎质细腻，色黄白。口径 12.2，足径 4.2，高 4.2 厘米（图四一，2）。

标本 T95④：9，釉色泛黄，开片细密，胎质稍粗，色青白，器内粘有落砂，圈足内粘有垫砂残留。口径 12，足径 4.6，高 5 厘米（图四一，3）。

标本 T95③：7，釉色微泛黄，开片细密，釉面光亮，釉下铁质黑斑极少，胎质较粗，色青灰。内底粘有落砂，腹部压印七道直线纹饰。口径 12.5，足径 4.2，高 5 厘米（图四一，4）。

标本 T95③：6，釉色微泛青，开片细密，釉面光亮，有针眼，胎质较粗，色青灰，口沿处粘有匣钵残片，圈足内残存少量垫砂。口径 12.4，足径 4.5，高 4.8 厘米（图四一，5）。

标本 T292②：34，青白釉，开片细密，釉面光亮，施釉至圈足。胎质较细，色青灰，胎体有开裂现象。口径 10.5，足径 5.1，高 5.3 厘米（图四一，6；彩版七三，1）。

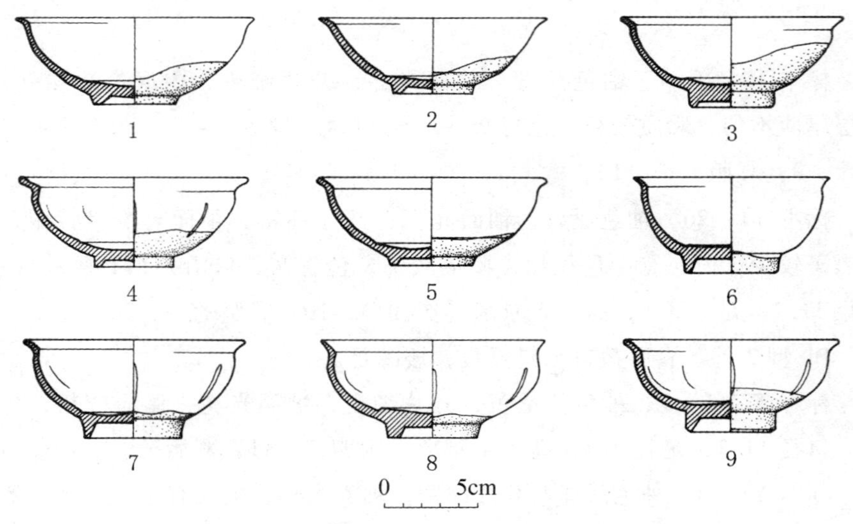

图四一　Ea 型青白釉盏

1. T141②：4　2. T98②：6　3. T95④：9　4. T95③：7　5. T95③：6　6. T292②：34　7. T292②：22　8. T269①：2　9. F1：37

标本 T292②：22，釉色泛黄，开片细密，胎质较粗，色黄白。器内粘有较多落砂，外腹压印六条直线纹。口径 11.8，足径 5.2，高 5.5 厘米（图四一，7；彩版七三，2）。

标本 T269①：2，青白釉，釉面光亮，开片粗疏，胎质较粗，色青灰。胎体有开裂现象，口沿处粘有匣钵残片少许，腹部压印六条直线纹。口径 12，足径 4.8，高 5.5 厘米（图四一，8；彩版七四，1）。

标本 F1：37，青白釉，釉面光亮，开片疏大，釉层厚薄不匀，胎质稍粗，色青灰，胎体有开裂现象，器腹压印七条直线纹。口径 11.6，足径 4.8，高 5.2 厘米（图四一，9；彩版七四，2）。

Eb 型 3 件。花口。

标本 T93④：20，六凹花口。釉色泛青，釉面光亮，开片细密，釉下黑斑多，胎质较粗，色青灰，花口对应外腹部压印六条直线纹。口径 11，足径 5，高 5.5 厘米（图四二，1；彩版七五，1）。

标本 T72③：10，五缺花口，釉色微泛青，开片较少，釉面光亮，釉下黑点较多，施釉至圈足，胎质较粗，色青灰。口沿处粘一圈匣钵残片。口径 11.6，足径 5.5，高 6 厘米（图四二，2；彩版七五，2）。

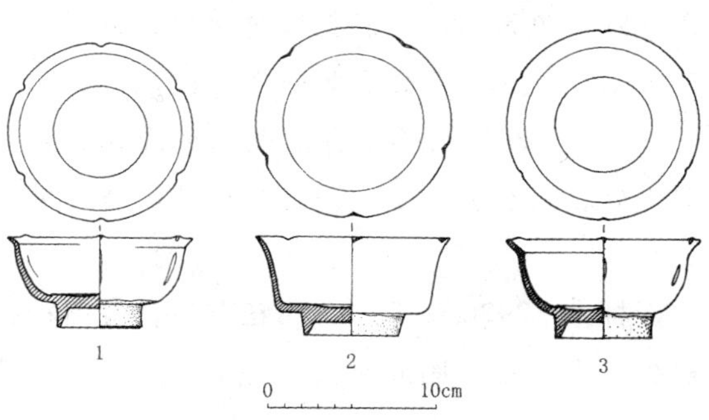

图四二　Eb 型青白釉盏

1. T93④：20　2. T72③：10　3. F1：3

标本 F1：3，六曲花口，釉色泛黄，施釉至圈足，胎色黄白。腹部有六道压痕，器内有落砂，口部粘有匣钵痕迹，高圈足。口径 11.5，足径 5.8，高 6 厘米（图四二，3；彩版七六，1）。

F 型 1 件。斗笠盏。

标本 T122③：16，侈口尖唇，釉色微黄，施满釉，胎质细腻，胎色青白。斜腹，圜底，高圈足。口径 11.5，底径 5.3，高 4.7 厘米（图三六，4；彩版七六，2）。

4. 碟

根据器足形态差异分三类。

（1）圈足碟

31 件，根据口沿形态分三型。

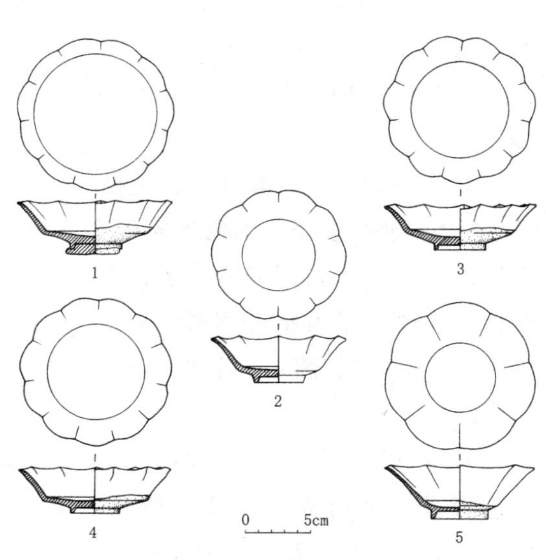

图四三　Aa 型青白釉圈足碟

1. Ⅰ式（T316①：3）　2. Ⅰ式（T292②：8）
3. Ⅰ式（T292②：7）　4. Ⅰ式（T292②：6）
5. Ⅱ式（T292②：17）

A 型 11 件。花口。分三个亚型。

Aa 型 6 件。尖唇敞口，内底较小。根据内底形态差异分两式。

Ⅰ式 4 件。内圜底近平。

标本 T316①：3，青白釉，釉面光亮，开片极少，内底外壁有积釉，胎质细腻，色青白。内底粘少量落砂，外壁有匣钵粘痕，圈足内粘垫饼一个。口径12，足径4，高3.8厘米（图四三，1；彩版七七，1）。

标本T292②：8，青白釉，釉面光亮，开片极少，胎质稍粗，色青灰。口沿处粘有少量匣钵残片。口径10.5，足径3.8，高3.7厘米（图四三，2）。

标本T292②：7，11曲花瓣口，青白釉，施釉不及底，釉面光亮，开片极少，有积釉，胎质细腻，色青白。圈足内粘有垫饼残块。口径11.6，底径4，高3.6厘米（图四三，3）。

标本T292②：6，青白釉，釉面光亮，开片较少，有少量积釉，胎质细腻，胎色青白。器内粘有匣钵残片。口径11.6，足径3.8，高3.6厘米（图四三，4；彩版七七，2）。

Ⅱ式2件。内圜底。

标本T292②：17，7曲花口，略生烧。口径11.6，底径4.4，高4.2厘米（图四三，5；彩版七八，1）。

标本C2：16，生烧。腹部残存三条压印直线纹。足径4.5，高4.4厘米（彩版七八，2）。

Ab型3件。内底较大，斜折腹。

标本T364②：5，釉色灰黄，无光泽，无开片，局部脱釉，胎质稍粗，色黄白。器内粘有落砂。口径11.6，足径4.5，高4.6厘米（图四四，1）。

标本T364②：4，11曲花口，釉色青黄，釉面光亮，开片细密，脱釉严重，施釉不及底。胎质较粗，色青灰，内底胎体开裂。口径12.8，底径5，高4.3厘米（图四四，2；彩版七九，1）。

标本T269①：5，釉色泛黄，釉面光亮，开片细密，釉层厚薄不均，胎质稍粗，色黄白。口径12.4，足

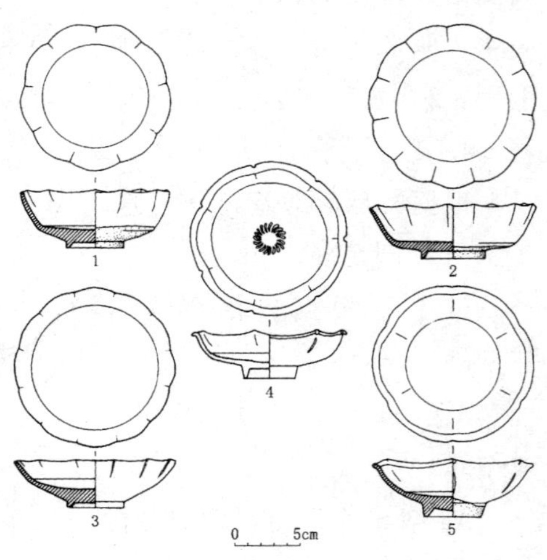

图四四　Ab、Ac型青白釉圈足碟

1. Ab型（T364②：5）　2. Ab型（T364②：4）　3. Ab型（T269①：5）　4. Ac型（Y1：9）　5. Ac型（T123③：2）

径4.3，高3.8厘米（图四四，3；彩版七九，2）。

Ac型2件。侈口。

标本T123③：2，6曲花口，釉色泛青，釉面稍有光泽，开片细密，施釉近底，有积釉现象，胎质较粗，胎青灰。圈足较高，足内中心凸起，制作较粗糙。口径11.4，足径4.4，高4.5厘米（图四四，5；彩版八○，1）。

标本Y1：9，七曲花口，腹部压印七直线纹。釉色青黄，开片细密，稍有光泽，胎质较粗，色青灰，内底戳印一菊花纹。口径12，足径4，高3.8厘米（图四四，4；彩版八○，2）。

B型3件，葵口。分两个亚型。

Ba型2件。敞口。

标本T95⑩：31，青白釉，釉面光亮，开片细密，有积釉，腹部残存五条直线纹，口沿残存五缺花口，胎质较细，色青白，器内粘有一匣钵底残片。足径4，高3.6厘米。

标本H2：2，9缺花口，青白釉，釉色纯正，施釉及底，釉面光亮，开片较大，胎质细腻，色青白。腹壁对应压印9道瓜棱痕，高圈足。口径11.7，足径5，高3.7厘米（图四五，1；彩版八一，1）。

Bb型1件。侈口。

标本F1：43，5缺花口，弧腹，内圜底，底周有一道弦纹，圈足。素烧。口径11，底径5.9，高4.8厘米（图四五，2；彩版八一，2）。

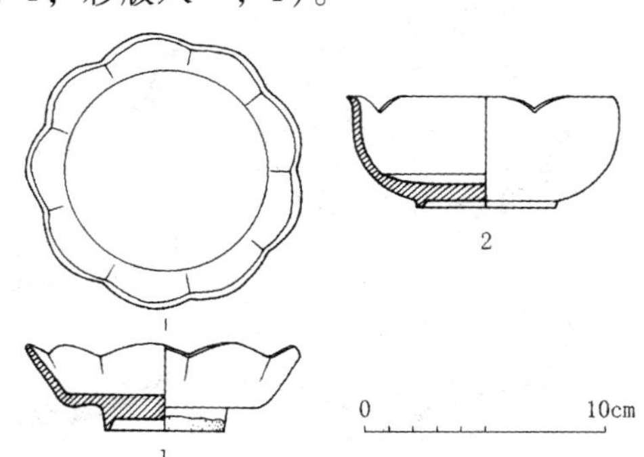

图四五　B型青白釉圈足碟

1. Ba型（H2：2）　2. Bb型（F1：43）

C型17件。圆口。根据口沿形态差异分三个亚型。

Ca型8件。敞口。根据腹部形态差异分三式。

Ⅰ式3件。腹壁近直，内平底大。

标本T292②：28，釉色泛灰青，稍有光泽，开片细密，釉层厚薄不匀。胎质较粗，色青灰。口沿处有匣钵粘痕，外壁留有拉坯旋纹。残高4.8厘米（彩版八二，1）。

标本C2：13，略生烧。釉色青灰，无光泽，开片细密，胎质粗糙，色灰青，胎体有开裂现象。足径4，高4.3厘米。

标本H1：3，青白釉，釉面光亮，开片细密，施釉至圈足，胎质细腻，胎黄白。口径12，足径5，高4.4厘米（图四六，1；彩版八二，2）。

Ⅱ式2件。斜弧腹，口沿部稍直，内圜底，有弦纹一周。

标本T95⑤：19，釉色微泛青，釉面光亮，开片疏大，釉层厚薄不匀。胎质稍粗，色青灰，圈足内粘有少量垫砂。口径12.4，足径4，高4厘米（图四六，2；彩版八三，1）。

标本T54⑦：20，釉色微泛青，釉面光亮，釉层厚薄不均，釉厚处开片疏大，釉薄处不开片。胎质稍粗，色青灰。口径12.5，足径4，高36厘米（图四六，3；彩版八三，2）。

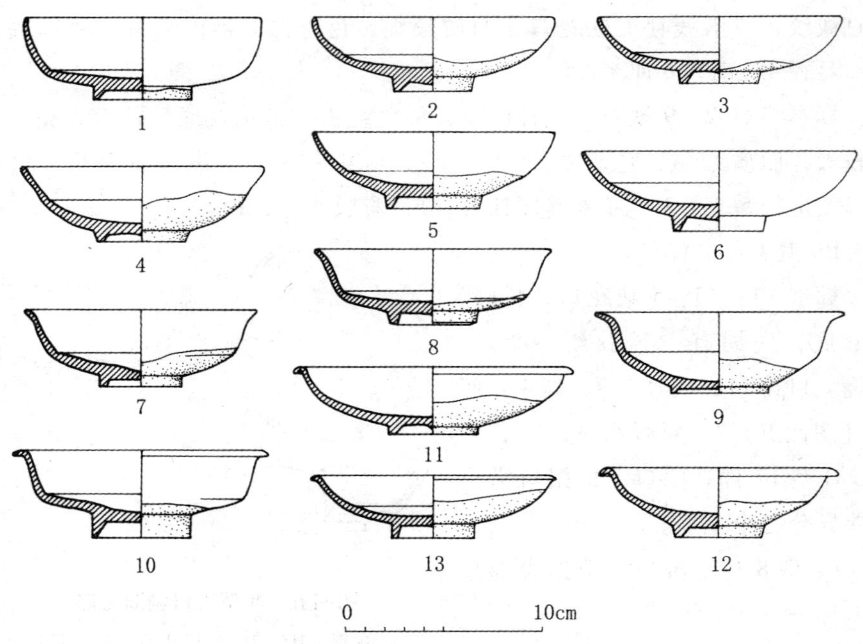

图四六　C型青白釉圈足碟

1. Ca型Ⅰ式（H1：3）　2. Ca型Ⅱ式（T95⑤：19）　3. Ca型Ⅱ式（T54⑦：20）　4. Ca型Ⅲ式（T72②：3）　5. Ca型Ⅲ式（T292②：19）　6. Ca型Ⅲ式（Y1：8）　7. Cb型Ⅰ式（T269①：4）　8. Cb型Ⅰ式（F1：6）　9. Cb型Ⅱ式（T140②：4）　10. Cb型Ⅱ式（T95③：3）　11. Cc型（T292②：2）　12. Cc型（C2：3）　13. Cc型（Y1：19）

Ⅲ式 3 件。斜弧腹较Ⅱ式更平缓。

标本 T72②：3，釉色微泛黄，不开片，稍有光泽，胎质较粗，色青灰。口径 12.6，足径 4.5，高 4 厘米（图四六，4；彩版八四，1）。

标本 T292②：19，釉色泛黄，不开片，釉面灰暗无光，局部脱釉。胎质较粗，黄白色。器内粘有较多落砂。口径 12.5，底径 4.8，高 4 厘米（图四六，5）。

标本 Y1：8，釉色微泛黄，稍有光泽，开片少，釉层厚薄不均，胎质较粗，色青灰。内底有匣钵粘痕。口径 14，底径 4.6，高 4.2 厘米（图四六，6；彩版八四，2）。

Cb 型 6 件。侈口。根据底部差异分两式。

Ⅰ式 3 件。内圜底较浅。

标本 T269①：4，釉色泛青，开片较少，稍有光泽，胎质较粗，色青灰。口径 11.8，足径 4.2，高 4 厘米（图四六，7；彩版八五，1）。

标本 T269①：3，釉色泛黄，稍有光泽，开片细密，胎质稍粗，色青灰。内底粘有红色落砂颗粒。

标本 F1：6，釉色泛青黄，不开片，稍有光泽，胎质较细，色青灰。口径 12，足径 4.5，高 4 厘米（图四六，8；彩版八五，2）。

Ⅱ式 3 件。口沿外撇成平沿状，腹壁较直。

标本 T140②：4，釉色泛黄，釉面光亮，开片细密，胎质较细，色青灰。内底粘有大量落砂。口径 12.8，足径 5，高 4.2 厘米（图四六，9；彩版八六，1）。

标本 T95③：3，釉色青，釉面光亮，开片少，胎质较细，色青灰。胎体底部厚重，圈足内粘有少量垫砂。口径 13，足径 5，高 4.5 厘米（图四六，10；彩版八六，2）。

标本 T54③：13，釉色泛黄，釉面光亮，开片细密，胎质较粗，色黄白，内底胎体开裂。高 4.3 厘米。

Cc 型 3 件。卷沿。

标本 T292②：2，釉色青灰，略生烧。釉面灰暗无光，开片少，有脱釉，胎质较细，色泛红。口径 13.2，足径 4.6，高 3.6 厘米（图四六，11）。

标本 C2：3，釉色青灰，釉面光亮，开片细密，胎质较粗，色青灰，器底胎体粗厚。口径 12.2，足径 4.4，高 3.6 厘米（图四六，12；彩版八七，1）。

标本 Y1：19，釉色青灰，釉面光亮，开片细密，釉层厚薄不均，胎质较粗，色青灰，外壁粘有砂粒，圈足内残留少量垫砂。口径 12.4，足径 4.3，高 3.2 厘米（图四六，13；彩版八七，2）。

（2）平底碟

5 件。尖唇，斜直腹，内平底或微下凹。

标本 T97⑦：50，青白釉，釉面光亮，不开片，胎质细腻，色青白。口径 10，底径 4.2，高 3 厘米（图四七，1；彩版八八，1）。

标本 T97⑥：40，釉色泛黄，釉面稍有光泽，开片细密，有积釉。胎质细腻，色黄白。除底部外通体施釉。器身开裂纹 3 道，内平底上釉层有积釉现象，内底胎体开裂。口径 10，底径 5.1，高 3.3 厘米（图四七，2）。

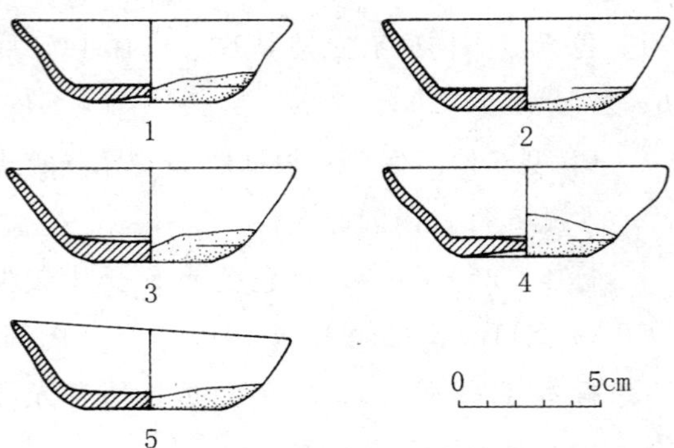

图四七　青白釉平底碟

1. T97⑦：50　2. T97⑥：40　3. T96⑥：25　4. T95⑦：26　5. T95⑤：18

标本 T96⑥：25，釉色灰黄，釉面无光，开片细密，胎质较粗，色黄白。口沿处粘有匣钵残迹。口径 10.3，底径 4.2，高 3.5 厘米（图四七，3）。

标本 T95⑦：26，釉色微泛青，釉面稍有光泽，开片细密，胎质较细，色黄白。内底粘有大量落砂。口径 10.2，底径 4.4，高 3.3 厘米（图四七，4；彩版八八，2）。

标本 T95⑤：18，釉色黄，釉面光亮，开片细密，胎质细腻，色黄白。口径 10，底径 5，高 3.3 厘米（图四七，5）。

（3）隐圈足碟

8 件。根据口部特征差异分两型。

A 型 4 件。平口。

标本 T116②：2，釉色泛黄，釉面光亮，开片细密，口沿有脱釉，胎质细腻，色青灰。口径 11.4，底径 4.8，高 3.4 厘米（图四八，1；彩版八九，1）。

标本 T93②：9，釉色泛黄，开片细密，釉面光亮，胎质较细，色黄白，内底粘有少量落砂。口径 11.8，底径 4.7，高 3.6 厘米（图四八，2）。

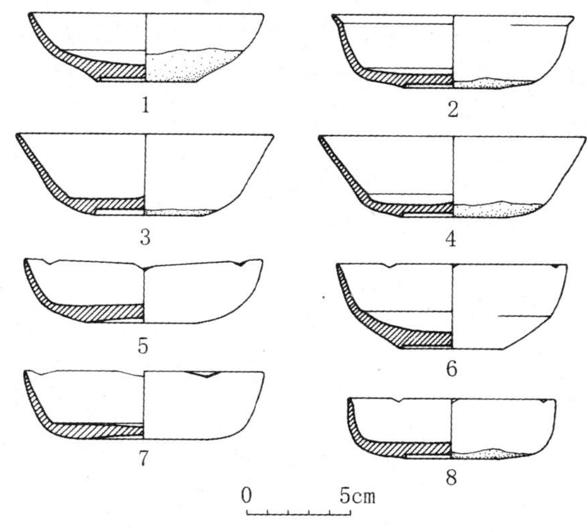

图四八　青白釉隐圈足碟

1. A型（T116②：2）　2. A型（T93②：9）　3. A型（T292②：16）　4. A型（H1：4）　5. B型（T125⑤：6）　6. B型（T292②：54）　7. B型（T292②：21）　8. B型（F1：44）

标本T292②：16，青白釉，釉面光亮，开片细密。胎质细腻，色青灰，略有积釉。施全釉。口径12.5，足径5，高4厘米（图四八，3；彩版九〇）。

标本H1：4，略生烧。釉色泛黄，釉面灰暗无光，开片细密，胎质较细，色黄白。口径13，底径5.2，高4厘米（图四八，4；彩版八九，2）。

B型4件。花口。

标本T125⑤：6，六缺花口，釉面光亮，开片少，通体施釉，胎质较粗，色青灰，口沿变形，外壁粘有匣钵残片，有少量积釉。口径11.5，底径5.2，高3.2厘米（图四八，5；彩版九一，1）。

标本T292②：54，生烧。五缺花口。口径11.2，底径4.8，高4.2厘米（图四八，6）。

标本T292②：21，青白釉，釉面光亮，开片细密，通体施釉，胎质稍粗，色青灰。五缺花口。口径11.7，底径5.8，高3.4厘米（图四八，7）。

标本F1：44，青白釉，通体施釉，釉面光亮，开片较少，胎质较粗，色青灰。五缺花口，尖唇，直腹，内大平底。器内粘有较多落砂。口径11.2，足径4.4，高3厘米（图四八，8；彩版九一，2）。

5. 盘

10件，根据口沿部特征差异分三类。

A型2件，花口。

标本T364②：12，六曲花口，釉色泛黄，稍有光泽，不开片，通体施釉，局部有脱釉现象，圈足制作精细。胎质细腻，色黄白。口径18.8，足径7.8，高4.8厘米（图四九，1；彩版九二，1）。

标本 T364②：11，六瓣花口，釉色泛白，釉面光亮，不开片，胎质细腻，色青白。釉面有针眼。口径 18，足径 7，高 4.7 厘米（图四九，3；彩版九二，2）。

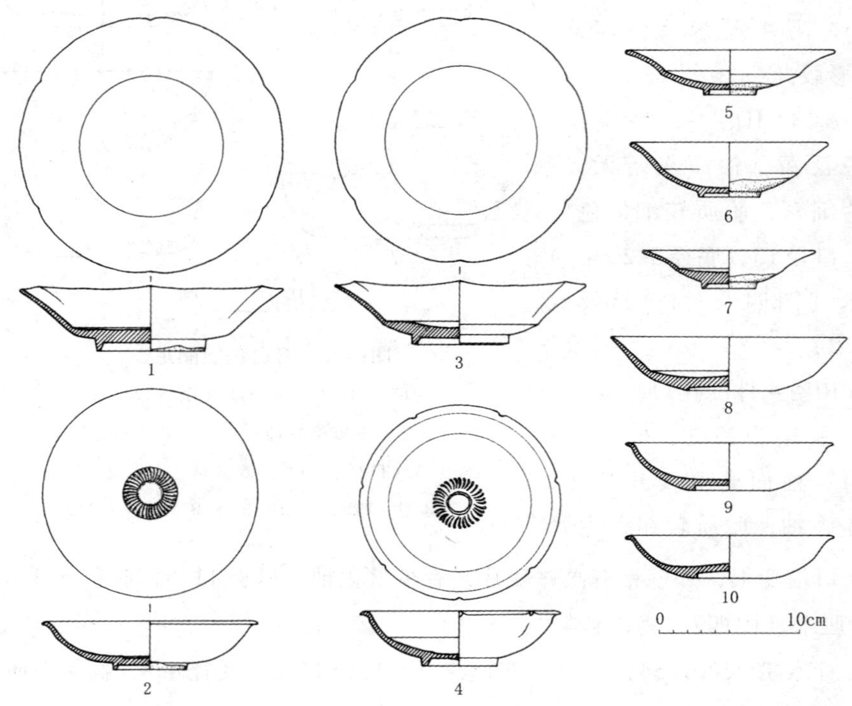

图四九　青白釉盘

1. A 型（T364②：12）　2. Ca 型（T96②：3）　3. A 型（T364②：11）　4. Ca 型（Y1：12）　5. Ba 型（T123③：17）　6. Ba 型（T122②：7）　7. Ba 型（T316②：19）　8. Bb 型（H1：9）　9. Cb 型（T95④：10）　10. Cb 型（T95③：4）

B 型 4 件，平口。

Ba 型 3 件。圈足。

标本 T123③：17，釉色青白，釉面光亮，开片较大，胎质细腻，胎色较白。口径 15，足径 3.8，高 3.3 厘米（图四九，5）。

标本 T122②：7，青白釉，釉面开片，釉面光亮，施釉不及底，胎质细腻，色青白，矮圈足。口径 15.2，足径 4.5，高 4 厘米（图四九，6；彩版九三，1）。

标本 T316②：19，釉色青白，釉面光亮，开片较少，胎质细腻，胎色青灰。口径 12.5，足径 3.9，高 2.8 厘米（图四九，7；彩版九三，2）。

Bb 型 1 件，隐圈足。

标本：H1：9，青白釉，釉面开片，施全釉，釉面稍有光泽，胎质细腻，色青白。外腹粘有匣钵残片。尖唇敞口，斜直腹，内圜底近平。口径 17，足径 6，高 4 厘米（图四九，8；彩版九四，1）。

C 型 4 件。卷沿。分两亚型。

Ca 型 2 件，圈足。

标本 T96②：3，釉色泛青，釉面光亮，开片细密，施釉至圈足，胎质细腻，胎色青灰。积釉明显。斜弧腹，内圜底，矮圈足，内底中心戳印一菊花纹。口径 15.4，足径 5.3，高 3.5 厘米（图四九，2；彩版九四，2；彩版九五，1）。

标本 Y1：12，生烧。七曲花口，平沿，斜弧腹，内圜底，圈足。腹部及口沿处压印直线纹，内底中心戳印菊花纹。口径 14.5，足径 5.5，高 4 厘米（图四九，4；彩版九五，2；彩版九六，1）。

Cb 型 2 件，隐圈足。

标本 T95④：10，釉色泛黄，不开片，乳浊光，胎质细腻，色青灰。口径 15，足径 4.8，高 3.5 厘米（图四九，9；彩版九六，2）。

标本：T95③：4，釉色泛黄，釉面不开片，乳浊光，除足部外通体施釉，胎质细腻，色青灰。口径 15，足径 4.6，高 3.2 厘米（图四九，10；彩版九七）。

6. 执壶

22 件，根据口部形态差异分两型。

A 型 7 件。盘口。

Aa 型 6 件，圆腹。

Ⅰ式 2 件，盘口较深。

标本 T123③：33，颈以下，流、柄皆残。青白釉，釉色纯正，釉面光亮，开片疏大，圆唇，盘口大而深，细颈。胎质较细腻，色青白。口径 7，残高 4 厘米（图五〇，1；彩版九八，1）。

标本 T269①：6，颈部以上，柄、下腹至底残。胎色泛黄，釉面有光泽，内外壁皆施釉，直流。胎质稍粗，色青白，外腹部粘有较多落砂。腹径

8.5，残高5.7厘米（图五〇，2；彩版九八，2）。

Ⅱ式3件，盘口较浅。

标本T116②：3，肩以下，流皆残。颈肩部有一系。釉色泛青，釉面光亮，开片疏大，内腹颈以下不施釉，内壁有清晰拉坯旋纹。颈肩结合处有少量积釉，胎质稍粗，色青灰。残高6.2厘米（彩版九九，1）。

标本T292②：24，釉色微泛绿带黄，釉面稍有光泽，开片细密。施釉至圈足。胎质较粗，色灰黄。流微曲，柄残。高10厘米（彩版九九，2）。

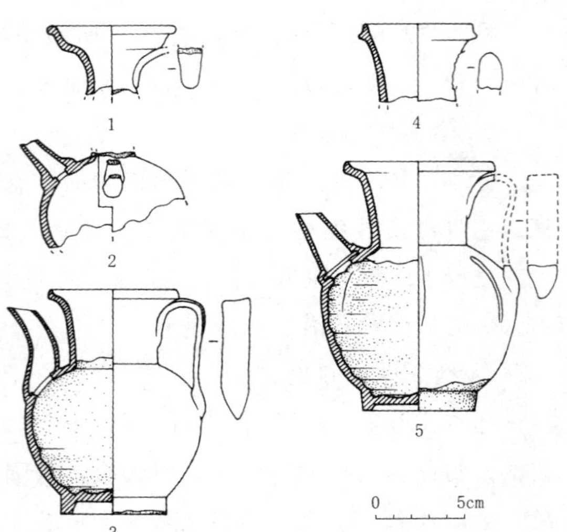

图五〇 A型青白釉执壶

1. Aa型Ⅰ式（T123③：33） 2. Aa型Ⅰ式（T269①：6） 3. Aa型Ⅱ式（F1：38） 4. Aa型Ⅲ式（T117③：14） 5. Ab型（F1：23）

标本F1：38，尖唇，盘口较浅，颈部较粗。青白釉，釉色纯正，釉面光亮，开片少，釉下有较多黑点，施釉及底，壶内不施釉，胎色青灰。带状柄，曲流。口径7，腹径10，足径6，高13厘米（图五〇，3；彩版一〇〇，1）。

Ⅲ式1件，盘口渐趋消失。

标本T117③：14，颈部以下，流、柄皆残。釉色泛黄，釉面光亮，开片细密，胎质较粗，色黄白，口沿下有凸棱一周。口径7，残高3.5厘米（图五〇，4；彩版一〇〇，2）。

Ab型1件，瓜棱腹。

标本F1：23，柄残。釉色泛黄，施釉不及底，釉面光亮，细开片，颈肩结合处有少量积釉。流直，尖唇，浅盘口，粗颈，直流，曲柄，腹身压印6道瓜棱痕迹，高圈足。口径8.4，腹径11，足径6.3，高14.5厘米（图五〇，5；彩版一〇一，1）。

B型15件。喇叭口。根据肩腹部形态差异分三个亚型。

Ba型11件。圆肩。根据口部形态差异分两式。

Ⅰ式 3 件。喇叭口小，口颈部近直。

标本 T124③：20，带状柄残。直流，釉面有落渣。釉色泛青带灰。釉面光亮，开片细密，颈肩结合处有积釉，有少量脱釉现象，施釉近圈足，胎质较粗，色青灰。口径 5.8，腹径 8.4，底径 5.7，高 11.6 厘米（图五一，1；彩版一〇一，2）。

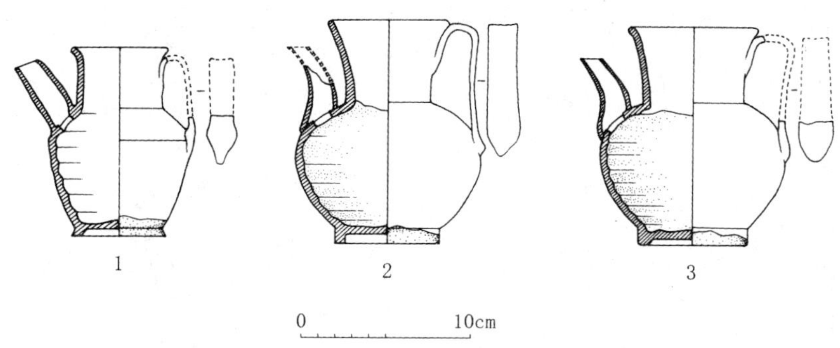

图五一 Ba 型Ⅰ式青白釉执壶

1. T124③：20 2. T292②：36 3. F1：8

标本 T292②：36，流残。釉色泛黄带灰。釉面较光亮，开片较少，施釉至圈足，胎质粗，色青灰。带状柄，曲流。口径 7，腹径 11，底径 6.2，高 13.7 厘米（图五一，2；彩版一〇二，1）。

标本 F1：8，柄残。曲流。青白釉，施釉至圈足，釉面光亮，不开片，胎质较粗，色青灰。口径 7.2，腹径 11，足径 6.5，高 13.4 厘米（图五一，3；彩版一〇二，2）。

Ⅱ式 8 件。喇叭口大，口沿外翻成宽平沿，细颈曲流，直柄，柄有带状和双条状。

标本 T339②：7，略生烧。曲流，带状柄。釉色黄，橘皮釉，脱釉现象皆有，釉面粘有少量落砂。口径 7.8，腹径 10.6，高 14 厘米（图五二，1）。

标本 T292②：38，生烧。曲流，带状柄。口径 7.6，腹径 11，足径 6.4，高 13.8 厘米（图五二，2）。

标本 T292②：4，流、柄皆残。釉色泛黄，开片细密，釉面稍有光泽，施釉至圈足，胎质较粗，色青黄。口径 9，腹径 12，底径 7.2，高 16 厘米（图五二，3）。

标本 F1：52，柄残。釉色泛黄，釉面光亮，开片细密，釉面有少量烟熏迹象。胎质较粗，色黄白。曲流。局部釉面微泛红。口径 9，腹径 13，底径 7.5，高 16.5 厘米（图五二，4；彩版一〇三，1）。

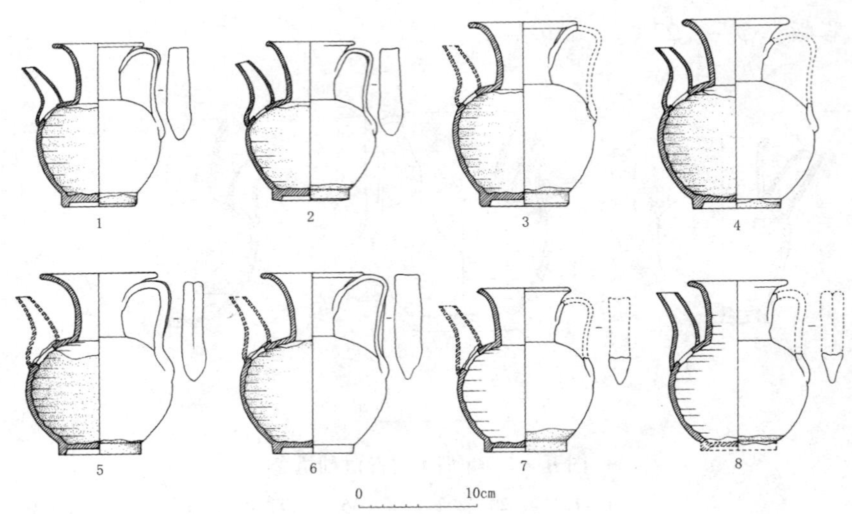

图五二 Ba 型 II 式青白釉执壶

1. T339②：7 2. T292②：38 3. T292②：4 4. F1：52
5. F1：22 6. F1：18 7. F1：9 8. C2：1

标本 F1：22，流残。青白釉，釉面光亮，开片疏大，肩颈部有积釉，胎质较粗，色青灰。釉面粘有大量落渣，双泥条柄。口径 10，腹径 12.5，底径 7，高 16 厘米（图五二，5；彩版一〇三，2）。

标本 F1：18，带状直柄，流残。青白釉，釉面光亮，开片大，釉面有匣钵粘疤，颈肩部积釉。胎质粗，色青灰。口径 8.8，腹径 12.5，底径 6.8，高 16 厘米（图五二，6；彩版一〇四，1）

标本 F1：9，生烧。柄与流皆残。口径 8，腹径 11.5，底径 7，高 14.5 厘米（图五二，7）。

标本 C2：1，柄残。青白釉，釉面光亮，开片疏大，颈肩部积釉，胎质粗，色青灰，釉面有匣钵粘疤，曲流。口径 8.5，腹径 11.8，底径 6.5，高 15 厘米（图五二，8；彩版一〇四，2）。

Bb 型 3 件。折肩，喇叭口较小，曲流，粗颈，弧腹，圈足。

标本 T124③：23，柄、流、肩以上皆残。釉色泛黄，稍有光泽，开片少。胎体轻薄，胎质较细，色青灰，内外皆施釉。足径 7.1，腹径 11.2，残高 10 厘米（彩版一〇五，1）。

标本 H1：16，柄、下腹及圈足残。青白釉，釉面光亮，开片细密，积釉较多，胎质较细，色青白。曲流。口径 9，腹径 13.5，足径 7，残高 18 厘米（图五三，1；彩版一〇五，2）。

标本 H1：15，釉色泛黄，釉面光亮，开片细密。胎质较细，色黄白。曲流，带状柄，釉面有少量针眼。口径 7，腹径 11，底径 6.2，高 14.5 厘米（图五三，2；彩版一〇六，1）。

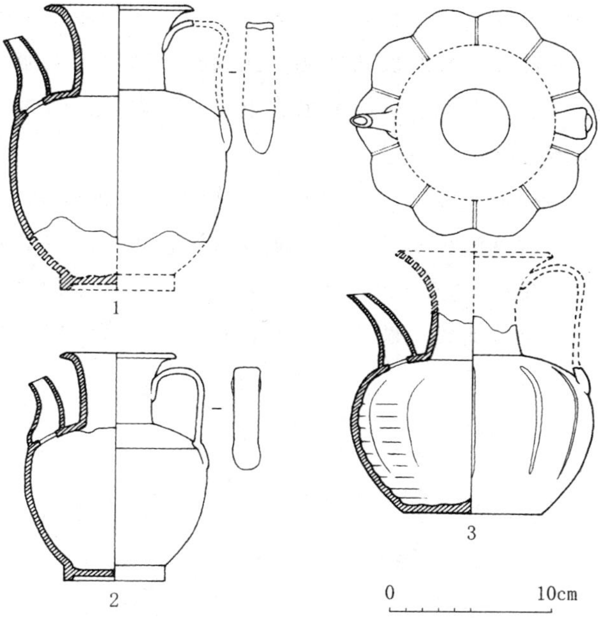

图五三　Bb、Bc 型青白釉执壶

1. Bb 型（H1：16）　2. Bb 型（H1：15）　3. Bc 型（T123③：3）

Bc 型 1 件。瓜棱壶。

标本 T123③：3，通体黄白釉，胎白。瓜棱形腹，颈中部以上残，广肩，扁圆腹，平底，肩上置一长流，腹身等距分布 10 条瓜棱线，颈与肩分界处有一明显凹线。残高 14，足径 8.5，流长 5.2 厘米（图五三，3；彩版一〇六，2）。

7. 水盂

12 件。按底部特征分两型。

A 型 7 件，平底或隐圈足，分两亚型。

Aa 型 6 件，器型较大。分三式。

Ⅰ式 2 件。溜肩，隐圈足。

标本 T123③：5，釉色泛黄，釉面稍有光泽，开片细密，施釉不及底，釉面局部隐现红色。胎质较粗，色泛红。方沿，口沿外折。口径 24，腹径 26，足径 9，高 14 厘米（图五四，1；彩版一〇七，1）。

标本 T95⑪：32，肩部以下残。口沿外折，微束颈，溜肩，釉色较黄，釉面较光亮，不开片。胎体有明显开裂现象，胎质细腻，色白。从断面可见清晰拉坯形成的层状结构。残高约 5 厘米（彩版一〇七，2）。

Ⅱ式 1 件。圆唇外撇，束颈，肩微折，弧腹，内平底，外平底微上凹呈隐圈足状。

标本 T292②：31，釉色微泛黄，釉面光亮，开片细密，平底中心也施釉，器身施釉不及底，胎质细腻，色青白。口沿处粘有少量匣钵残片。口径 22，腹径 24.2，足径 10 厘米（图五四，2；彩版一〇八，1）。

Ⅲ式 3 件。圆唇，直沿，折肩，平底，内圜底。

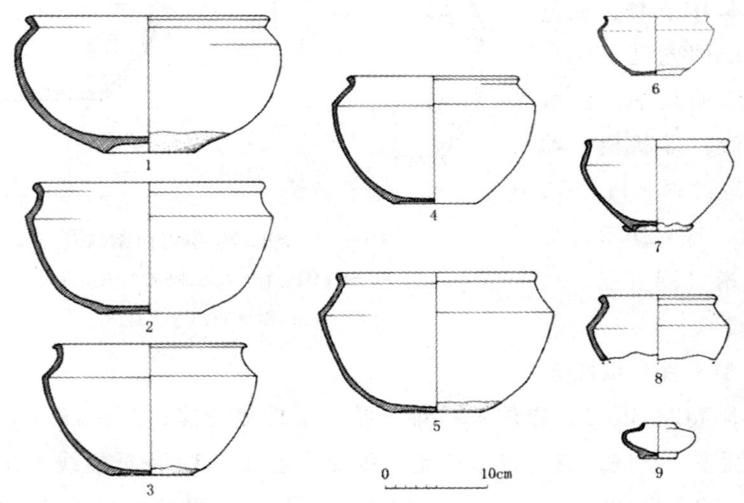

图五四　青白釉水盂

1. Aa 型Ⅰ式（T123③：5）　2. Aa 型Ⅱ式（T292②：31）　3. Aa 型Ⅲ式（T122③：15）　4. Aa 型Ⅲ式（T316②：17）　5. Aa 型Ⅲ式（T292②：3）　6. Ab 型（M2：5）　7. Ba 型（F1：47）　8. Bb 型（T140②：6）　9. C 型（T316①：5）

标本 T122③：15，釉色泛黄带灰，釉面略有光泽，内壁釉层有开片，外壁不开片。胎质稍粗，色青灰。口径 19，腹径 21，底径 8，高 13.2 厘米（图五四，3）。

标本 T316②：17，釉面光亮，开片细密，有明显积釉现象。胎质细腻，色青灰。内底粘有落渣。口径 16，腹径 20，底径 8，高 13 厘米（图五四，4；彩版一〇八，2）。

标本 T292②：3，釉色泛青，釉面光亮，施釉不及底，开片细密，胎质较粗，色青灰。下腹近底处有匣钵粘疤。口径 19，腹径 23，足径 9，高 14 厘米（图五四，5；彩版一〇九，1）。

Ab 型 1 件。

标本 M2：5，釉色泛黄，施釉不及底，釉面光亮不开片，胎质较粗，色黄白，局部隐现红色。口沿外敞，束颈，鼓腹，凹足，内圜底。底内粘有落砂。口沿处粘有匣钵残片。口径 11.5，底径 4.9，高 7.2 厘米（图五四，6；彩版一〇九，2）

B 型 4 件。圈足。根据肩部特征分 2 个亚型。

Ba 型 3 件。圆肩。

标本 T292②：29，下腹及底残。釉色泛青，釉面光亮，开片细密，胎质较粗，色青灰。胎体有开裂现象，腹部粘有匣钵残片。残高 6.5 厘米（彩版一一〇，1）。

标本 F1：47，釉色微泛绿，通体施釉，釉面光亮，开片细密，积釉现象明显。器内粘有大量落砂，圈足内也粘有大量砂粒。斜腹微弧。口径 14，腹径 15，足径 5.2，高 9.2 厘米（图五四，7；彩版一一〇，2）。

标本 H1：21，下腹及底残。釉色泛黄，釉面光亮，开片细密，局部有缩釉和脱釉迹象。胎质稍粗，色青白。肩部粘有匣钵残片。釉面有较多落渣。残高 7 厘米。

Bb 型 1 件。折肩。

标本 T140②：6，腹以下残，釉色泛青，釉面光亮，开片疏大，积釉明显，胎质粗，色青灰。釉面有少量落渣。通体施釉，斜腹微弧。口径 11，腹径 14，残高 4.5 厘米（图五四，8；彩版一一一，1）。

C 型 1 件。

标本 T316①：5，青白釉，釉面光亮，开片少，有积釉，通体施釉，胎色青灰。口径 5，腹径 7.2，底径 3.8，高 3.6 厘米（图五四，9；彩版一一一，2）。

8. 盒

6件。圈足，根据口部形态差异分三型。

A型2件。子口内敛，深腹。

标本T97⑦：46，釉色微泛黄，釉面光亮，开片，器物外施釉，釉不及底，口沿处有积釉，胎质细腻，色黄白。腹壁微弧。口径16，足径8.5，高9厘米（图五五，1；彩版一一二，1）。

标本F1：1，釉色微泛黄，釉面光亮，开片细密，子口外壁不施釉，圈足处积釉较厚，胎质较粗，色黄白。口径13，腹径15，底径8.8，高8.6厘米（图五五，2；彩版一一二，2）。

B型2件。直子口，浅腹。

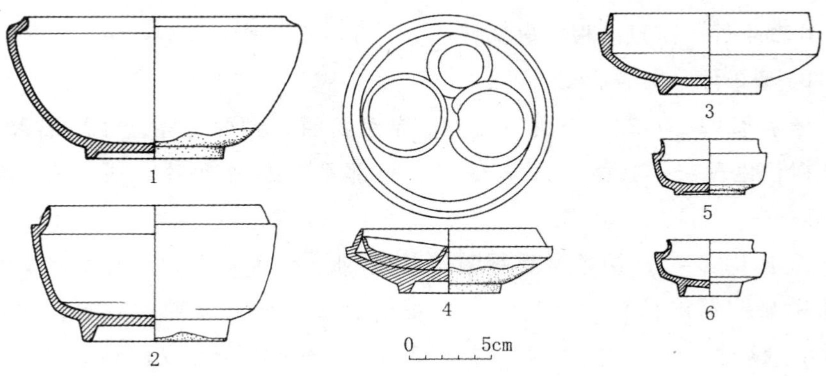

图五五 青白釉盒

1. A型（T97⑦：46） 2. A型（F1：1） 3. B型（F1：2）
4. B型（M2：6） 5. C型（T120①：1） 6. C型（C2：4）

标本F1：2，生烧，下腹折收。口径12.2，足径6.2，高5.2厘米（图五五，3）。

标本M2：6，略生烧。扁圆形，子母口，斜腹，圈足外直内斜。釉色黄，开片细密，脱釉严重，胎质稍粗，色黄白。盒内放置两个荷叶形小碟及一个小罐，皆施黄白釉。口径11，底径6.4，高4.2厘米（图五五，4；彩版一一三）。

C型2件。子口外敞，器型较小。

标本T120①：1，釉色青黄，釉面光亮，子口外壁不施釉，胎质较粗。

腹微弧。口径6，足径4.2，高3.5厘米（图五五，5；彩版一一四，1）。

标本C2：4，生烧。口径5.2，腹径6.8，底径3.8，高3.6厘米（图五五，6；彩版一一四，2）。

9. 盒盖

11件。按器型大小，分A、B两型。

A型4件。器型较大，根据盖面形态差异分两个亚型。

Aa型3件。盖面近平微弧。

标本T292②：35，釉色微泛黄，釉面光亮，开片细密，盖内不施釉，胎质细腻，色黄白。盖顶置一小纽。口径12.8，高5厘米（图五六，1；彩版一一五，1）。

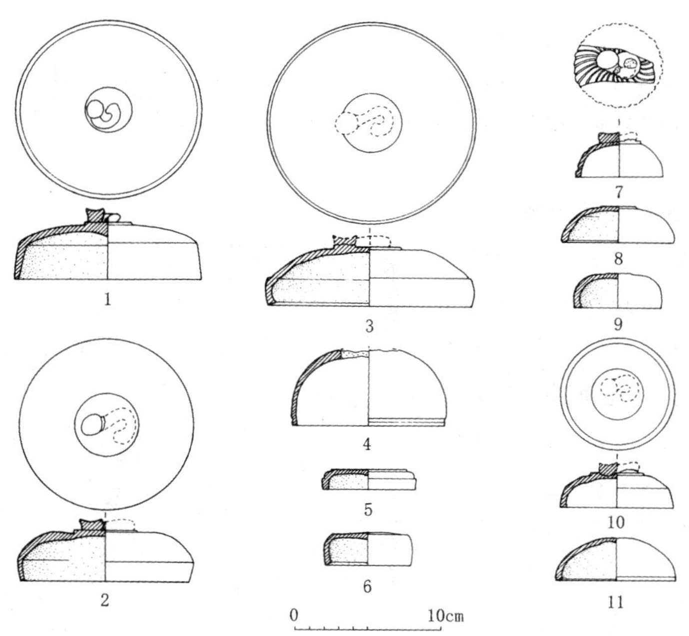

图五六　青白釉盒盖

1. Aa型（T292②：35）　2. Aa型（T292②：27）　3. Aa型（F1：16）
4. Ab型（T72②：9）　5. Ba型（T339②：2）　6. Ba型（T292②：26）
7. Bb型（T123③：32）　8. Bb型（T123③：18）　9. Bb型（T95②：1）
10. Bb型（T339②：1）　11. Bb型（T292②：25）

标本T292②：27，釉色微黄，釉面光亮，开片细密，局部有橘釉及脱釉现象。口沿较窄，胎质细腻，色黄白，顶部置一纽。口径 11.6，高 4.4 厘米（图五六，2；彩版一一五，2）。

标本 F1：16，生烧。口沿宽平。顶部置一纽。口径 14.2，高 4.4 厘米（图五六，3）。

Ab 型 1 件。盖面弧形。

标本 T72②：9，釉色青黄，稍有光泽，釉面不开片，口沿较窄，盖内外均施釉，顶部稍残。胎质较粗，色青灰。盖沿有弦纹一道。口径 10.5，高 5.3 厘米（图五六，4；彩版一一六，1）。

B 型 7 件。器型较小，根据盖面形态差异分两个亚型。

Ba 型 2 件。盖面平。

标本 T339②：2，略生烧。釉色黄，有光泽，但大部分脱釉，胎质细腻，色黄白。口径 6.4，高 1.5 厘米（图五六，5）。

标本 T292②：26，青白釉，有开片，釉面光亮，盖内不施釉，盖面胎体开裂，有粘疤。胎质细腻，色青白。口径 5.8，高 2.4 厘米（图五六，6；彩版一一六，2）。

Bb 型 5 件。盖顶弧。

标本 T123③：32，釉色微泛黄，光亮，开片少，盖内无釉，胎质细腻，色青灰，盖顶残留纽部分，盖面饰条状纹饰。口径 6，高 3.2 厘米（图五六，7；彩版一一七，1）。

标本 T123③：18，青白釉，釉面光亮，开片少，盖内无釉，胎质细腻，色青灰。口径 7.6，高 2.5 厘米（图五六，8；彩版一一七，2）。

标本 T95②：1，釉色黄，釉面光亮，开片大，裂纹呈灰黑色，盖内不施釉，胎质粗，色青白。口径 6，高 2.5 厘米（图五六，9；彩版一一八，1）。

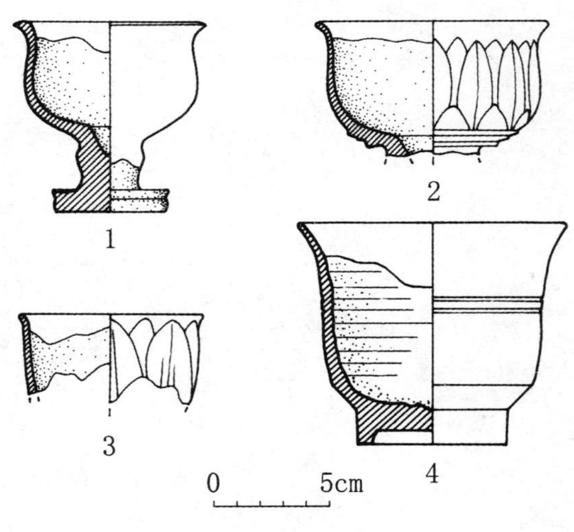

图五七　青白釉炉

1. Aa 型（T93②：8）　2. Aa 型（F1：27）　3. Ab 型（F1：50）　4. B 型（M2：4）

标本T339②：1，釉色泛黄，釉面光亮，开片细密，脱釉较多，盖内不施釉，口沿较宽，盖顶有纽脱落后疤痕，盖面粘有较多落渣。口径7.8，残高2.7厘米（图五六，10）。

标本T292②：25，青白釉，釉面光亮，开片较大，盖内不施釉，胎质细腻，色青灰。口沿较窄。口径8.2，高3厘米（图五六，11；彩版一一八，2）。

10. 炉

4件。根据足部形态差异分两型。

A型3件。高足炉。根据口部差异分两个亚型。

Aa型2件。侈口。

标本T93②：8，青黄釉，釉面稍有光泽，不开片，外壁施釉至柄部，内壁施釉至口沿下，器内不施釉，胎未完全烧结，色黄。柄呈竹节状凸起，圆饼足。口径8.4，足径4.8，高8.5厘米（图五七，1；彩版一一九，1）。

标本F1：27，青白釉，釉面光亮，开片较少，有积釉，胎质细腻，色青白。柄以下残，内壁施釉至口沿下，外壁刻三层莲瓣纹，腹下残存三条凸弦纹。口径10，残高6厘米（图五七，2；彩版一一九，2）。

Ab型1件。敞口。

标本F1：50，仅存口沿部位，青白釉，釉色纯正，开片较少，釉面光亮，有积釉，内壁施釉至口沿下，外壁刻双层莲瓣纹，胎质细腻，色青白。口径8，残高4厘米（图五七，3；彩版一二〇，1）。

B型1件。圈足炉。

标本M2：4，釉色青黄，釉面光亮，开片少，外壁施釉及圈足，器内不施釉，胎质粗糙，色青灰。内壁残留清晰拉坯弦纹。敞口，直深腹，腹部有弦纹两道，高圈足。口径11.5，足径5.4，高9.8厘米（图五七，4；彩版一二〇，2）。

11. 罐

7件。根据口沿形态差异分三型。

A型2件。直口。

标本T96①：1，腹以下残，釉色灰黄，稍有光泽，开片细密，腹部饰竖条纹。口径12，残高4.5厘米（图五八，1；彩版一二一，1）。

标本F1：30，通体施青白釉，釉面光亮，开片稍大，胎质较细，色青白。腹上压印7条瓜棱，肩部贴4系。器内施釉，内圜底，高圈足。口径14，足径9，高19厘米（图五八，2；彩版一二一，2）。

B型3件，侈口。

Ba型1件。

标本H1：10，青白釉，釉面光亮，开片细密，通体施釉，胎质较粗，色青灰。颈肩处饰两个纽，腹身压印7道直线纹，下腹部粘有匣钵残片。矮圈足。口径9，底径7，高15.5厘米（图五八，3；彩版一二二，1）。

Bb型2件。

标本T140②：5，下腹残。釉色泛黄带灰，釉面稍有光泽，不开片，器内不施釉，颈肩残留一系，胎部有一压印直线纹。口径9，残高7厘米（图五八，4；彩版一二二，2）。

标本T93④：22，肩以下残。青白釉，釉面光亮，开片较少，釉厚处微泛绿色，颈肩部残留一系，胎质细腻，色青灰。口径12，残高3.6厘米（图五八，5）。

C型2件，敞口。

标本T124③：25，下腹残。釉色泛青，釉面光亮，开片细密，口沿处有脱釉及积釉现象，胎质较细，色青灰，肩部有一残纽。口径12，腹径15，残高4厘米（图五八，6；彩版一二三，1）。

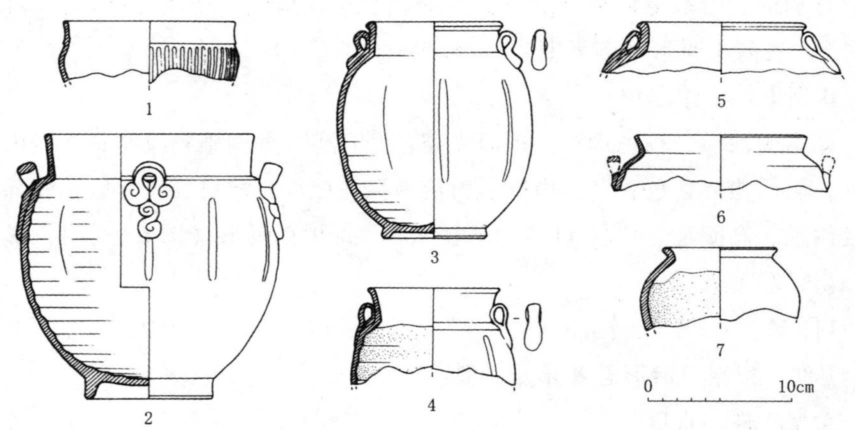

图五八 青白釉罐

1. A型（T96①：1） 2. A型（F1：30） 3. Ba型（H1：10） 4. Bb型（T140②：5） 5. Bb型（T93④：22） 6. C型（T124③：25） 7. C型（T93①：5）

标本 T93①：5，下腹残。釉色泛青，釉面光亮，开片细密。有积釉，胎质较粗，色青灰。溜肩，鼓腹，束颈。口径 8，残高 6 厘米（图五八，7；彩版一二三，2）。

12. 盏托

2 件，分两型。

A 型 1 件，圆饼形托口，托盘外折，矮圈足。

标本：T122②：2，口沿残。釉色微泛青，釉面光亮，开片较大，有积釉，胎质细腻，色青灰（彩版一二四，1）。

B 型 1 件，杯形托口。

标本：M2：3，胎色青灰，青白釉，釉面开片，托盘弧壁，中空，高圈足。口径 6，底径 3.4，高 9 厘米（图五九；彩版一二四，2）。

13. 魂瓶

1 件。标本 M2：1，素烧，无釉，直口，长颈，圆肩，鼓腹，高圈足，足墙较宽。口径 6.2，底径 7.6，高 16.6 厘米（图六〇，1；彩版一二五，1）。

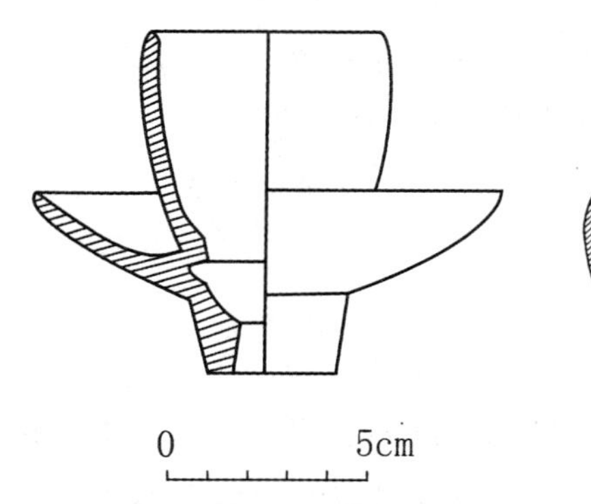

图五九　青白釉 B 型盏托（M2：3）

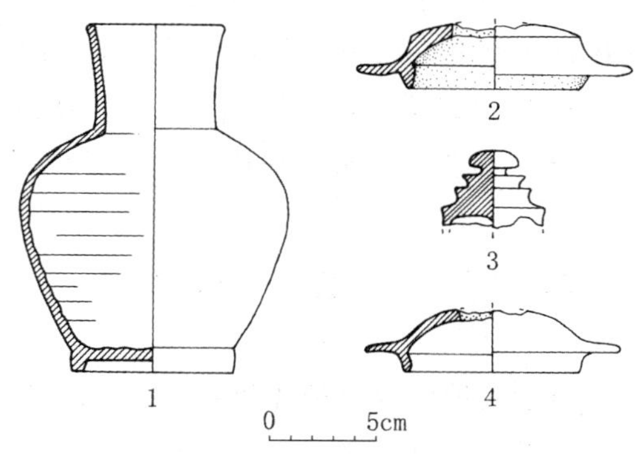

图六〇　魂瓶及魂瓶盖

1. 魂瓶（M2：1）　2. 魂瓶盖（T117①：5）
3. 魂瓶盖（T96②：6）　4. 魂瓶盖（F1：40）

14. 魂瓶盖

3 件。

标本 T117①：5，顶残。釉色青黄泛灰。釉面光亮，开片细密，盖内不施釉，胎质较细，色青灰。直径 12，残高 3 厘米（图六〇，2）。

标本 T96②：6，盖面残，纽状顶，三层台阶状结构。略生烧。釉色青，大都脱落。直径4.8，残高3.6厘米（图六〇，3；彩版一二五，2）。

标本F1：40，素烧，盖面弧形，顶部残，宽沿。口径12，残高3厘米（图六〇，4）。

（二）杂器

主要有动物俑残件、器物足、瓜子和小瓷片等。

标本T125②：3，为一四足类动物躯干，头、尾和四足皆残。胎色微青，通体施釉，釉面光亮，开冰裂纹。残长5，高3.2厘米（彩版一二六，1）。

标本Y1：23，动物角或象牙类器物，共2件，器身已不可见，其中一件角尖残缺，釉色泛黄。长约7.5厘米（彩版一二六，2）。

标本T125②：2，瓜子2个，无釉。长2，宽1.5，厚0.4厘米（彩版一二七，1）。

标本T120②：5，器足类。胎釉皆微泛青，釉面光亮，开冰裂纹。足尖上饰一圆点状凸起。高6厘米（彩版一二七，2）。

标本H1：20，出土数量众多的圆形小瓷片，这些瓷片皆用碗盏类器物残片打制而成，用途不明。直径约2，厚约0.5厘米（彩版一二八，1）。

标本T125⑦：12，器盖。圆口，盖面微弧，顶端有一纽。纽径9.4，口径22.5，高7.4厘米（彩版一二八，2）。

二　酱黑釉瓷

出土褐釉瓷及黑釉瓷数量很少，从器物特征和制作工艺上来看，不是繁昌窑的产品，可能是窑工所用之物，现选用其中有代表性的典型器物予以介绍。

1. 执壶

标本T122①：1，喇叭形口，溜肩，肩部以下残，黑釉。口径10.8，残高10.4厘米（图六一，1）。

标本H2：3，盘口执壶。仅残留盘口及颈部，盘口较浅，酱釉。口径8.8，残高5.2厘米（图六一，2）。

标本T123②：1，直口执壶。颈部有一凸棱，溜肩，直流，肩部置双系，条形扳，鼓腹，平底。酱釉，施釉不及底，有脱釉现象。口径7，底径

8，高15.2厘米（图六一，3；彩版一二九，1）。

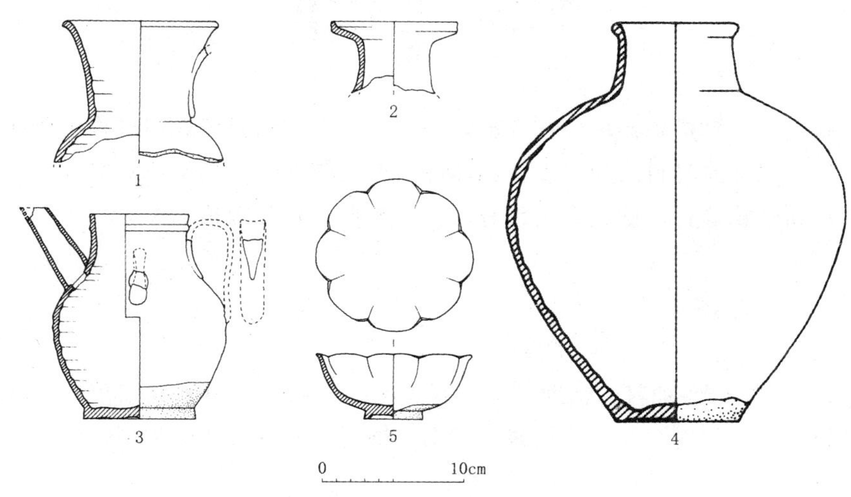

图六一 酱黑釉瓷

1. 执壶（T122①：1） 2. 执壶（H2：3） 3. 执壶（T123②：1）
4. 罐（T292②：30） 5. 盏（T292②：32）

2. 罐

标本T292②：30，罐。叠唇，溜肩，鼓腹，底部微上凹。酱釉，施釉近底。口径8.4，底径8.8，高29厘米（图六一，4）。

3. 盏

标本T292②：32，8缺花口，腹身对应压印8道棱线，弧腹，圈足。黑釉，釉面光亮，釉面开片，施釉近底。制作精美。口径11，底径4.2，高4.9厘米（图六一，5；彩版一二九，2）。

标本T315②：8，可复原。花口。斜弧腹，内平底，圈足。黑釉，釉面开细密纹片，施釉至下腹部。香灰胎。残高3.2厘米（彩版一三〇，1）。

4. 灯

标本T364②：7，芒口，酱釉。釉面光亮，不开片，平底中心微内凹。灯内有一柱状体，空心，有圆孔与灯内相通。口径6，底径3.5，高2.6厘米（彩版一三〇，2）。

第二节　制瓷工具

制瓷工具是指瓷器坯件在入窑装烧前，从采矿到瓷坯成型过程中所使用的工具，包括原材料的加工工具和坯件成型的辅助性工具。原材料加工工具有擂钵和碾轮等；坯件成型工具有荡箍、整形工具和陶拍等。

一　擂钵

5 件。是研磨釉料的辅助工具。制成碗的形状，器内制成三角形尖状凸起或刻划交叉的斜线纹饰，均残。根据纹饰的不同分为 2 个类型。

A 型

标本 T123③：34，釉色微泛黄，釉面光亮，有开片。胎质稍粗，色青灰。口径 13，足径 4.5，高 4.5 厘米（图六二，1）。

标本 T119②：3，釉色泛青，釉面光亮，有开片，胎质较粗，色青灰，圈足，器内外皆粘有匣钵残片。器底残片为一匣钵底部，其内尚存有较多垫砂（彩版一三一，1）。

标本 T72②：8，口沿及上腹残。釉色泛青带灰，釉面光亮，开片细密，施釉至圈足，胎质粗，色青灰，圈足上粘有少量垫砂，器外壁有落渣存在。足径 4.5，残高 2.5 厘米（图六二，2；彩版一三一，2）。

B 型

标本 T119②：4，底残。釉色泛青，不开片，釉面光亮，胎质稍粗，色青灰，除三角状凸起外，还饰有螺旋状，丝条状纹饰。口径 14，残高 2.5 厘米（图六二，4；彩版一三二，1）。

标本 T118③：4，口沿残。釉色泛青，釉面光亮，不开片。胎质稍粗，色青灰。碗内除有三角尖状凸起外，底部饰网格纹。足径 5.6，残高 2.6 厘米（图六二，5；彩版一三二，2）。

二　碾轮

2 件。原材料加工工具，与碾槽配套使用，圆饼状，中部厚，边缘薄，中间有一圆形穿孔。

标本 T125③：5，可复原。表面光滑，无釉，红褐色，上有两个泥点支烧痕迹，胎质细腻，胎色黄。直径 15，厚 1.4 厘米（图六二，3；彩版一三三，1）。

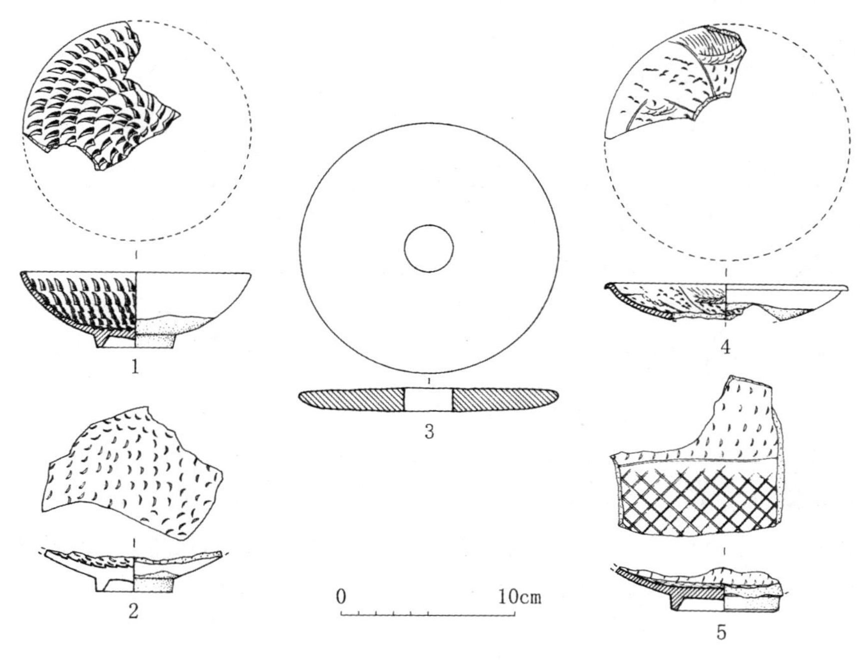

图六二　制瓷工具

1. A 型擂钵（T123③：34）　2. A 型擂钵（T72②：8）　3. 碾轮（T125③：5）
4. B 型擂钵（T119②：4）　5. B 型擂钵（T118③：4）

标本 T316①：12，可复原。器型稍小。表面光滑，无釉，红褐色，边缘部分因使用磨去了红褐色表面，上有两个清楚的支烧痕迹。胎质细腻，胎色青灰（彩版一三三，2）。

三　荡箍

2 件。辘轳车上的附件之一。平面呈圆环状，中空。

标本 F1：26，可复原。一面较平，另一面略弧，外腹壁较直，内壁上段收缩，下端较厚，中部呈凹沟状。白色胎，青白釉，局部釉面被磨光，使用痕迹明显。高 2.9 厘米（彩版一三四，1）。

标本 G1②：7，可复原。上下两面平，外腹壁较直，内壁上段稍薄，下段厚，剖面略呈梯形。釉色泛黄，釉面开冰裂纹，上平面无釉，白胎。高 3.5 厘米（彩版一三四，2）。

四　整形工具

标本 C2：11，呈扁球状，系由较粗的胎料制成，上半部较光滑平整，表面红褐色，顶端残破一孔洞，底部较粗糙，呈黄白色。腹径约 13.5，高约 9 厘米（彩版一三五，1）。

五　陶拍

1 件。陶质，为制作瓷器时，修坯压模时所用工具。

标本 T125③：4，可复原。整体呈蘑菇状。上端有一圆柱形小把，下部呈圆饼状，底面呈圆弧形，上面较平，残留有两条压印鱼纹饰的尾部，灰黑色胎。器身直径约 7.5，高约 3.5 厘米（彩版一三五，2）。

第三节　装烧窑具

装烧窑具是指坯件在窑炉内烧成过程中所使用的辅助工具，包括匣钵、匣钵盖、间隔具、窑柱及火照等。数量很多，发掘时仅采集部分标本。

一　匣钵

匣钵是指为防止窑内烟灰和窑顶落渣等对瓷器表面的污染，及充分利用窑室内的空间资源而使用的一种辅助性工具。其使用方法是先将坯件置于匣钵内，再将匣钵层层垒起，放置于窑炉中烧成。依据器物形状的不同，分为漏斗形匣钵、桶形匣钵、“—”形匣钵和平底匣钵。

（一）漏斗形匣钵

9件，整体呈漏斗形。圆唇，上腹近直，下腹斜收，小平底。胎质粗糙，含大量石英砂粒，胎色多数为土黄色，少量紫褐色，根据形体大小不同，分2型。

A型5件，浅腹，器型较小，用于烧制盏、碟等小型器物。

标本T123③：14，器型较小，上腹部表面有烧结熔融现象，呈青色。下腹斜直，小平底微外弧。下腹部有一小孔。口径12.4，底径4.5，高5.5厘米（图六三，1；彩版一三六，1）。

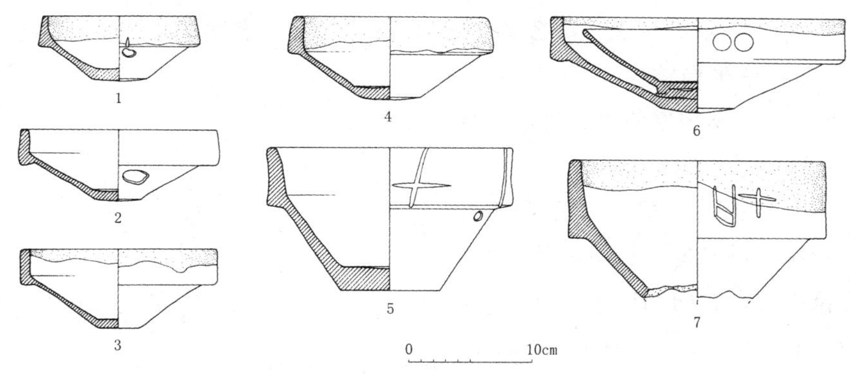

图六三　漏斗形匣钵

1. A型（T123③：14）　2. A型（T316②：26）　3. A型（T316②：25）　4. A型（T292②：12）　5. B型（T140②：2）　6. B型（T98②：2）　7. B型（T315②：2）

标本T97⑦：63，7件匣钵烧结在一起，中间夹杂8件残破瓷器，除最下面两个残留有口沿外，其余仅残留匣钵底，上腹外表面烧结熔融，呈褐色（彩版一三六，2）。

标本T316②：26，口沿微变形，下腹斜直，小平底，下腹部有一孔。胎色黄，其中粗大颗粒较少。口径16，底径3.8，高6厘米（图六三，2；彩版一三七，1）。

标本T316②：25，上腹部分烧结熔融，呈青黄色。口径16，底径3.2，高6.5厘米（图六三，3；彩版一三七，2）。

标本T292②：12，口沿稍残，上腹表面烧结成褐色，下腹斜直，小平底，内底留有垫饼垫烧的痕迹。口径16，底径5，高7厘米（图六三，4）。

B型4件，深腹，器体较大，用于烧制碗、盘类器物。

标本T140②：2，胎色黄褐，胎质较粗，口沿外壁上沿刻“十”，腹壁上留小孔。口径20，底径8，高12厘米（图六三，5）。

标本T98②：2，口沿外壁局部烧结，其上有两个小圆圈符号。匣钵上黏结一碗，器物口沿严重变形。口径25，底径6，高8厘米（图六三，6；彩版一三八，1）。

标本T93①：3，口沿外壁局部烧结，其上有刻符不可辨，上腹部有一孔。口径22，底径8.5，高11厘米（彩版一三八，2）。

标本T315②：2，底残。口沿外已烧结，口沿外壁刻两个符号，一为“十”，另一个不可辨识。口径21，残高11.5厘米（图六三，7）。

（二）桶形匣钵

5件，根据腹壁斜直程度的不同，分3型。

A型2件，腹壁直。

标本T95⑦：27，胎色泛红，质地较粗，器外壁已烧结，其上有一刻符不可辨，内圜底中心有一圆孔。直径16，高19厘米（图六四，1；彩版一三九，1）。

标本H1：2，匣钵外壁已烧结，泛青绿色，上刻一“九”字，口沿残，残高17.6厘米（彩版一三九，2）。

B型2件，器壁近底部稍外撇，上口微敞。

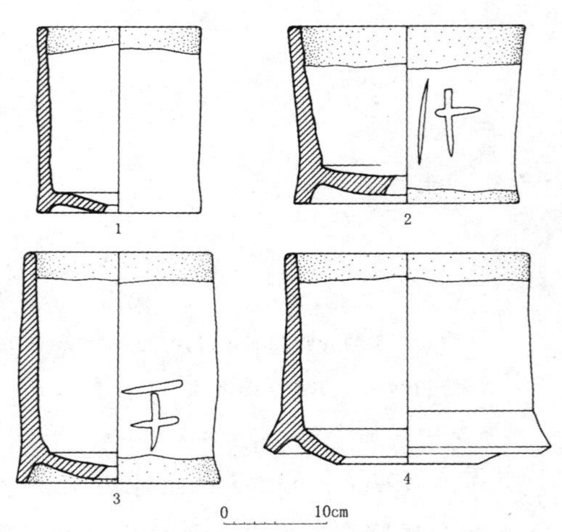

图六四　桶形匣钵

1. A型（T95⑦：27）　2. B型（C2：12）
3. B型（T269①：7）　4. C型（T95⑤：21）

标本C2：12，胎色黄，外壁表面呈红褐色，内圜底有圆孔。外腹壁上刻“十一”两字。口径23，底径22，高18厘米（图六四，2）。

标本T269①：7，胎色黄，底部有一圆孔。口沿稍残，口径18.5，底径20，高23厘米（图六四，3；彩版一四○，1）。

C型1件，腹壁近底部外折。

标本T95⑤：21，胎红褐色，质地较粗。上口径24，下口径28，底径

14，高21厘米（图六四，4；彩版一四〇，2）。

（三）"M"形匣钵

3件，器型较大，口微外撇，束颈，内圜底，黄白色。用于烧制水盂等大型器物。

标本T140①：1，外壁局部烧结。上口径31，下口径30.6，内底11，高16厘米（图六五，1；彩版一四一，1）。

标本T95⑤：20，外表红褐色，内底残。上、下口径均32，腹径30，高10.6厘米（图六五，2）。

标本T54②：9，外壁局部烧结。上口径30，下口径29.4，内底径12，高17厘米（图六五，3）。

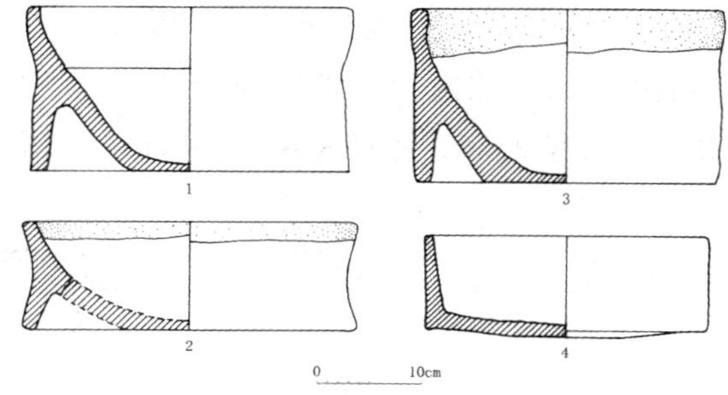

图六五　其他匣钵

1."M"形匣钵（T140①：1）　2."M"形匣钵（T95⑤：20）
3."M"形匣钵（T54②：9）　4.平底匣钵（G1②：15）

（四）平底匣钵

1件。直腹，平底。

标本G1②：15，直壁，平底。黄白胎。口径7.7，底径8，高10厘米（图六五，4；彩版一四一，2）。

二　匣钵盖

为防止窑渣及窑火污染坯件表面，覆盖在一摞匣钵中最上面一件的口部，是一件辅助性工具。依器物形体的差异，分2型。

A型5件，呈浅盘状，直径较大，胎质较粗，夹粗砂，与匣钵用相同的材料制成，背面一般有烧结熔融的迹象，应属多次重复使用所致。

标本T97⑦：57，残缺一半，盖面已烧结熔融呈青色，并黏结有土块、落渣等，小平顶，盖内面刻一"N"形符号，并有部分烧结。口径24.5，顶径8，高4.4厘米（图六六，1）。

标本T97⑦：56，口沿微残，盖面近口沿处微烧结，盖内未烧结，近口处有匣钵粘痕。口径25，顶径8，高4.5厘米（图六六，2；彩版一四三，

1）。

标本 T97⑦：55，口沿微残，烧变形，盖面烧结呈青褐色。内刻一“方”字，并有匣钵粘痕，胎色黄。口径 22，顶径 8.5，高 4.5 厘米（图六六，3；彩版一四二）。

标本 T97⑤：27，浅盘状圆口，盖顶近平，微有下凹，盖面斜弧，有拉坯形成的旋纹，盖内刻一“N”形符号，胎色黄，制作较粗糙，其中含较多粗砂粒。口径 25.6，底径 8.4，高 4 厘米（图六六，4）。

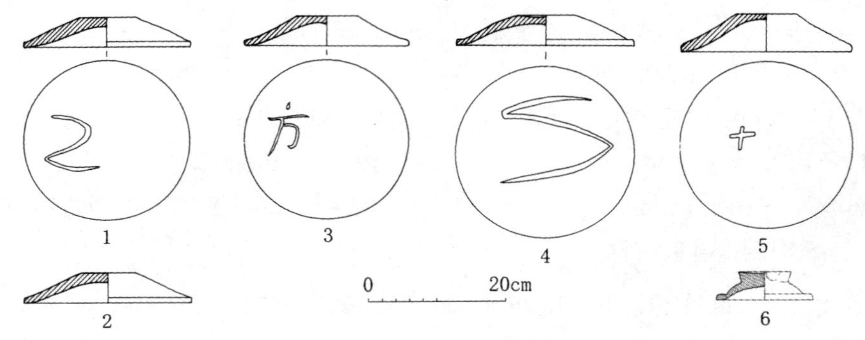

图六六　匣钵盖

1. A 型（T97⑦：57）　2. A 型（T97⑦：56）　3. A 型（T97⑦：55）
4. A 型（T97⑤：27）　5. A 型（T93②：16）　6. B 型（T122③：3）

标本 T93②：16，残存一半，未烧结，胎色黄，盖内刻一“十”字。顶径 9，口径 25，高 5.8 厘米（图六六，5）。

B 型 1 件，器型较小。

标本 T122③：13，圆口，背部一圆饼状捉手，圆口内留明显的轮制痕迹。口径 14，捉手直径 7.6，高 4.2 厘米（图六六，6；彩版一四三，2）。

三　间隔具

间隔具分为垫圈与垫饼两类。以垫饼为主，有少量垫圈，到晚期改用垫砂代替垫饼。

（一）垫圈

3 件，系用胎料废渣制成，使用时垫入器物圈足内。先做成泥条，再将泥条首尾相连形成圈状。制作简单，不甚规整。

标本 T93④：24，一面较平整，另一面凹凸不平，已烧结，胎体有较多裂纹，胎色黄。内径约 4.5，外径 8，厚约 3 厘米（彩版一四四，1）。

标本 T93②：15，可复原。形制较大，其中一面留有器物底部的压痕，胎质粗，胎色黄。内径约 6，外径 11，厚 3 厘米（彩版一四四，2）。

标本 T97①：1，形制较小，两面皆平，胎质稍细，胎色黄。内径约 1.6，外径 5，厚约 1 厘米（彩版一四五，1）。

（二）垫饼

3 件，为繁昌窑最主要的垫具，发掘时只采集少部分，根据形状差异大致分为 2 型。

A 型 1 件，制作规整。大致呈圆形，使用时垫入器物圈足内，一般直径小于器物圈足直径。

标本 T119②：1，用废胎料制成，制作规整，圆形。直径 4.6，厚 1.7 厘米（图六七，1；彩版一四五，2）。

B 型 2 件，制作不规整，应为装窑时随手制作的。边缘伸出圈足外，直径大于圈足。

标本 T119②：2，制作不规整。长径 5.8，短径 5.3，厚 1.1 厘米（图六七，2；彩版一四六，1）。

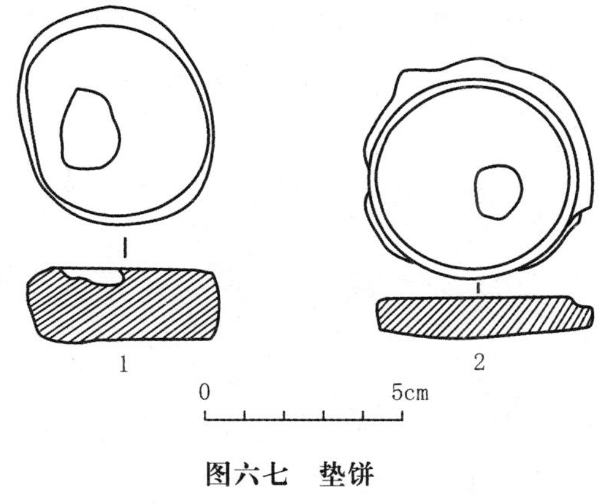

图六七　垫饼

1. A 型（T119②：1）　2. B 型（T119②：2）

标本 T98②：5，器型较厚，一面较平，其上留有器物底部压印痕迹，另一面呈圆弧形。已烧结，胎质较细，胎色黄，应为烧制小型器物如盏、碟时所用。直径 4，厚约 2.5 厘米（彩版一四六，2）。

四　试烧片

7 件，俗称“火照”。主要由碗类残次坯件制成，多为碗底。在这些残次坯件上挖一圆孔，烧制瓷器时放置于窑内，作检测窑温火候之用。

标本 T98②：3，为一碗的残片，黄白色胎，釉面粘满砂粒。最长 7.6，厚 0.5 厘米（图六八，1）。

标本 T95⑧：30，为一碗的口沿残片，青白釉，胎白。最长 5.2，厚 0.2 厘米（图六八，2）。

标本 T95④：13，为一残次碗底，底中心有一两边对穿而成的圆孔，生烧，不施釉。底径 6.4，厚 0.7，残高 2.4 厘米（图六八，3）。

标本 T292②：41，为一隐圈足器底，胎体较厚，无釉。最长 8.5，厚 1.7 厘米（图六八，4）。

标本 C2：6，为一盘状器残片，生烧，表面釉未烧结。器身有一圆孔。最长 12.6，厚 1.6，高 4.6 厘米（图六八，5）。

标本 G1②：6，为一圈足器底，胎体厚，不施釉，生烧。最长 11.8，厚 1.2，残高 3.4 厘米（图六八，6）。

标本 G1②：13，为一残破碗底，底心对穿一圆孔，胎色青灰，未施釉。最长 10，厚 0.5，残高 2.2 厘米（图六八，7）。

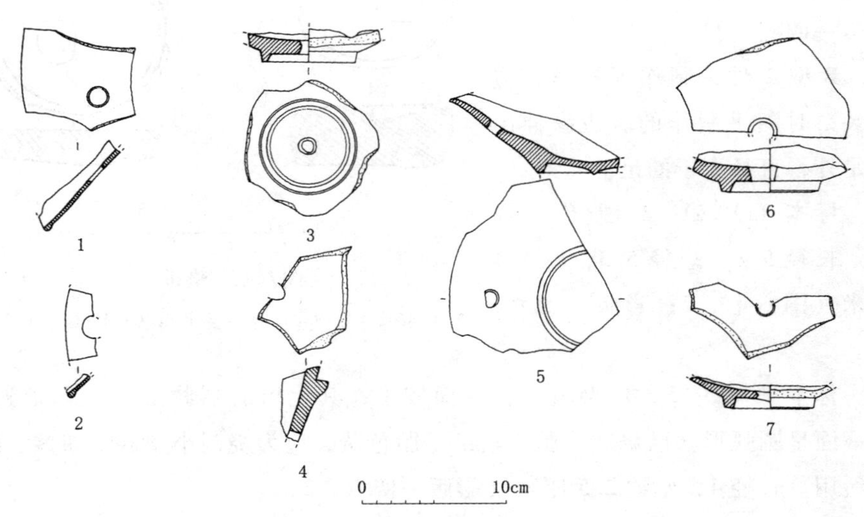

图六八 试烧片

1. T98②：3 2. T95⑧：30 3. T95④：13 4. T292②：41

5. C2：6 6. G1②：6 7. G1②：13

五　窑柱

2件。窑柱是窑工在装窑时为使坯件放置平稳，在匣钵柱之间使用的辅助性工具。

标本T117②：9，器型稍小，呈不规则圆柱状，实心，中部微束腰。外腹壁留有手指捏痕。表面已烧结熔融呈青黑色。直径约5.5，高3.5厘米（彩版一四七，1）。

标本T54④：19，器型稍大，呈不规则圆柱状，实心，中部微束腰。外腹壁留有清晰的手指捏痕。上下两面因支撑匣钵皆留有匣钵印痕。表面部分微熔融，呈灰黑色。直径7，高约9厘米（彩版一四七，2）。

第四节　文字与款识

繁昌柯家冲窑址出土的一些器物上常常见有文字或刻划符号，多刻划在窑具之上，也有少数刻在瓷片上。经整理，其内容主要包括人名、数字和纪年等。

一　窑具上的文字

9件。窑具上刻划文字较多，大多是姓氏和数字，多为手写体，个别压印，刻划随意，刻划的部位多在漏斗状匣钵的口沿外侧、桶状匣钵的外腹壁和匣钵盖的内表面。现选择部分有代表性的标本介绍如下。

标本T117②：1，“俞且”两字，是用印章压印在漏斗状匣钵的底部（彩版一四八，1）。

标本T97①：2，“太”字，刻划在漏斗状匣钵口沿外表面（图六九，1；彩版一四八，2）。

标本T269①：8，“十”字，刻划在桶状匣钵的外表面（图六九，2；彩版一四九，1）。

标本T98①：1，“乙”字，刻划在漏斗状匣钵口沿的外表面（图六九，3；彩版一四九，2）。

标本T97⑦：45，“方”字，刻划在盘状匣钵盖的内表面（图六九，4；彩版一五〇，1）。

图六九 窑具上的文字

1. T97①：2 2. T269①：8 3. T98①：1 4. T97⑦：45
5. T54①：5 6. T292②：14 7. T292②：15

标本T54①：5，“記”字，刻划在漏斗状匣钵口沿的外表面（图六九，5；彩版一五〇，2）。

标本T141①：1，“十二”两字，刻划在桶状匣钵的外腹壁（彩版一五一，1）。

标本T292②：14，“大”字，刻划在桶状匣钵的外腹壁（图五九，6；彩版一五一，2）。

标本T292②：15，“上”字，刻划在桶状匣钵的外腹壁（图六九，7；彩版一五二，1）。

二 瓷器上的文字

9件。所刻内容与匣钵上基本一致，多为姓名及数字。

标本 T93②：12，在碗内底心刻一“十”字（彩版一五二，2）。

标本 T292②：11，在一生烧的试烧片上刻有“今年□年”等字（彩版一五三，1）。

标本 T123③：7，在一圆饼状器物底部刻有“唐克□”三字，最后一字不可辨（彩版一五三，2）。

标本 T121②：6，在一残碟内底刻有“□上□”，前后两字皆不可辨（彩版一五四，1）。

标本 T339②：6，在一残瓷片上刻有“文贵”两字（彩版一五四，2）。

标本 T124③：21，在碗圈足内底刻有“吕芳”两字（彩版一五五，1）。

标本 T124③：26，在一壶类器物的腹部残片上刻有“和□月廿□”等字（彩版一五五，2）。

标本 T97③：6，在碗内壁刻有“六六六”三字（彩版一五六，1）。

标本 Y1：40，在一碗内底刻一“且”字（彩版一五六，2）。

第五节　钱币

共发现铜钱 3 枚，均圆形方孔，分别为“开元通宝”、“嘉祐元宝”和“祥符元宝”。

标本 T69②：1，开元通宝，楷书小钱，锈蚀严重，字迹较模糊，但仍可辨认，直径 2.4 厘米（彩版一五七，1）。

标本 T96②：2，嘉祐元宝，楷书小钱，稍有锈蚀，边缘残破，直径 2.5 厘米（彩版一五七，2）。

标本 T95⑤：22，祥符元宝，楷书小钱，微有锈蚀，保存较好，字迹清晰，直径 2.35 厘米（彩版一五八）。

第六章　分期与年代

第一节　分期

繁昌柯家冲瓷窑遗址资料是通过正式考古发掘获得的，地层叠压关系清楚，遗物出土层位关系明确。因此，分期拟以地层关系为基础，以出土遗物的类型为依据进行分析。

一　地层分组

柯家冲窑址的发掘分为龙窑窑炉区和作坊区两个部分，二者相距25米，由于二者之间的连接部分没有发掘，因此两个发掘区的地层无法统一。龙窑窑炉之上的堆积和作坊区的堆积都是在遗址废弃之后形成的，其中窑炉基址上的堆积是在窑炉塌陷后，因水流冲击作用，窑炉两侧隆起的废品堆积向中间凹陷部分汇积形成；作坊区所在的山麓平地属于剥蚀地形，没有因为水流作用或其他原因形成晚期堆积，发掘前该区为农业用地，其地表堆积已受到人为扰动；在晚期作坊使用时期，还大量搬运早期堆积铺垫道路、活动面和工作面，致使在这两个区域文化层堆积的包含物之中，既有瓷窑早期遗物，也有晚期遗物；为保留晚期遗迹，发掘时只揭露了晚期遗迹之上的堆积，因此已揭露的文化层薄而单纯，无法作为分期的依据。在龙窑窑炉的北侧，是隆起的废品和残碎窑具堆积，包含物非常丰富，且其文化层未受到后代的扰动，代表了繁昌柯家冲窑从创烧到衰落的整个过程，因此，对文化层的分组和分期拟以此为依据，将整个发掘区的遗迹和遗物进行梳理和分类归纳。龙窑发掘区共布方20个，探沟4道。其中在窑炉（Y1）上共布方16个，龙窑北侧的废品堆积上布方 4 个（T95、T96、T97、T98），探沟 4 条（T54、T69、T72、T93），各探方均以土质、土色及包含物为标准，分为若干层。Y1 上的堆积，窑头部位因位于山脚处，堆积较厚，而其余探方堆积都较薄，一般为 3—4 层，窑尾位于山顶，由于长年水流剥蚀作用，其上堆积已非常薄，窑尾局部甚至已裸露于地表。窑旁废品堆积较厚，但由于废品堆积结构非常疏松，在清理过程中经常发生塌方现象，因此很难发掘到底，现发掘到底的 T95 南半部深达 3.4 米，分为 11 层。通过对出土资料的整理表明，不同探方中有些地层出土的遗物相同。因此，地层的分组拟从遗物入手，凡出土遗物的类型相同或绝大多数相同的合为一组，反之，则另分一组。按照这个原则，窑炉之上探方、作坊区的探方及探沟不参加分组。废品堆积区的 4 个探方的地层可以分为 3 组。

第一组：T95⑪、⑩、⑨
T96⑪、⑩、⑨
T97⑦
T98⑤

第二组：T95⑧、⑦、⑥
T96⑧、⑦、⑥
T97⑥、⑤、④
T98④、③

第三组：T95⑤、④、③、②、①
T96⑤、④、③、②、①
T97③、②、①
T98②、①

二　分期

上面所分的三组地层，从各探方的叠压顺序可知，第一组最早，以下两组依序次之。现将各组地层出土的主要遗物及类型列成表（表 1），从表中可见，各地层组中主要器物的共存与演变关系为：

第一组：Aa 型、Ab 型Ⅰ式敞口碗、Aa 型侈口碗；Aa 型Ⅰ式、Aa 型Ⅱ式、B 型盏；Aa、Ab、B 型圈足碟；Aa 型Ⅰ式、Ab 型执壶；Aa 型Ⅰ式、Ba 型

表1　繁昌柯家冲窑址各组地层与出土器物型式对照表

<table>
<tr><th rowspan="2">器物
组别</th><th colspan="17">青白釉瓷器</th></tr>
<tr><th>敞口碗</th><th>侈口碗</th><th>温碗</th><th>盏</th><th>圈足碟</th><th>平底碟</th><th>隐圈足碟</th><th>盘</th><th>执壶</th><th>水盂</th><th>盒</th><th>盒盖</th><th>炉</th><th>罐</th><th>盏托</th><th>魂瓶</th><th>魂瓶盖</th></tr>
<tr><td>第一组</td><td>Aa
AbⅠ</td><td>Aa</td><td rowspan="2">△</td><td>AaⅠ
AaⅡ
B</td><td>Aa
Ab
B</td><td rowspan="3">△</td><td rowspan="3">△</td><td>A
B</td><td>AaⅠ
Ab</td><td>AaⅠ
Ba</td><td>A</td><td></td><td></td><td rowspan="3">△</td><td></td><td></td><td rowspan="3">△</td></tr>
<tr><td>第二组</td><td>AbⅡ</td><td></td><td>AaⅡ
AaⅢ
CⅠ</td><td>CaⅠ
CbⅠ</td><td></td><td>AaⅡ
Ba</td><td>AaⅡ
AaⅢ</td><td></td><td>Aa
Ba</td><td></td><td></td><td></td></tr>
<tr><td>第三组</td><td>AbⅢ
Ac
Ad
B
C</td><td>Ab
B</td><td></td><td>AaⅣ
Ab
CⅡ
CⅢ
D
E
F</td><td>Ac
CaⅡ
CaⅢ
CbⅡ
Cc</td><td>C</td><td>AaⅢ
Bb
Bc</td><td>Ab
Bb
C</td><td>B
C</td><td>Ab
Bb</td><td>A
B</td><td>A
B</td><td>△</td></tr>
</table>

注：1. 大写英文字母代表型，小写英文字母代表亚型，罗马字母代表式。

2. “△”表示有某种器物，因一件或形制相同未分型式。

水盂；A 型、B 型盘等。

第二组：Ab 型Ⅱ式敞口碗；Aa 型Ⅱ式、Aa 型Ⅲ式、C 型Ⅰ式盏；Ca 型Ⅰ式、Cb 型Ⅰ式圈足碟；Aa 型Ⅱ式、Ba 型执壶；Aa 型Ⅱ式、Aa 型Ⅲ式水盂；Aa、Ba 型盒盖等。

第三组：Ab 型Ⅲ式、Ac、Ad、B、C 型敞口碗；Ab、B 型侈口碗；Aa 型Ⅳ式、Ab 型、C 型Ⅱ式、C 型Ⅲ式、D、E、F 型盏；Ac 型、Ca 型Ⅱ式、Ca 型Ⅲ式、Cb 型Ⅱ式、Cc 型圈足碟；Aa 型Ⅲ式、Bb、Bc 型执壶；Ab、Bb、C 型水盂；C 型盘；Ab、Bb 型盒盖等。

这三组器物在器物组合及类别、型式的增减，器型的演变等方面具有明显的发展变化，已经形成一个较清晰的发展序列，可代表繁昌柯家冲窑的三个发展阶段，即三期。

三　遗迹所属的期别

根据遗迹与地层的叠压关系及各单位出土遗物的分期结果，可将发掘中已清理的遗迹归入相应的期别。

（一）Y1

Y1 上叠压着窑炉废弃后形成的堆积层，窑炉内残留的遗物与第三组地层出土遗物相同，有 Ac 型Ⅱ式、Ba 型Ⅱ式、Bb、Cb 型敞口碗及 Ba 型Ⅱ式侈口碗；Aa 型Ⅳ式、C 型Ⅲ式、D 型盏；Ca 型Ⅲ式、Ac 型、Cc 型圈足碟等，因此，Y1 应属于第三期。需要说明的是，在清理 Y1 时，发现其窑壁曾经过至少两次大的维修，窑身也由北向南摆动，因此，Y1 应该是始建于五代时期，并在其之后的使用过程中经不断修整，一直沿用至其废弃。

（二）F1

F1 内有两层堆积，下层为房屋倒塌时的堆积，倒塌后曾受到不同程度的扰动，上层则是作坊废弃后为平整场地从他处搬运早期堆积铺垫而成，因而夹带了不少早期遗物。因此，F1 出土遗物可分为两组：一组有 Aa 型Ⅰ式盏；Ab 型Ⅰ式、D 型圈足碟；Aa 型Ⅱ式、Ab、Ba 型执壶；Ba 型水盂等，这些器物应是随取土垫地搬运而来的一、二期遗物。另一组有 Ac 型Ⅱ式、Ba 型Ⅱ式、Ca 型Ⅰ式敞口碗；C 型Ⅱ式、E 型盏等，为其主体组合，与第三组地层出土器物一致，因此，F1 应属于第三期。

（三）C1、C2

C1、C2为两级相连的淘洗池，其内出土器物主要有：Ac型Ⅱ式、Ba、Bc型敞口碗；Ba型Ⅰ式侈口碗；C型Ⅲ式盏；Ba型Ⅱ式执壶；Aa型Ⅱ式、Ca型Ⅰ式、Cc型圈足碟等器物，其中的B型敞口碗，C型Ⅲ式盏等基本与第三组地层出土器物相同，因此，F1属于第三期。

（四）H1、H2

H1与H2内出土器物有：Aa型Ⅰ式、Aa型Ⅱ式、B、Da型Ⅰ式型盏；Bb型执壶；Ca型Ⅰ式圈足碟等器物，其中虽然有一、二期的器物出土，但从其中出土有晚期的D型盏、Bb型执壶等器物来看，早期器物也应为后来人为填埋时夹带进去的，因此H1、H2也属于第三期。

（五）G2

G2内未出土任何器物，但由于G2与作坊区其他遗迹属于同一时期，因此，G2也应为第三期的遗迹。

（六）M1、M2

从M1内出土的1件当地至今仍常见的粗瓷单耳罐来看，M1应为一现代墓。M2系用残破窑砖砌筑而成，同时墓中还出土了盏托、水盂等6件随葬的青白瓷器，其中C型Ⅱ式盏在T95第4层等属于第三期的地层中也有出土，因此，M2也应属于第三期。

第二节　各期特征及年代推断

根据遗址发掘所获地层关系及分期结果，分析归纳各期器物特征，结合地层中出土的铜钱，与其他本身带有明确纪年或从纪年墓葬中出土的青白瓷器及相关材料进行对比分析，进而推断各期年代。

第一期

这一期的文化层主要分布在已发掘的T95、T96、T97、T98内，出土遗物较少。瓷器均为青白釉，以碗、盏为主，另有少量执壶、平底碟、花口碟及水盂等。出土器物型式主要有：Aa型、Ab型Ⅰ式敞口碗；Aa型侈口碗；Aa型Ⅰ式、Aa型Ⅱ式、B型盏；Aa、Ab、B型圈足碟；Aa型Ⅰ式、Ba型水盂等。碗、盏类器物器内满釉，器外施半釉，下腹及圈足露胎。青白釉釉面光亮，釉色也较为纯正，少数稍偏黄，但总体来说，釉色较偏白，甚至有部分器物釉色与白瓷无异。胎体较薄，胎色较白，烧结致密。Aa 型敞口碗器型较大，叠唇及胎体皆较薄，斜弧腹，圈足，通体施釉，釉色纯正，釉面光亮；Ab 型Ⅰ式敞口碗唇缘外叠，唇部横剖面近半椭圆形，腹壁斜直，内平底，底腹交界处向上折起，形成明显折角，圈足较矮，足脊稍宽，足壁外直而内壁外斜。Aa 型Ⅰ式盏唇缘外叠，横剖面呈三角形，最大厚度近下缘，斜壁，内圜底，圈足小而浅，足脊多较尖，足壁外直内斜。平底碟尖唇斜壁，浅腹，外平底，部分稍上凹。Aa 型Ⅰ式水盂直口圆唇，矮直领，溜肩。瓷器以匣钵装烧，一钵一器，以垫具垫在器底使器物与匣钵间隔开来，垫具以垫饼为主，也有少量的垫圈出土。

这一期的 Aa 型Ⅰ式盏与江苏南京南唐二陵出土的盏（原文作小瓷碗）器型完全一致①，同时，江苏连云港市五代墓中出土的大瓷碗、盒等与繁昌窑一期 Ab 型Ⅰ式碗十分相似②；安徽青阳县南唐砖室墓中出土瓷盘（原文作碗）也与繁昌窑一期出土盘相同。③ 1996 年发掘的繁昌骆冲窑器物具有大平底，花口，翻沿或折沿，腹部出筋等特征，使用支钉或泥条垫圈支烧，这些都是五代典型特征，柯家冲窑一期器物 Aa 型Ⅰ式盏、A 型花口盘与骆冲窑同类器相似④，因此，本期年代应为五代时期。

第二期

这一期在 T95、T96、T97 及 T98 内皆有分布，出土器型较第一期稍多。出土器物有 Ab 型Ⅱ式敞口碗；Aa 型Ⅱ式、Aa 型Ⅲ式、C 型Ⅰ式盏；Ca 型Ⅰ式、Cb 型Ⅰ式圈足碟；Aa 型Ⅱ式、Ba 型执壶；Aa 型Ⅱ式、Aa 型Ⅲ式水盂等。出土瓷器皆为青白瓷，仍有部分瓷釉偏黄或偏白，与第一期相比，部分瓷釉出现了微偏青的现象。瓷胎变化不大，但胎色也出现了微泛青的现象，碗类叠唇减薄，内平底增大，底径大于圈足直径，底腹相交处的折棱也变得较为平缓。圈足内壁有较直者，也有外斜者。Aa 型Ⅱ式盏叠唇横剖面

---

① 南京博物院编著：《南唐二陵发掘报告》，文物出版社 1957 年版，第 49、52 页。

② 江苏省文物管理委员会：《五代——吴大和五年墓清理记》，《文物参考资料》1957 年第 3 期。

③ 黄忠学：《安徽青阳县发现一座南唐砖室墓》，《考古》1999 年第 6 期。

④ 阚绪杭：《繁昌县骆冲窑遗址的发掘及其青白釉瓷的创烧问题》，《文物春秋》1997 年增刊。

多呈半圆形，最厚处在叠唇中间的位置，内圜底，矮圈足。Aa 型Ⅱ式执壶瘦鼓腹，盘口，矮圈足，足内外壁皆外斜。Ba 型Ⅰ式执壶为喇叭口，颈部细长，矮圈足外壁变直。温碗腹壁陡直，内底大而平，圈足高深，施釉近圈足。水盂领稍高，溜肩近折。这一期瓷器仍用匣钵装烧，一器一钵，但器物与匣钵间的间隔具已不见垫圈，全部使用垫饼。

这一期出土的 Aa 型Ⅱ式水盂与江西九江市出土的北宋咸平五年（1002）水盂器型一致。① 其余碗、盏等也是北宋早期常见器型，因此这一期年代应属北宋早期。

第三期

这一期除分布在 T95、T96、T97 和 T98 内外，Y1 内及其上地层堆积、作坊区都有大量分布，其分布面积最广，出土器物最多，器类最为丰富。器物仍以碗类为主，A 型叠唇盏逐渐减少，尖唇盏逐渐增多。出土器物包括 Ab 型Ⅲ式、Ac 型、Ad 型、B 型、C 型敞口碗；Ab 型、B 型侈口碗；Aa 型Ⅳ式、Ab 型、C 型Ⅱ式、C 型Ⅲ式、D 型、E 型、F 型盏；Aa 型Ⅲ式、Bb、Bc 型执壶及各类碟、盘、水盂等。本期新出器型有 Ac 型、Ad 型、B 型、C 型叠唇碗、Ab 型、B 型侈口碗；Cb 型、D 型、E 型、F 型盏；Bb 型、Bc 型执壶等。同时本期器物也有较明显的变化：碗类中第一、二期占主体的 Ab 型敞口碗，叠唇渐薄而近于消失，到最末期这种碗消失不见。新出现的 Ac 型碗、B 型碗，腹壁较直，内圜底大，底周有一道弦纹，圈足较高。这种大圜底碗自出现后逐渐增多，同时其唇沿也逐渐变薄，腹壁变直，足内壁多外斜，少量较直。Aa 型叠唇盏多圆唇，少量平唇呈倒三角状，最大厚度近上缘。C 型尖唇盏斜腹，内小平底，矮圈足。D 型尖唇折沿盏，唇沿外折，斜弧腹，圈足较高。碟类皆为尖唇斜壁，浅腹平底。水盂领较高，肩变斜折。这一期出土的Cb 型Ⅱ式碟、Ab 型盏分别与繁昌县老坝冲北宋中晚期墓②、繁昌县凤形村北宋中期晚段墓中出土的同类器一致。③ 同时，本期 T96②层出土的北宋仁宗时期“嘉祐元宝”铜钱一枚，表明本期为北宋中期堆积。

本期器物青白釉釉色变化较大，绝大多数器物釉色偏青，至本期后段部分器物釉色甚至接近青瓷釉。除釉色外，本期器物胎质、胎色也有较大变

---

① 彭适凡主编：《宋元纪年青白瓷》，庄万里文化基金会 1998 年版，第 39 页。

② 陈衍麟：《安徽繁昌县老坝冲宋墓的发掘》，《考古》1995 年第 10 期。

③ 汪发智：《繁昌凤形村宋墓清理简报》，《文物研究》2007 年总第 15 辑。

化，其胎质变得较为粗糙，原料加工不如前两期精细，在器物露胎处很多较粗颗粒随修坯刀的旋转向上翻起。胎色较第二期更为偏青，到本期后段有些瓷胎已完全不显白色了。制作上也不如以前规整，圈足中心不再修整平坦，往往形成一凸起，足脊修整也较为随意，很多器物圈足壁有许多豁口。本期后段，繁昌窑的烧制工艺出现一个较大变化，开始用垫砂代替垫饼作为间隔具，很多器物底部粘有烧结的砂粒，这一工艺的变化反映了繁昌柯家冲窑北宋中期后逐渐衰落的状况。

第七章　繁昌窑青白瓷的科学分析与研究

繁昌窑遗址自1955年发现以来，安徽省文物考古部门曾对其进行过数次考古调查和小规模试掘，获取了一批珍贵的实物标本，但多年来对繁昌窑的研究一直侧重于传统考古学领域。20世纪90年代后，开始有学者对繁昌窑青白瓷的胎釉成分及制作工艺等问题进行研究，并取得了一些重要的研究成果①。但前人所分析、研究的样品多系地表采集，缺乏明确的地层关系，年代序列不清，且数量较少，无法反映繁昌窑制瓷工艺的演变和发展历程。为了更加全面地揭示繁昌窑青白瓷的工艺特点及其演变规律，我们从发掘出土标本中选择了部分地层关系清楚、时代明确的瓷片样品，对其胎釉特征等进行了综合分析，并结合模拟实验研究，对繁昌窑青白瓷的胎料配方工艺问题作了较为深入的探索。

第一节　繁昌窑青白瓷釉的研究

一　研究背景

我国古代瓷釉种类繁多，有青釉、白釉、青白釉、黄釉、酱釉、黑釉

---

① a. 胡悦谦：《安徽江南地区的繁昌窑》，《东南文化》1994年增刊1号。

b. 邓泽群、吴隽、李家治等：《繁昌窑青白瓷的研究》，载郭景坤主编《'02古陶瓷科学技术国际讨论会论文集》，上海科学技术文献出版社2002年版，第173—178页。

c. 冯敏、李广宁、凌雪等：《繁昌窑青白瓷初步研究》，《文物保护与考古科学》2004年第16卷第3期。

等。釉的分类标准也是多种多样，当以釉中的主要熔剂氧化物种类作为划分釉类型的标准时，中国古瓷釉基本可分为两大体系：一是铁系釉，二是钙系釉。铁系釉主要指的是黑釉，其中Fe_2O_3在熔剂中占有较大比例。钙系釉主要包括青釉、白釉及青白釉，根据主要熔剂的含量不同，钙系釉又可进一步划分为钙釉、钙—碱釉和碱—钙釉。其中钙釉和钙—碱釉的主要熔剂是CaO，但钙釉的CaO含量要稍高于钙—碱釉；碱—钙釉的熔剂以K_2O和Na_2O为主，CaO为辅。铁系釉和钙系釉很容易依据它们化学组成和外观特征来区分，但不同类型的钙系釉到目前为止仍无统一的区分标准。①

繁昌窑青白瓷釉外观多清澈透明，少部分略有乳浊感。釉色变化较大，同一时期的标本釉色有的偏白，有的偏黄或偏青，产生这种现象的主要原因是由于龙窑不同部位烧成温度和烧成气氛的不同造成的。从发掘情况看，虽然柯家冲窑同时期产品的青白釉色变化较大，但总体来看，其釉色变化仍有较为明显的规律：五代时期，青白釉色泽较为纯正，且多数稍偏白，但随着时间的推移，其釉色逐渐向偏青的方向发展，越往后，其偏青的程度就越重，至北宋中期的后段，其釉色已接近青釉，部分甚至与青釉无异。② 本文运用现代分析技术对繁昌窑青白釉的显微结构、物相与化学组成进行了分析，以探讨繁昌窑瓷釉的性质、工艺特点及釉色变化的内在原因。

二　实验

（一）样品制备

选择8件有明确地层关系的瓷片标本，样品特征见表2。使用陶瓷切割机从瓷片标本上切下约1立方厘米的小块，保留一个自然断面作扫描电镜（SEM）观察。

将样品去胎后，在玛瑙研钵中将釉研磨至200目粉料，待作X射线衍射（XRD）分析。

---

① 罗宏杰编著：《中国古陶瓷与多元统计分析》，轻工业出版社1997年版，第93页。

② 杨玉璋、张居中：《试论繁昌窑——2002年柯家冲窑址发掘的主要收获》，《华夏考古》2006年第2期。

表 2　　繁昌柯家冲窑出土瓷片样品的地层、时代及外观特征

编号	地层	时代	外观特征
FY1	T95①	北宋中期	胎较厚，胎色黄白，胎中含较多黑色小斑点，略生烧。釉层较薄，釉色浅青中带黄色，开片密集。高圈足，制作粗糙
FY2	T95②	北宋中期	胎厚，胎色白中稍带青，胎中有少量气孔及黑色小斑点。釉层薄，釉色青灰，不开片。高圈足，制作较粗糙
FY3	T95③	北宋中期	胎较厚，胎色白中稍带青，无黑色斑点，气孔较少。釉层较薄，光亮，釉色淡青，开片较大。矮圈足，制作略粗糙
FY4	T95⑤	北宋早期	胎较厚，胎色白中稍带青，无黑色斑点，气孔少。釉层薄，光亮，釉色淡青，不开片。矮圈足，制作较为精致
FY5	T95⑥	北宋早期	胎较厚，胎色白中稍带青，有少量黑色小斑点。釉层较薄，光亮，青白色，釉面有细小开片。矮圈足，制作稍粗糙
FY6	T95⑧	北宋早期	胎较厚，胎色白中稍带青，黑色小斑点少。釉层薄，青白釉，光亮，釉面有细碎小开片。矮圈足，制作较为精致
FY7	T95⑩	五代	胎较薄，胎色白，黑色小斑点很少，气孔少。釉层薄，青白釉，釉面光亮，釉面有细碎开片。矮圈足，制作精致
FY8	T95⑪	五代	胎较薄，胎色白，无黑色斑点，气孔极少。薄釉，青白色，釉面光亮，釉下有小气泡，不开片。矮圈足，制作精致

将釉层制成厚度为 0.03 毫米的薄片，在瓷釉的薄片上选择好待测区域，经喷炭后，用于电子探针分析（EMPA）。

（二）仪器及测试条件

扫描电镜。日本岛津制作所生产。型号：SHIMADZU SSX-550。工作条件：电压 30kV，电流 200μA。

转靶 X 射线衍射仪。日本玛珂公司生产型号：MXPAHF。工作条件：CuKa 辐射，电压、电流分别为 40kV、100mA，DS、SS 和 RS 分别为 1°、1°、0.15mm。

电子探针。日本电子公司生产。型号：JCXA-733。工作条件：电压 15kV，电流 20nA。

（三）实验结果

1. 显微结构

从镜下观察来看，繁昌窑青白釉基本呈透明的玻璃态，只有极个别标本残留有未熔融的石英晶体颗粒；早期标本釉中较为纯净，入宋以后，釉中黑色铁质斑点逐渐增多；胎釉之间存在中间层，釉中气泡呈圆形且多分布在靠近中间层的区域，与瓷胎中由于未完全烧结而存在的不规则孔隙区别明显；釉面开裂纹较深，直至中间层；经放大可在胎釉中间层区域观察到有纤维状晶体生成（图七〇）。

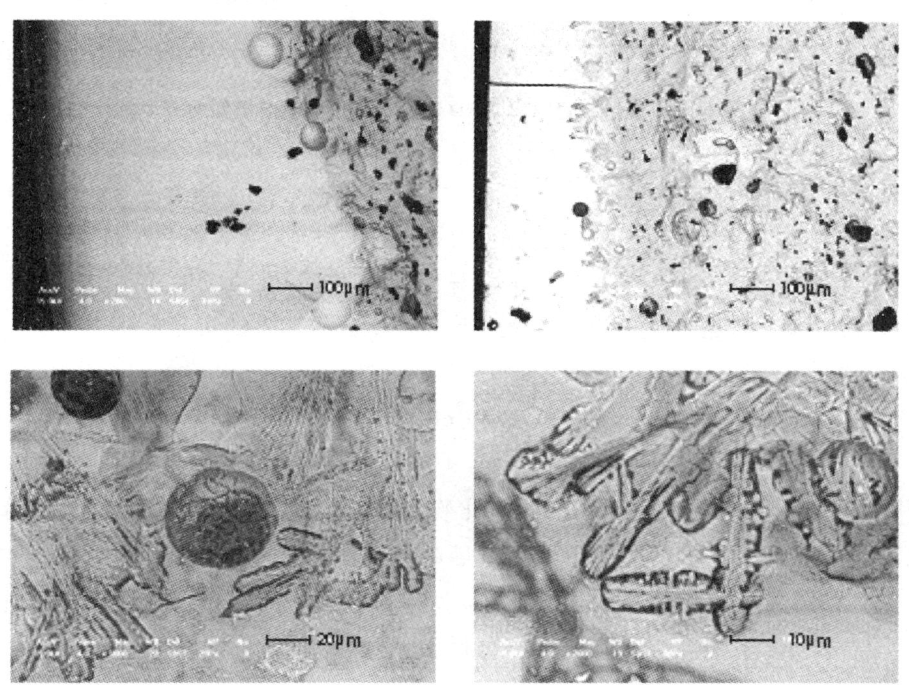

图七〇　繁昌窑青白瓷釉显微结构

2. 物相组成

从瓷釉的 XRD 图谱来看，繁昌窑青白瓷釉主要是以 SiO_2 的非晶态即玻璃体形式存在，仅极个别标本中存在少量晶体（图七一）。

3. 化学组成

从分析结果来看，瓷釉中 CaO 含量较低，除最晚期的标本 FY1 中钙含量偏高外，繁昌窑青白釉中钙含量从五代到北宋中期总体上呈下降的趋势；此外，在碱金属氧化物中，K_2O 含量较低，而 Na_2O 含量却较高；同时繁昌窑瓷釉中 P_2O_5 含量也较高，在 1% 以上。分析结果见表 3。

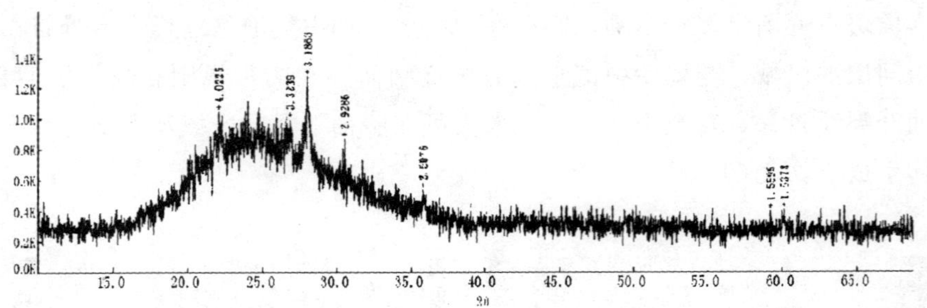

图七一　繁昌窑青白釉 XRD 图谱（T95⑪层出土标本）

三　讨论

为比较不同陶瓷胎釉化学成分的异同，通常采用 Seger 釉式来直观的表达，并根据它们的釉式来确定瓷釉的性质。釉式可用下式表示：

$$aR_2O \cdot bRO \cdot cR_2O_3 \cdot dRO_2$$

其中，R_2O、RO 分别代表碱金属氧化物和碱土金属氧化物；R_2O_3、RO_2 分别代表三价和四价氧化物。a、b、c、d 分别是各类氧化物当碱性氧化物（R_2O+RO）的摩尔数为 1 时的系数。罗宏杰在对中国古瓷中钙系釉类型进行综合研究后，提出了钙系釉的划分标准①：

钙釉：$b \geq 0.76$

钙—碱釉：$0.76 > b \geq 0.50$

碱—钙釉：$0.50 > b$

根据对繁昌窑瓷釉的釉式计算来看，$b \geq 0.868$，因此繁昌窑瓷釉显然属于钙系釉类型中的钙釉。

此外，从五代到北宋中期，除标本 FY1 中 CaO 含量突然增高外，其他标本中 CaO 含量随时间推移从早到晚逐渐降低，北宋中期标本 FY1 中 CaO 含量的异常上升，可能与繁昌窑末期制釉原料或者工艺的改变有关。同时，

① 罗宏杰、李家治、高力明：《中国古瓷中钙系釉类型划分标准及其在瓷釉研究中的应用》，《硅酸盐通报》1995 年第 2 期。

表 3　繁昌窑青白釉化学组成 （wt%）

样品	氧化物含量										分子式
	SiO_2	TiO_2	Al_2O_3	Fe_2O_3	MnO	MgO	CaO	Na_2O	K_2O	P_2O_5	Total	
FY1	63.26	0.20	12.29	0.95	0.42	2.05	16.28	1.44	0.80	1.88	99.57	$0.322Al_2O_3 \cdot R_xO_y \cdot 2.815SiO_2$
FY2	67.57	0.30	14.93	1.41	0.25	2.06	10.10	1.95	0.69	1.19	100.45	$0.541Al_2O_3 \cdot R_xO_y \cdot 4.157SiO_2$
FY3	66.25	0.19	15.96	0.97	0.20	2.02	10.59	1.20	1.01	1.18	99.57	$0.581Al_2O_3 \cdot R_xO_y \cdot 4.093SiO_2$
FY4	66.59	0.20	15.47	0.98	0.11	1.45	10.80	0.73	1.61	1.14	99.08	$0.589Al_2O_3 \cdot R_xO_y \cdot 4.303SiO_2$
FY5	66.51	0.18	14.42	0.81	0.23	1.78	12.55	1.77	0.85	1.10	100.20	$0.462Al_2O_3 \cdot R_xO_y \cdot 3.617SiO_2$
FY6	65.61	0.16	14.64	1.08	0.29	1.82	11.30	1.17	1.63	1.31	99.01	$0.506Al_2O_3 \cdot R_xO_y \cdot 3.850SiO_2$
FY7	64.58	0.10	16.07	0.98	0.18	1.45	13.47	0.95	1.41	1.13	100.32	$0.514Al_2O_3 \cdot R_xO_y \cdot 3.503SiO_2$
FY8	64.45	0.19	16.00	0.94	0.11	2.26	12.61	0.69	1.04	1.32	99.61	$0.518Al_2O_3 \cdot R_xO_y \cdot 3.537SiO_2$

注：FY1—FY2 属北宋中期；FY3—FY5 属北宋早期；FY6—FY8 属五代时期；R_xO_y 为 $RO+R_2O$ 的统称。

繁昌窑青白瓷入宋后釉中黑色铁质斑点逐渐增多，其化学组成中铁含量也有逐步上升的迹象，这与北宋中期时繁昌窑青白釉逐渐偏青的现象是一致的。

为更清楚地了解繁昌窑青白瓷釉的组成分布及变化规律，将瓷釉 Al_2O_3 分子数对 SiO_2 分子数绘成组分分布图（图七二）。从图中可见，除北宋中期的标本 FY1 外，繁昌窑五代和北宋早期青白釉组成分布比较集中，同时，根据表 3 中瓷釉的化学组成计算也可发现，繁昌窑瓷釉 SiO_2/Al_2O_3 比除最晚期的标本 FY1 稍高外（约为 5.15），其早中期组成比都很接近（4.02—4.61），这说明其瓷釉配方在较长的时间内并未发生太大变化，而从表 3 中的化学组成数据来看，标本 FY1 中助熔剂氧化物特别是 CaO 含量明显增高，说明繁昌窑末期的釉料配方中可能加入了更多的石灰石成分。此外，为探讨繁昌窑配釉原料与胎料之间的关系，经计算表 3 和表 7 中釉胎的 SiO_2/Al_2O_3 比，发现其瓷胎的 SiO_2/Al_2O_3 比明显低于釉，说明繁昌窑胎釉制作并未采用同种原料配制。同时其釉中 P_2O_5 含量明显较高（1.1—1.88），应是加入草木灰所致。因此，繁昌窑瓷釉应是使用了某种“釉石”加石灰和草木灰配制而成。

为进一步探讨繁昌窑青白釉的自身特征及其与青山窑及湖田窑青白瓷釉的异同，选择湖北青山窑与景德镇湖田窑五代至北宋的青白瓷釉样品 8 个，它们的化学组成见表 4。分别以这三个窑口青白釉的 SiO_2 和 Al_2O_3、CaO 和 MgO、K_2O 和 Na_2O 的含量百分数作分布图（图七三至图七五），从图七三中可见，繁昌窑与湖田窑青白釉的 SiO_2、Al_2O_3 组成比较接近，而青山窑青白釉的 SiO_2、Al_2O_3 组成分布则显得较为分散，说明其瓷釉的 SiO_2、Al_2O_3 组成并不十分稳定；图七四显示，繁昌窑青白釉的 CaO、MgO 组成与青山窑较为接近，而与湖田窑区别明显，湖田窑青白釉 CaO、MgO 组成数据点集中于分布图的右下角，较低的 MgO 含量是其显著特征；图七五是上述三个窑口青白瓷釉的 K_2O、Na_2O 含量分布图，从图中可见，繁昌窑瓷釉中钾、钠含量与湖田窑较接近，而与青山窑有很大差别，繁昌窑瓷釉中 Na_2O 含量比较高，而 K_2O 含量明显要比它们低。青山窑青白瓷釉 K_2O、Na_2O 组成数据点集中于分布图左上角，有非常明显的高 K_2O 低 Na_2O 的特征，这与繁昌窑和湖田窑区别明显。

表 4　青山窑、景德镇窑青白瓷釉化学组成　（wt%）

样品	氧化物含量										分子式
	SiO_2	TiO_2	Al_2O_3	Fe_2O_3	MnO	MgO	CaO	Na_2O	K_2O	P_2O_5	Total	
WY1	67.20	0.20	14.70	0.80	0.20	1.20	11.10	0.30	3.10	0.70	99.50	$0.537Al_2O_3 \cdot R_xO_y \cdot 4.168SiO_2$
WY2	64.40	0.20	15.20	1.00	0.30	1.80	12.50	0.30	2.60	1.20	98.50	$0.490Al_2O_3 \cdot R_xO_y \cdot 3.522SiO_2$
WY3	63.90	0.20	14.80	1.00	0.30	1.70	13.60	0.30	2.90	1.00	99.70	$0.447Al_2O_3 \cdot R_xO_y \cdot 3.276SiO_2$
WY4	66.00	0.20	18.70	1.40	0.20	1.00	8.00	0.20	3.10	0.80	99.60	$0.888Al_2O_3 \cdot R_xO_y \cdot 5.320SiO_2$
WY5	60.70	0.20	16.90	1.10	0.20	1.70	14.30	0.30	2.70	1.30	99.40	$0.497Al_2O_3 \cdot R_xO_y \cdot 3.028SiO_2$
JHYQ-1	66.69	0.07	15.17	1.11	0.06	0.44	13.94	0.64	1.47	0.08	99.67	$0.520Al_2O_3 \cdot R_xO_y \cdot 3.877SiO_2$
JHYQ-2	65.40	0.05	13.99	1.06	0.09	0.60	15.43	1.01	2.04	0.07	99.74	$0.417Al_2O_3 \cdot R_xO_y \cdot 3.306SiO_2$
JHYQ-4	65.85	0.06	13.85	0.83	0.09	0.64	14.15	2.74	1.55	0.05	99.81	$0.411Al_2O_3 \cdot R_xO_y \cdot 3.319SiO_2$

注：WY1 至 WY5 为青山窑青白釉；JHYQ-1、JHYQ-2、JHYQ-4 为湖田窑青白釉。数据引自《中国科学技术史陶瓷卷》第 327 页表 10—2 及《武昌青山窑影青瓷的研究》，《江汉考古》1994 年第 4 期。

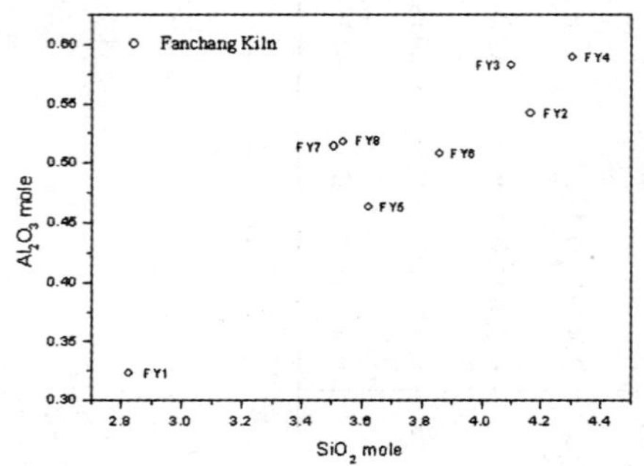

图七二　繁昌窑青白釉组分分布图

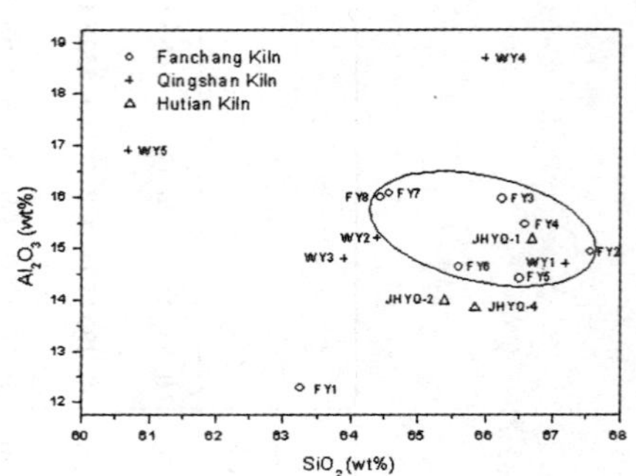

图七三　繁昌窑、青山窑、湖田窑青白瓷釉 Si、Al 含量分布图

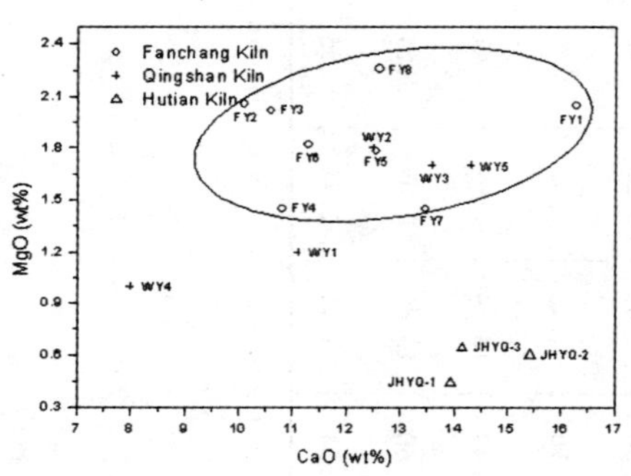

图七四　繁昌窑、青山窑、湖田窑青白瓷釉 Ca、Mg 含量分布图

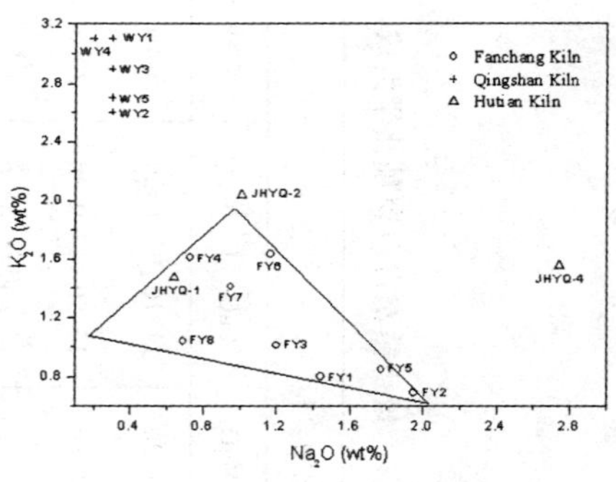

图七五　繁昌窑、青山窑、湖田窑青白瓷釉 K、Na 含量分布图

四　结论

繁昌窑瓷釉属于钙系釉中钙釉类型。从其化学组成来看，繁昌窑瓷釉配方应是采用了一种“釉石”加入石灰石及草木灰制成。根据釉中 MgO、K_2O 和 Na_2O 含量的不同，可将繁昌窑青白釉与湖田窑及青山窑青白釉明显区分开来，总体而言，繁昌窑瓷釉中 MgO 含量比较高，而 K_2O 含量明显低于青山窑与湖田窑。

第二节　繁昌窑青白瓷胎微量元素组成的中子活化分析

中子活化分析（Neutron Activation Analysis，NAA）是用具有一定能量和流强的中子、带电粒子或高能 γ 光子轰击待分析样品，使样品中核素产生核反应，生成放射性核素，然后测定放射性核素衰变时放出的缓发辐射或瞬发辐射，从而实现元素的定性和定量方析。① 古陶瓷胎料中微量元素组成是人工不能控制的，而且基本上不受工艺过程的影响，能够比较准确地反映古陶瓷的原料来源和年代等信息，是古陶瓷研究领域一项重要的研究内容。不同产地古瓷的原料、制作和烧制工艺不尽相同，胎和釉料中具有不同的元素组成，瓷器在烧成后仍然保留着这些元素组成的信息，也就是说，每个不同的窑址都有自己特定的元素组成特征，利用这一原理就可进行古代陶瓷的产地研究。同一个窑址在数百年甚至上千年持续烧造过程中，虽然其胎釉原料来源主要是就地取材，通常来说，其主量元素的变化幅度一般较小，但在一个长的时间跨度下，其胎釉原料来源及配方组成也可能会发生一定的改变，这就会导致微量元素组成的差异，虽然差异很小，但也会构成不同时代古瓷的“年代特征”信息。仪器中子活化分析（INAA）可以同时分析多种微量元素，并具有分析灵敏度高、准确度高，精确度好、分析样品量少等优点，目前在国内考古学研究领域已得到广泛地应用②。繁昌窑五代时期（907—960）创烧青白瓷，是目前已知的我国最早烧造青白瓷的窑址，对研究青白瓷的起源与早期烧造历史等问题具有重要的学术意义。通过对繁昌窑五代至北宋中期青白瓷中微量元素组成的分析，可为研究其不同年代古瓷的年代特

---

① 李士、秦广雍：《现代实验技术在考古学中的应用》，科学出版社 1991 年版，第 289 页。

② a. 谢国喜、冯松林、冯向前等：《龙泉窑古陶瓷年代断定的中子活化分析和 Bayes 判别》，《原子能科学技术》2009 年第 43 卷第 6 期。

b. 张奇伟、赵维娟、郭敏等：《南宋郊坛下官瓷原料产地特征的因子分析》，《四川大学学报》（自然科学版）2009 年第 46 卷第 3 期。

c. 李国霞、孙洪巍、李融武等：《三种釉色钧官瓷和现代高档钧瓷的中子活化分析》，《硅酸盐学报》2008 年第 36 卷第 6 期。

征和工艺演变提供信息。

一 实验

实验所用青白瓷样品选自中国科学技术大学科技史与科技考古系和安徽省文物考古研究所等单位2002年在繁昌窑遗址发掘时出土的标本。为使选择的样品具有地层和年代上的连续性，我们从一个具有完整地层堆积序列的探方（编号T95）中按地层早晚分层选择样品，该探方共分11层，每层取4个样品，共计44件，这批样品分属五代、北宋早期和北宋中期三个阶段。从外观来看，五代和北宋早期，样品胎质细腻洁白，制作规整，釉色纯正，北宋中期后，样品制作渐趋粗糙，胎釉色泽也逐渐变青，部分甚至与青瓷无异。样品详细情况见表5。

表5 繁昌窑瓷片样品的出土地层、时代及特征

时代	样品编号	出土地层	样品数	胎色
五代时期（FD）	FD1—FD8	T95⑪—T95⑨	12	白
北宋早期（ENS）	ENS1—ENS9	T95⑧—T95⑥	12	青白
北宋中期（MNS）	MNS1—MNS20	T95⑤—T95①	20	青灰

为防止样品表面杂质对测量精度的影响，先用碳化硅砂轮磨去待测样品的釉层和内外表层，然后分别用无水酒精和去离子水在超声波清洗器中清洗2—3次，烘干后将样品置于玛瑙研钵中细磨成粒径约73 μm的粉末，并在110℃温度下烘干2h。每个样品粉末称取约30mg，用高纯铝箔包裹。选用与待测基体相接近的国家岩石有证标准物质GBW07103和高能所研制的古陶瓷专用标准物质样品（经过14个国家26个实验室的比对）作为质量控制标准，将这些质控物质与样品一起送进中国原子能研究院的反应堆中，在中子注量率为$2.6\times10^{13}cm^{-2}\cdot s^{-1}$的条件下照射24h，冷却6—7天后分装并进行第一轮能谱的测量，测量的活时间为2000s，18—20天后进行第2轮能谱测量，测量的活时间为3000秒。经过对能谱的分析，给出各元素的含量。质控物质的分析结果表明（如表6所示），Ce、Nd、Eu、Tb、Yb、Lu、Hf、Ta、Th、Sc、Fe、Co、Rb、Sr、Zr、Cs和Ba等元素的分析结果令人满意。

表 6　**标准参考物质 GBW07103 的标准值和实验值**　（μg/g）

元素（elements）	Ce	Nd	Eu	Tb	Yb	Lu	Hf	Ta
标准值（certified values）	108 ±11	47 ±5	0. 85 ±0. 10	1. 65 ±0. 13	7. 4 ±0. 7	1. 15 ±0. 12	6. 3 ±08	7. 2 ±0. 7
实验值（test values）	104. 3 ±6. 7	25. 0 ±16. 4	1. 02 ±0. 33	1. 37 ±0. 26	7. 16 ±2. 00	0. 86 ±0. 23	6. 61 ±1. 52	5. 28 ±2. 33

元素（elements）	Th	Sc	Fe	Co	Rb	Sr	Zr	Cs	Ba
标准值（certified values）	54 ±4	6. 1 ±0. 6	21400 ±800	3. 4 ±1. . 0	466 ±26	106 ±9	167 ±14	38. 4 ±1. 5	343 ±45
实验值（test values）	38. 9 ±11. 8	10. 2 ±5. 4	15244 ±1639	3. 28 ±1. 62	380 ±181	135 ±27	318 ±115	28. 1 ±12. 9	460 ±48

二　结果与讨论

样品分析结果如表7所示。通过分析数据，发现同一文化期的青白瓷样品中微量元素含量数值都具有一定的离散性，而不同时期样品中各微量元素的含量数值具有不同离散性，它们各自在一定的范围内变化（图七六至图七九）。按照元素在不同时期样品中离散性的大小及其变化规律，可将它们分成两种类型：一类元素的含量数值离散性随时间逐渐增大，如Rb、Cs、Fe、Co、Ba和Hf等。在五代这类元素的含量稳定，其数值变化范围很小，但进入北宋特别是北宋中期后其含量变化范围很宽，离散性增大；另一类元素的含量数值从五代至北宋中期的离散性都很大，没有明显的变化规律或趋势，如Nd、Yb、Lu和Zr等。

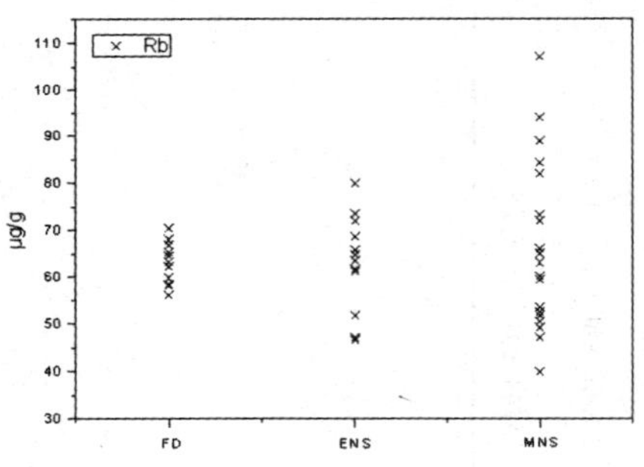

图七六　Rb元素含量的时代分布图

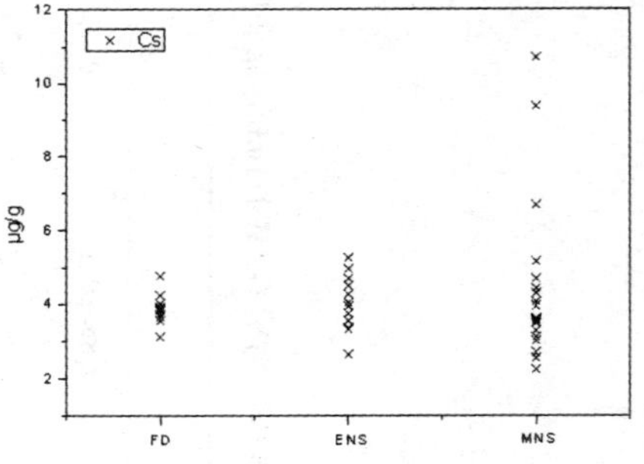

图七七　Cs元素含量的时代分布图

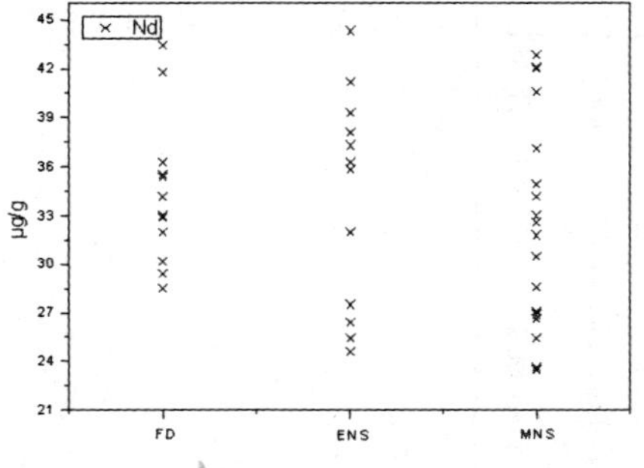

图七八　Nd元素含量的时代分布图

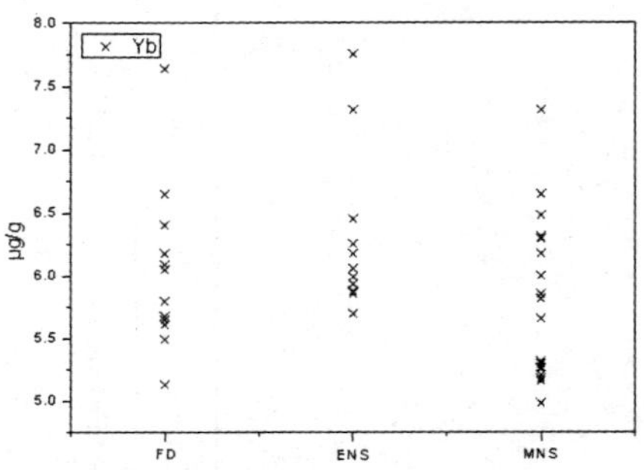

图七九　Yb元素含量的时代分布图

表 7　**繁昌窑青白瓷胎微量元素化学组成**　(μg/g)

样品编号	原始编号	Ce	Nd	Eu	Tb	Yb	Lu	Hf	Ta	Th	Sc	Cr	Fe	Co	Rb	Sr	Zr	Cs	Ba
FD1	T95⑪：7	115.00	33.00	0.52	0.80	5.65	0.76	7.26	2.74	49.30	4.21	3.82	5620	1.79	65.30	148.00	250	3.65	130
FD2	T95⑪：6	120.00	32.90	0.53	0.89	5.68	0.77	7.34	2.87	50.80	4.27	5.93	5820	1.79	66.90	130.00	311	3.89	149
FD3	T95⑪：3	122.00	36.30	0.57	0.93	6.05	0.85	8.42	2.86	47.70	7.28	6.86	6430	1.48	58.00	149.00	290	3.80	196
FD4	T95⑪：2	113.00	28.50	0.47	0.90	6.09	0.81	7.95	3.31	48.10	6.07	6.36	5670	1.46	58.30	149.00	234	3.10	196
FD5	T95⑩：7	116.00	32.00	0.44	0.88	5.13	0.67	7.59	2.85	51.90	4.26	5.34	5830	1.46	59.80	101.00	245	3.65	181
FD6	T95⑩：4	125.00	35.50	0.53	0.91	5.80	0.79	7.91	2.94	52.70	4.50	7.10	5950	1.81	63.30	135.00	262	3.84	177
FD7	T95⑩：3	129.00	43.40	0.61	1.08	6.65	0.88	8.13	3.22	53.70	4.49	5.46	6380	2.33	62.10	56.00	345	4.02	146
FD8	T95⑩：1	123.00	35.40	0.52	1.00	5.61	0.78	7.79	2.87	51.60	4.31	5.87	5950	1.80	63.20	119.00	393	3.71	144
FD9	T95⑨：10	119.00	30.20	0.48	0.94	6.18	0.85	8.28	3.69	49.60	5.40	9.88	8240	1.92	64.40	130.00	343	3.92	168
FD10	T95⑨：8	120.00	41.80	0.85	1.64	7.64	1.01	7.47	3.27	42.10	12.10	3.73	5220	1.43	56.00	198.00	401	3.56	169
FD11	T95⑨：7	94.40	29.40	0.50	0.85	5.49	0.75	7.30	3.19	46.80	4.47	6.18	5460	1.04	70.40	92.60	302	4.25	152
FD12	T95⑨：1	109.00	34.20	0.57	0.98	6.40	0.86	8.01	3.23	50.50	5.97	7.29	7490	1.58	68.00	61.90	290	4.77	177
ENS1	T95⑧：10	105.00	24.60	0.46	0.82	5.86	0.79	7.88	3.21	51.00	5.29	10.60	9560	1.81	79.90	125.00	353	4.97	139
ENS2	T95⑧：9	122.00	36.30	0.49	0.78	5.99	0.80	8.12	3.27	56.40	4.80	4.66	7270	1.72	72.00	126.00	320	4.72	158

续表

样品编号	原始编号	Ce	Nd	Eu	Tb	Yb	Lu	Hf	Ta	Th	Sc	Cr	Fe	Co	Rb	Sr	Zr	Cs	Ba
ENS3	T95⑧：7	129.00	39.30	0.55	0.95	6.18	0.80	8.00	3.02	53.80	4.56	8.17	6110	1.95	61.30	89.10	363	4.04	143
ENS4	T95⑧：2	125.00	35.80	0.57	0.89	6.06	0.78	8.16	3.03	53.60	4.52	5.82	6140	1.81	65.70	130.00	405	3.75	123
ENS5	T95⑦：9	112.00	26.40	0.49	0.93	5.87	0.80	7.81	3.25	49.90	5.51	8.53	6560	1.31	46.70	200.00	333	2.64	155
ENS6	T95⑦：6	121.00	27.50	0.55	1.04	6.26	0.85	7.94	3.38	55.90	4.61	5.15	6170	1.27	47.20	195.00	297	3.30	157
ENS7	T95⑦：4	130.00	37.30	0.58	0.99	5.99	0.81	8.40	3.13	54.20	4.68	6.09	6160	1.71	64.80	138.00	340	3.95	156
ENS8	T95⑦：1	124.00	38.10	0.71	1.44	7.31	1.02	7.96	2.83	47.60	13.10	11.20	10300	2.49	61.80	273.00	348	4.27	118
ENS9	T95⑥：9	129.00	44.30	0.91	1.88	7.76	1.03	7.70	3.32	45.00	12.70	5.28	5490	1.66	63.50	191.00	283	3.33	110
ENS10	T95⑥：8	103.00	32.00	0.48	0.83	5.70	0.75	7.95	3.08	48.20	5.25	7.96	6870	1.34	68.70	91.80	293	4.51	172
ENS11	T95⑥：4	116.00	25.40	0.50	1.11	6.45	0.85	8.00	3.18	44.20	6.77	5.56	6280	2.41	51.70	113.00	255	3.53	108
ENS12	T95⑥：1	125.00	41.20	0.64	0.94	5.93	0.83	7.98	3.35	58.00	4.02	4.44	5950	0.94	73.40	77.30	337	5.28	176
MNS1	T95⑤：9	123.00	26.60	0.62	0.77	5.18	0.72	6.75	2.75	42.20	4.79	5.41	7190	3.79	52.50	171.00	271	3.54	153
MNS2	T95⑤：7	113.00	23.50	0.43	0.88	5.85	0.77	7.43	3.06	46.80	5.34	5.54	5310	1.05	49.20	147.00	380	2.70	130
MNS3	T95⑤：3	115.00	33.00	0.47	0.76	5.16	0.68	7.25	2.54	47.60	4.17	4.45	5730	1.58	53.60	52.70	309	3.28	128
MNS4	T95⑤：2	107.00	30.50	0.54	0.83	5.85	0.80	7.68	3.15	51.20	4.93	9.58	6690	1.45	63.10	146.00	347	4.72	203
MNS5	T95④：8	109.00	34.90	0.45	0.84	5.27	0.73	7.24	2.94	46.10	4.59	3.51	4350	0.78	40.00	170.00	245	2.25	137

续表

样品编号	原始编号	Ce	Nd	Eu	Tb	Yb	Lu	Hf	Ta	Th	Sc	Cr	Fe	Co	Rb	Sr	Zr	Cs	Ba
MNS6	T95④：6	101.00	32.60	0.50	0.82	5.30	0.71	7.15	3.26	45.40	4.17	3.85	5590	1.49	65.00	122.00	224	3.96	132
MNS7	T95④：4	125.00	40.60	0.94	1.48	6.65	0.90	6.80	2.83	44.00	7.66	3.41	8070	1.16	73.30	170.00	217	3.60	121
MNS8	T95④：2	110.00	25.40	0.50	1.01	6.00	0.82	7.91	2.75	40.70	6.29	5.63	5810	2.39	47.00	119.00	241	3.10	98
MNS9	T95③：8	110.00	37.10	0.71	1.15	5.21	0.79	7.17	2.97	42.80	7.15	7.61	6420	1.66	60.10	150.00	303	3.47	119
MNS10	T95③：7	124.00	42.10	0.58	1.19	6.18	0.87	7.55	2.90	43.80	6.60	4.00	5760	1.50	59.30	133.00	289	4.07	149
MNS11	T95③：2	100.00	31.80	0.54	0.99	5.66	0.76	7.34	2.82	45.20	6.01	8.09	7090	1.49	66.20	87.00	303	4.43	150
MNS12	T95③：1	99.60	27.10	0.44	0.77	4.98	0.68	6.90	2.96	44.50	3.77	2.44	4800	1.87	51.80	134.00	257	3.58	99
MNS13	T95②：10	132.00	42.00	0.78	1.27	6.31	0.81	8.16	3.23	42.10	7.88	6.31	7170	1.46	82.00	119.00	374	5.16	178
MNS14	T95②：8	128.00	28.60	0.45	0.90	5.32	0.76	7.24	3.12	49.80	4.06	5.19	8270	1.58	84.30	130.00	297	4.29	158
MNS15	T95②：5	136.00	40.60	0.83	1.30	5.82	0.82	7.77	3.12	43.20	7.98	7.77	7270	1.45	88.90	88.00	260	5.18	141
MNS16	T95②：1	130.00	34.20	0.58	1.07	6.30	0.82	7.84	3.35	49.70	6.48	4.58	4820	1.02	39.90	190.00	373	2.56	132
MNS17	T95①：7	123.00	26.90	0.49	0.78	5.26	0.73	7.27	2.95	42.20	4.62	4.30	7270	3.01	94.10	122.00	259	9.39	126
MNS18	T95①：4	132.00	23.60	0.45	0.74	5.66	0.78	8.15	2.93	40.90	5.78	6.70	9470	4.02	107.00	104.00	391	10.70	194
MNS19	T95①：3	120.00	42.80	0.76	1.34	6.48	0.89	8.65	3.13	40.60	8.58	7.04	7170	1.84	71.90	175.00	425	6.68	236
MNS20	T95①：1	122.00	42.00	0.84	1.73	7.31	1.03	7.49	2.86	41.60	11.70	6.89	5190	1.52	50.50	140.00	339	3.00	166

为检验五代时期、北宋早期和北宋中期这三个不同阶段样品中各元素含量变化的显著程度，使用SPSS统计软件对所有元素进行显著性检验，发现元素Yb和Ta在北宋早期和北宋中期之间存在显著差异，而元素Hf和Th在五代时期、北宋早期和北宋中期之间皆存在显著差异。

此外，为全面了解不同时代各元素含量的变化规律，计算了五代时期、北宋早期和北宋中期古瓷样品中各元素含量的平均值和标准偏差值（如表8所示），并将含量平均值大小相近的元素制成图（图八〇至图八三），发现这些元素含量平均值的变化大致可分为两种主要类型：一类是先升后降趋势，五代时期含量较低，北宋早期呈上升趋势，至北宋中期又稍微下降，如Hf、Th、Yb、Ta、Ce、Tb、Lu、Sc等，本文中大多数元素平均含量的变化情况都属于这种类型；另一类元素如Rb、Fe、Eu、Cs和Co等，它们的平均含量从五代至北宋中期逐渐上升，具有一定的时代特征。此外，元素Fe的平均含量从五代至北宋中期单调上升，Fe在瓷胎中不仅可作为助熔剂使用，更是一种主要的呈色元素，它在瓷胎中含量的上升与繁昌窑青白瓷胎色由白变为灰青是相一致的。

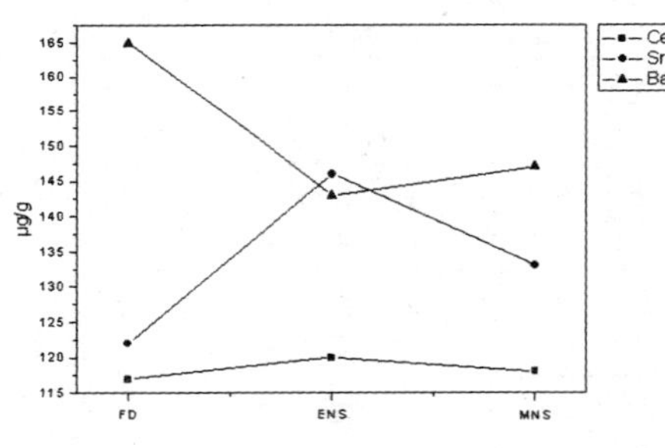

图八〇　Ce、Sr等元素含量平均值图

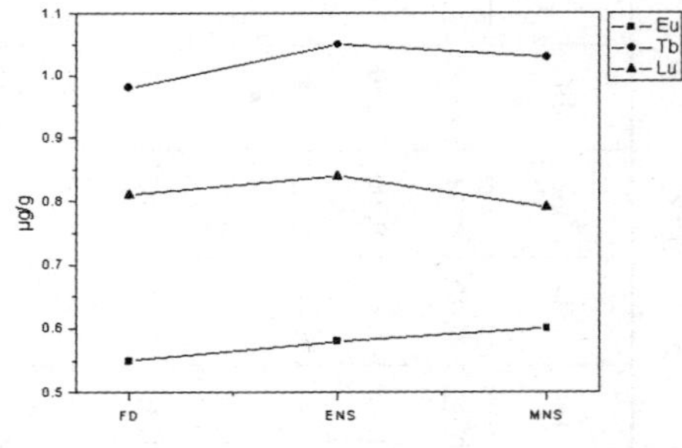

图八一　Eu、Tb等元素含量平均值图

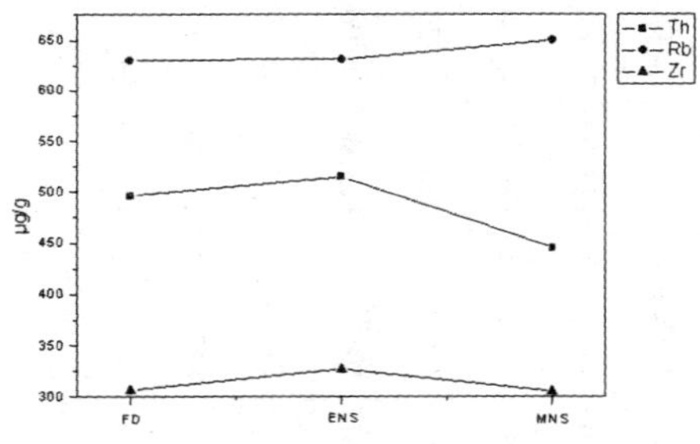

图八二　Th、Rb等元素含量平均值图

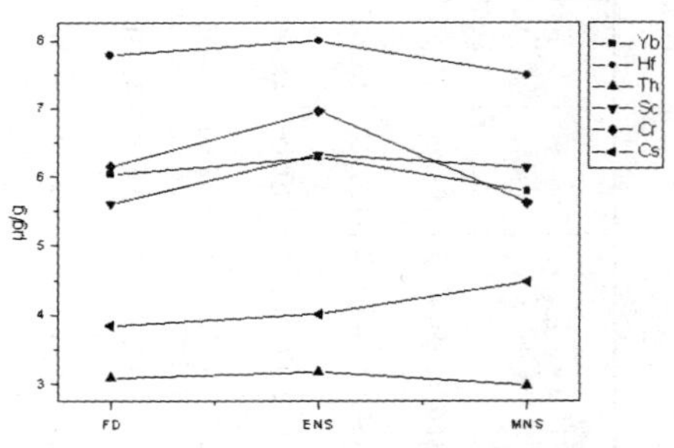

图八三　Yb、Hf等元素含量平均值图

表 8　不同时期瓷胎中微量元素的平均值和标准偏差值

（μg/g）

年代	Ce	Nd	Eu	Tb	Yb	Lu	Hf	Ta	Th
FD	117 ±9	34 ±5	0. 55 ±0. 11	0. 98 ±0. 22	6. 03 ±0. 66	0. 81 ±0. 09	7. 79 ±0. 39	3. 09 ±0. 28	49. 6 ±3. 1
ENS	120 ±9	34 ±7	0. 58 ±0. 13	1. 05 ±0. 31	6. 28 ±0. 63	0. 84 ±0. 09	7. 99 ±0. 18	3. 17 ±0. 16	51. 5 ±4. 5
MNS	118 ±11	33 ±7	0. 60 ±0. 16	1. 03 ±0. 28	5. 79 ±0. 61	0. 79 ±0. 08	7. 49 ±0. 49	2. 98 ±0. 20	44. 5 ±3. 2
年代	Sc	Cr	Fe	Co	Rb	Sr	Zr	Cs	Ba
FD	5. 61 ±2. 26	6. 15 ±1. 63	6172 ±876	1. 66 ±0. 32	63. 0 ±4. 4	122 ±40	306 ±56	3. 85 ±0. 40	165 ±21
ENS	6. 32 ±3. 15	6. 96 ±2. 29	6300 ±496	1. 70 ±0. 45	63. 1 ±10. 3	146 ±58	327 ±40	4. 02 ±0. 77	143 ±23
MNS	6. 13 ±1. 97	5. 62 ±1. 85	6472 ±1323	1. 81 ±0. 86	65. 0 ±18. 5	133 ±34	305 ±61	4. 48 ±2. 18	147 ±35

分别对所测元素含量数值做比值分布图，发现元素 Cs 与 Rb、Rb 与 Fe、Eu 与 Co、Tb 与 Yb 等比值图可以较为清楚地反映三个不同时期元素分布的特点（图八四至图八七）。以 Cs 和 Rb 元素比值图为例，从图上可以看出，五代时期的样品中 Cs 和 Rb 的含量数据点集中分布于一个小的区域，比值变化范围小，含量稳定；北宋早期的样品中 Cs 和 Rb 的含量数据点分布范围有所扩大，但仍以五代时期的分布区域为中心，变化幅度不大；北宋中期是繁昌窑瓷业生产的衰落时期，其样品中 Cs 和 Rb 的含量分布范围明显扩大，虽然仍以五代和北宋早期 Cs 和 Rb 含量分布范围为中心，但已有较多样品数据点远离中心分布区域。其余元素含量比值图情况也基本类似。

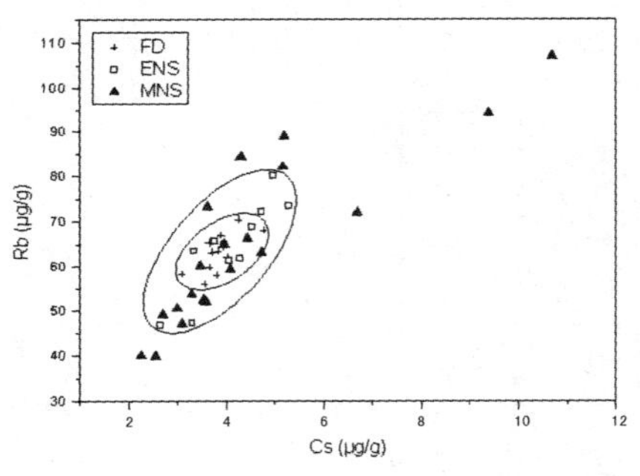

图八四 Cs、Rb 元素含量比值图

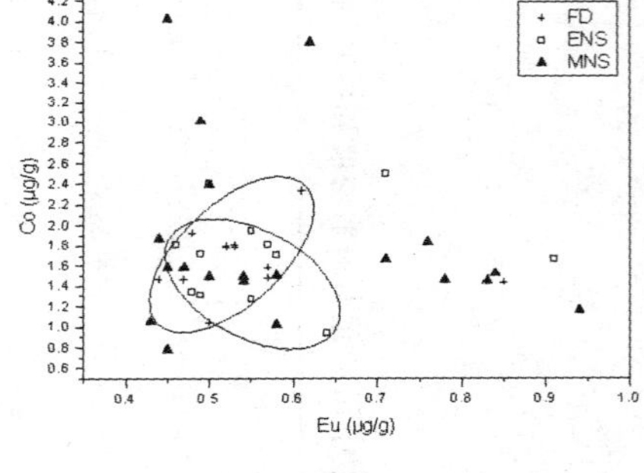

图八五 Eu、Co 元素含量比值图

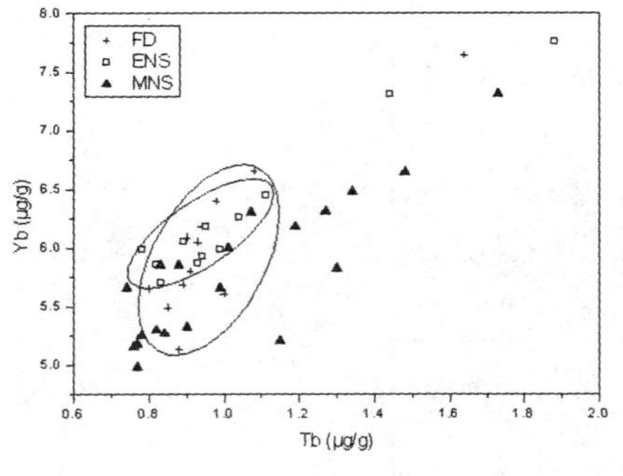

图八六 Tb、Yb 元素含量比值图

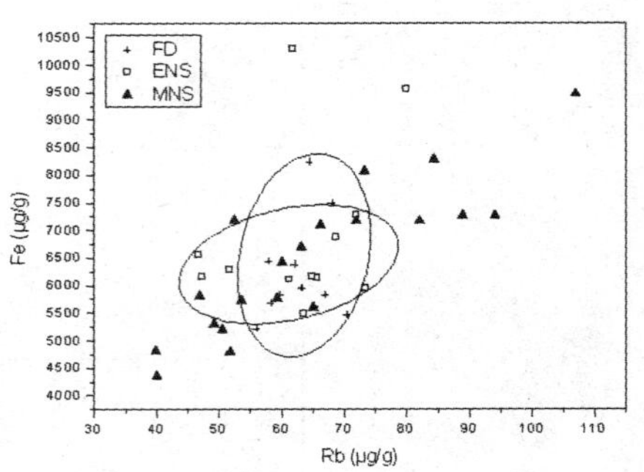

图八七 Rb、Fe 元素含量比值图

从上述分析来看，繁昌窑三个不同文化期的青白瓷胎体中微量元素含量差异明显存在，但从其平均值的变化来看，这种差异还不非常悬殊，这应与同一地区制瓷原料本身所含微量元素变化较小有关。多元统计方法可以方便地处理大批量的复杂信息资料，揭示多个变量之间的相互关系，目前在古陶瓷科技考古领域已经得到了广泛的应用。其中，主成分分析（Primary Component Analysis，PCA）是将多个分析变量转换成不相关的少数几个线性综合指标来反映事物的内在联系。① 为进一步研究不同时期繁昌窑青白瓷微量元素组成的特征和差异，应用PCA方法对样品实验数据进行统计处理，提取两个主因子Factor 1和Factor 2，分析结果如图八八所示。从图中可以看出，繁昌窑瓷胎可明显分为三组，分别与五代时期、北宋早期和北宋中期相对应，其中五代时期与北宋早期组成较为接近，中心分布区域相重合，而北宋中期样品数据点分布已非常分散，这与元素比值图所反映的结果是一致的。

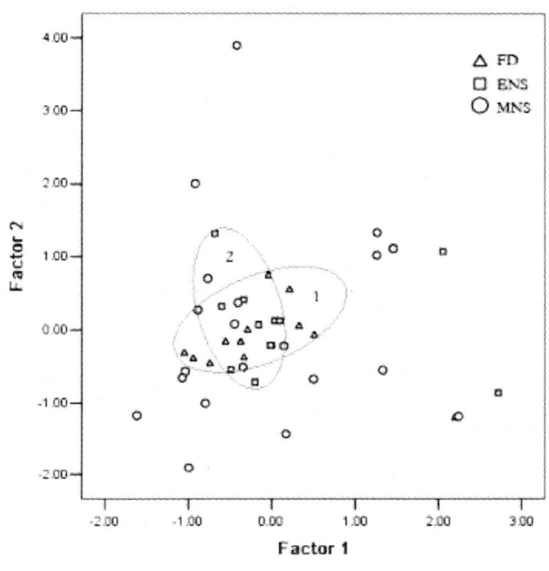

图八八　繁昌窑瓷胎微量元素含量PCA散点图

综上所述，繁昌窑青白瓷胎中微量元素含量在五代时期、北宋早期和北宋中期这三个不同阶段有着显然的不同。一般而言，古瓷中微量元素差异形成的原因主要与制瓷原料的改变有关，而与制瓷工艺过程本身关系不大，从以上分析来看，五代时期和北宋早期，繁昌窑瓷胎中微量元素含量基本稳定，变化范围较小，说明其制瓷原料来源或胎料配方未发生明显改变，而到繁昌窑开始衰落的北宋中期时，瓷胎中微量元素组成与前两个阶段区别明显，且变化范围很大，含量很不稳定，这应是北宋中期繁昌窑制瓷原料或胎料配方发生了较大改变造成的，而这也可能是造成繁昌窑北宋中期迅速衰落的主要原因。

① 陈铁梅：《定量考古学》，北京大学出版社2005年版，第212—237页。

三　结论

综合上述讨论，我们可得出以下初步结论：

根据不同时期样品中微量元素含量的离散性变化规律，繁昌窑青白瓷胎中所含微量元素分为两个类型：一类元素如 Rb、Cs、Fe、Co、Ba 和 Hf 等，其含量数值离散性随时间逐渐增大；另一类元素如 Nd、Yb、Lu 和 Zr 等，其含量数值的离散性没有明显的变化规律。同时，根据不同时期样品中微量元素含量平均值的变化情况，所测瓷胎中微量元素也大致可分为两个主要类型：一类元素如 Hf、Th、Yb、Ta、Ce、Tb、Lu、Sc 等，其平均值的变化情况是先升后降；另一类如 Rb、Fe、Eu、Cs 和 Co 等元素，其平均含量从五代至北宋中期逐渐上升。显著性检验表明，元素 Yb 和 Ta 在北宋早期和北宋中期之间存在显著差异，而元素 Hf 和 Th 在五代、北宋早期和北宋中期皆存在显著差异，年代特征明显。Cs、Rb 等元素的比值分析和所测微量元素的 PCA 分析同时表明，繁昌窑青白瓷胎中微量元素含量在五代时期、北宋早期时较为稳定，变化幅度小，而北宋中期时微量元素组成发生了明显改变，且含量极不稳定，变化范围大，结合陶瓷工艺学的原理分析，这种变化表明北宋中期时繁昌窑青白瓷制作原料来源或胎料配方工艺发生重大变化，而这也可能是造成繁昌窑北宋中期突然衰落的主要原因。

第三节　繁昌窑青白瓷胎主量元素组成的XRF分析

X 射线荧光光谱法（X-Ray Fluorescence，XRF）应用于考古学研究，国外开展较早，20 世纪 50 年代中期始已有应用，国内约始于 20 世纪 80 年代。[①] 由于该方法具有许多自身独特的优点如分析速度快，检出限低，

① 李士、秦广雍：《现代实验技术在考古学中的应用》，科学出版社 1991 年版，第 236 页。

分析元素多，制样简单等，近年来在国内考古学研究中得到了广泛应用①。繁昌窑虽然早在五代时期（907—960）已创烧青白瓷，然而，短短百余年后的北宋中期（1023—1085），繁昌窑便从首创青白瓷的辉煌中迅速衰落。景德镇窑青白瓷继之而起，并以其胎质细腻、釉色纯正等特征而成为中国古代青白瓷的代表。繁昌窑青白瓷自五代创烧至北宋中期衰落仅百余年，对其衰落原因，学术界以往多从社会环境变革等角度出发展开讨论，但至今未有较为一致的确切结论②。上文从微量元素角度对繁昌窑不同时代样品进行了分析，发现制瓷原料或胎料配方工艺的改变可能是北宋中期衰落的主要原因，本文通过分析繁昌窑青白瓷胎的主量元素化学组成，从制瓷工艺角度对其衰落原因及工艺演变等问题展开进一步研究，以期得出一个比较科学的结论。

一　实验

（一）实验样品

实验所用样品与中子活化分析所用样品相同，样品特征见表5。

（二）分析方法

实验采用波长色散X射线荧光光谱法（Wave Disperse X-Ray Fluorescence，WDXRF）对样品的成分进行了测试。WDXRF定量分析根据制样方法不同分为磨片法、粉末压片法和熔融玻璃片法三种，其中，后者耗样量少，能有效降低或消除样品的基体效应，比前两种方法具有更好的精确度和准确度，更适宜于古陶瓷的主次量元素测定。③ 此外，重复测量实验也证

① a. 周少华、付略、梁宝鎏：《EDXRF微量元素分析在文物断源断代中的研究》，《光谱学与光谱分析》2008年第28卷第5期。

b. 谢国喜、冯松林、冯向前等：《北京毛家湾出土古瓷产地的XRF分析研究》，《核技术》2007年第30卷第4期。

c. 朱剑、毛振伟、张仕定等：《古陶瓷的XRF熔融玻璃片法测定》，《中国科学技术大学学报》2006年第36卷第10期。

② a. 王业友：《繁昌瓷窑址调查纪要》，《文物研究》1988年总第4期。

b. 胡悦谦：《安徽江南地区的繁昌窑》，《东南文化》1994年增刊1号。

③ 陈铁梅、王建平：《古陶瓷的成分测定、数据处理和考古解释》，《文物保护与考古科学》2003年第15卷第4期。

明，运用该种方法制得的熔片中元素分布均匀性好，元素测量的精密度高，可以确保测试数据的可靠性，本次实验即采用此种方法。① WDXRF 测定在中国科学技术大学合肥微尺度物质科学国家实验室（筹）进行。实验仪器为日本岛津公司生产的 XRF-1800 型波长色散型 X 射线荧光光谱仪，实验条件为：管压 40kV，管流 70mA，束斑直径 3mm。样品前处理与中子活化分析所用样品处理程序相同。准确称取 0.75g 样品粉末，5.6g 无水 $Li_2B_4O_7$ 和 0.4gLiF，倒入坩埚中均匀混合，再加入数滴 3% LiBr 溶液，烘干后置于 Shimadzu 熔样机中在 1050℃—1100℃温度下熔融样品，将熔好的样品冷却后，送入 X 荧光光谱仪内测定。测试条件见表 9。真空光路，衰减器关闭。

表 9　　繁昌窑青白瓷主量元素 XRF 法测定条件

元素	分析线	管流（mA）	管压（kV）	分析晶体	探测器	2θ/（°）	PHA	计数时间/s
Fe	Kα	70	40	LiF	SC	57.500	25—90	20
Mn	Kα	70	40	LiF	SC	62.980	30—80	40
Ti	Kα	70	40	LiF	SC	86.140	25—85	40
Ca	Kα	70	40	LiF	FPC	113.200	30—85	20
K	Kα	70	40	LiF	FPC	136.700	25—85	20
P	Kα	70	40	Ge	FPC	140.960	25—85	40
Si	Kα	70	40	PET	FPC	108.880	25—90	20
Al	Kα	70	40	PET	FPC	144.620	25—95	20
Na	Kα	70	40	TAP	FPC	55.100	30—90	100
Mg	Kα	70	40	TAP	FPC	45.120	30—85	100

二　结果与讨论

本次实验共测定主量元素 10 个，分别为 Si、Al、K、Na、Ca、Mg、Fe、Ti、Mn 和 P。测试结果如表 10 所示。不同时期古瓷样品中元素含量的平均值和标准偏差值如表 11 所示。为研究不同时期瓷胎样品中主量元素含量的分布特点，首先计算各元素在不同时期的离散程度，并作各元素氧化物含量

① 朱剑、毛振伟、张仕定等：《古陶瓷的 XRF 熔融玻璃片法测定》，《中国科学技术大学学报》2006 年第 36 卷第 10 期。

表 10　繁昌窑青白瓷瓷胎主量元素化学组成　（wt%）

样品编号	原始编号	Fe_2O_3	TiO_2	MnO	K_2O	Na_2O	CaO	MgO	SiO_2	Al_2O_3	P_2O_5	Total
FD1	T95⑪：7	0.88	0.159	0.023	1.48	0.86	0.39	0.64	70.05	24.18	0.033	98.70
FD2	T95⑪：6	0.89	0.155	0.023	1.56	0.87	0.33	0.61	68.92	24.27	0.027	97.66
FD3	T95⑪：3	0.90	0.159	0.040	1.21	1.18	0.36	0.60	68.24	23.38	0.025	96.09
FD4	T95⑪：2	0.81	0.169	0.039	1.22	1.05	0.36	0.50	70.16	21.40	0.033	95.74
FD5	T95⑩：7	0.83	0.150	0.040	1.36	1.12	0.30	0.59	71.61	23.13	0.033	99.16
FD6	T95⑩：4	0.86	0.154	0.027	1.36	0.87	0.40	0.71	70.05	24.28	0.046	98.76
FD7	T95⑩：3	0.90	0.147	0.013	1.30	0.67	0.37	0.70	68.56	23.28	0.025	95.97
FD8	T95⑩：1	0.85	0.144	0.025	1.36	0.82	0.38	0.65	68.82	22.69	0.030	95.77
FD9	T95⑨：10	1.18	0.208	0.023	1.34	1.87	0.37	0.52	67.12	22.64	0.035	95.31
FD10	T95⑨：8	0.74	0.197	0.020	1.50	2.21	0.24	0.48	69.27	21.04	0.041	94.74
FD11	T95⑨：7	0.76	0.163	0.044	1.64	2.04	0.47	0.55	72.86	18.89	0.040	97.46
FD12	T95⑨：1	1.06	0.177	0.026	1.50	0.76	0.41	0.63	70.38	21.95	0.033	96.93
ENS1	T95⑧：10	1.37	0.184	0.034	1.64	0.81	0.35	0.58	68.34	22.79	0.029	96.13
ENS2	T95⑧：9	0.99	0.160	0.029	1.51	0.69	0.50	0.57	67.45	23.60	0.031	95.53
ENS3	T95⑧：7	0.86	0.145	0.024	1.38	0.84	0.38	0.68	68.58	23.11	0.030	96.03
ENS4	T95⑧：2	0.83	0.148	0.023	1.46	0.81	0.39	0.65	69.41	22.79	0.031	96.54
ENS5	T95⑦：9	0.96	0.189	0.033	1.05	1.72	0.45	0.48	68.65	24.17	0.032	97.73

续表

样品编号	原始编号	Fe_2O_3	TiO_2	MnO	K_2O	Na_2O	CaO	MgO	SiO_2	Al_2O_3	P_2O_5	Total
ENS6	T95⑦：6	0. 86	0. 176	0. 027	1. 17	2. 08	0. 39	0. 49	68. 06	22. 78	0. 032	96. 07
ENS7	T95⑦：4	0. 87	0. 147	0. 024	1. 40	0. 82	0. 36	0. 67	69. 32	22. 97	0. 028	96. 61
ENS8	T95⑦：1	1. 42	0. 185	0. 024	1. 38	1. 76	0. 74	0. 66	66. 71	23. 35	0. 039	96. 27
ENS9	T95⑥：9	0. 76	0. 201	0. 025	1. 36	2. 29	0. 36	0. 47	70. 30	21. 08	0. 041	96. 89
ENS10	T95⑥：8	0. 96	0. 161	0. 035	1. 45	1. 07	0. 36	0. 51	71. 31	20. 70	0. 028	96. 58
ENS11	T95⑥：4	0. 87	0. 163	0. 024	1. 16	1. 60	0. 34	0. 51	72. 76	19. 42	0. 031	96. 88
ENS12	T95⑥：1	0. 85	0. 180	0. 048	1. 54	2. 12	0. 29	0. 56	71. 48	20. 68	0. 023	97. 77
MNS1	T95⑤：9	1. 05	0. 173	0. 030	1. 30	0. 91	0. 51	0. 54	72. 52	19. 31	0. 048	96. 39
MNS2	T95⑤：7	0. 79	0. 180	0. 025	1. 18	1. 73	0. 40	0. 45	68. 78	23. 29	0. 033	96. 86
MNS3	T95⑤：3	0. 85	0. 145	0. 031	1. 42	0. 85	0. 35	0. 63	70. 50	22. 56	0. 032	97. 37
MNS4	T95⑤：2	1. 02	0. 196	0. 039	1. 53	1. 83	0. 37	0. 51	70. 00	22. 84	0. 033	98. 37
MNS5	T95④：8	0. 66	0. 173	0. 041	0. 99	2. 65	0. 43	0. 43	72. 56	20. 18	0. 66	98. 12
MNS6	T95④：6	0. 84	0. 170	0. 033	1. 51	1. 07	0. 42	0. 60	70. 80	21. 52	0. 84	96. 96
MNS7	T95④：4	1. 21	0. 179	0. 012	1. 75	1. 65	0. 31	0. 55	70. 27	20. 75	0. 02	96. 70
MNS8	T95④：2	0. 86	0. 165	0. 024	1. 17	1. 62	0. 31	0. 51	72. 77	19. 51	0. 027	96. 97
MNS9	T95③：8	0. 96	0. 190	0. 032	1. 39	1. 39	0. 25	0. 50	72. 78	19. 83	0. 024	97. 35
MNS10	T95③：7	0. 85	0. 179	0. 028	1. 48	1. 59	0. 38	0. 62	68. 68	22. 68	0. 026	96. 51

续表

样品编号	原始编号	Fe_2O_3	TiO_2	MnO	K_2O	Na_2O	CaO	MgO	SiO_2	Al_2O_3	P_2O_5	Total
MNS11	T95③：2	1.05	0.183	0.027	1.51	0.55	0.31	0.54	70.17	21.91	0.031	96.28
MNS12	T95③：1	0.72	0.162	0.028	1.24	1.23	0.33	0.53	71.43	20.40	0.024	96.09
MNS13	T95②：10	1.05	0.217	0.069	1.87	1.61	0.28	0.68	70.06	20.37	0.027	96.23
MNS14	T95②：8	1.20	0.189	0.034	1.91	1.38	0.36	0.70	71.15	19.61	0.030	96.56
MNS15	T95②：5	1.06	0.220	0.069	1.87	1.18	0.26	0.68	71.21	20.67	0.028	97.25
MNS16	T95②：1	0.72	0.198	0.024	1.08	2.62	0.24	0.35	71.39	20.86	0.020	97.50
MNS17	T95①：7	1.11	0.174	0.042	2.30	1.92	0.36	0.60	73.00	18.14	0.026	97.67
MNS18	T95①：4	1.40	0.190	0.037	2.80	0.99	0.39	0.70	72.31	18.80	0.025	97.64
MNS19	T95①：3	1.08	0.209	0.047	1.75	1.44	0.37	0.48	71.45	20.94	0.035	97.80
MNS20	T95①：1	0.80	0.208	0.025	1.32	2.23	0.34	0.50	71.15	21.20	0.039	97.81

表 11　繁昌窑各期青白瓷瓷胎主量元素含量的平均值及标准偏差　（wt%）

年代	Fe_2O_3	TiO_2	MnO	K_2O	Na_2O	CaO	MgO	SiO_2	Al_2O_3	P_2O_5
FD	0.89 ±0.12	0.17 ±0.02	0.03 ±0.01	1.40 ±0.13	1.19 ±0.54	0.37 ±0.06	0.60 ±0.07	69.67 ±1.54	22.59 ±1.58	0.030 ±0.007
ENS	0.97 ±0.21	0.17 ±0.02	0.03 ±0.01	1.38 ±0.17	1.38 ±0.60	0.41 ±0.12	0.57 ±0.08	69.36 ±1.79	22.29 ±1.29	0.031 ±0.005
MNS	0.96 ±0.19	0.19 ±0.02	0.04 ±0.01	1.57 ±0.44	1.52 ±0.55	0.35 ±0.07	0.56 ±0.10	71.15 ±1.27	20.77 ±1.39	0.033 ±0.006

的年代分布图（图八九至图九二），结果显示，K_2O 含量数值的离散性从五代到北宋中期逐渐增大，SiO_2和 Al_2O_3含量数值的离散性在北宋中期有减小的趋势，而剩余其他氧化物如 Fe_2O_3和 Na_2O 等含量数值的离散性的变化规律并不明显。

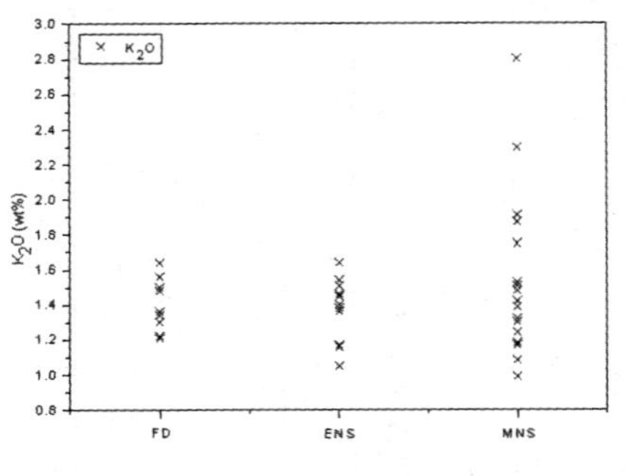

图八九　K_2O 含量的年代分布图

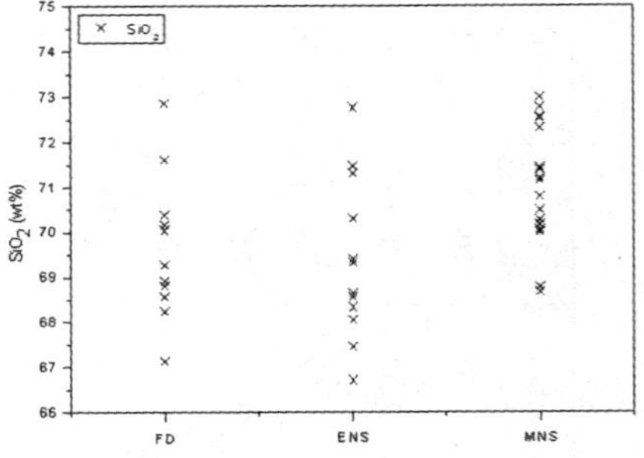

图九〇　SiO_2 含量的年代分布图

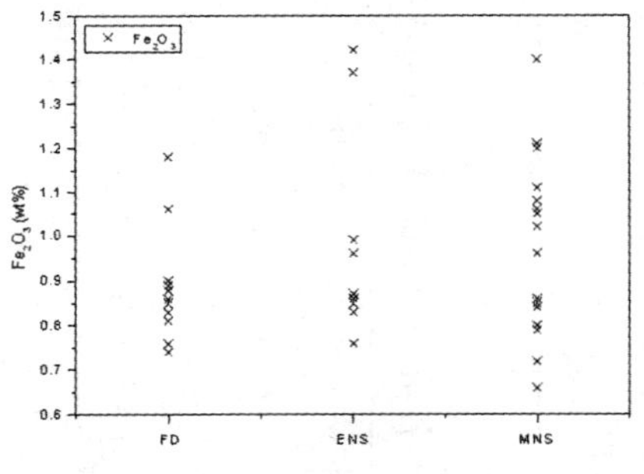

图九一　Fe_2O_3 含量的年代分布图

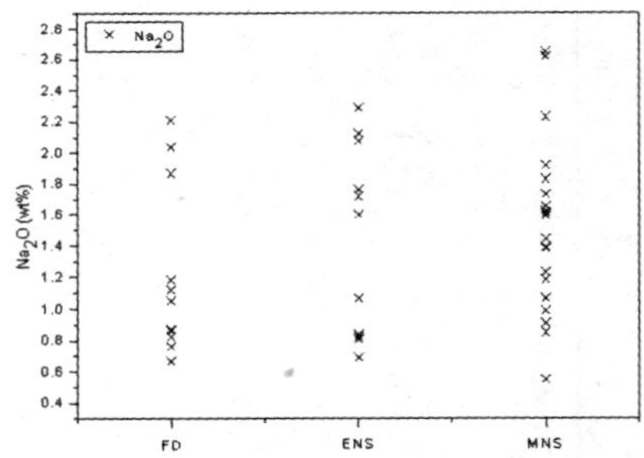

图九二　Na_2O 含量的年代分布图

为研究繁昌窑五代时期、北宋早期及北宋中期这三个不同阶段瓷胎中主量元素组成特点及其变化情况，分别作元素含量分布图、胎式图及主成分分析图（图九三至图九六），结果显示，五代与北宋早期繁昌窑青白瓷胎的主量元素组成基本相同，但北宋中期后，瓷胎中元素组成发生明显的改变。从上述分布图上可以发现，北宋早期样品数据点的分布范围与五代时期基本重合，这表明这两个时期样品的化学组成基本一致，但值得注意的是，在上述各分布图中，北宋早期样品数据点的分布范围都要略大于五代时期，这可能反映了在北宋早期的后段，繁昌窑青白瓷胎的主量元素组成已开始发生改变，只是变化幅度不大。进入北宋中期后，从上述各图中可以清楚地看到，虽仍有部分样品的数据点分布范围仍与五代和北宋早期时重叠，但多数样品已远离主体分布区域，且分布较为分散，这反映了北宋中期后繁昌窑瓷胎主量元素化学组成发生了显著的改变，且元素组成变得非常不稳定，变化范围很大。

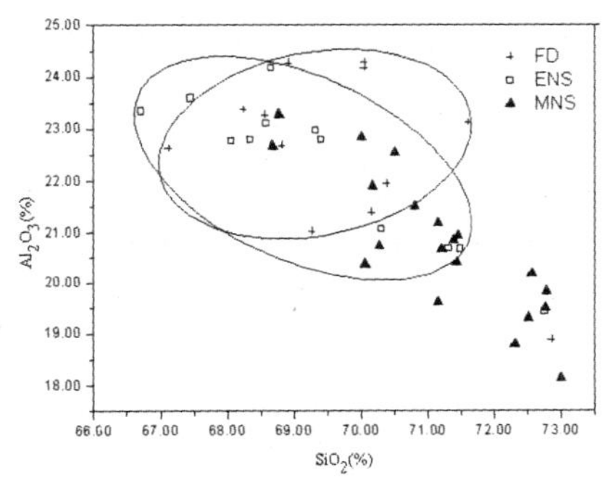

图九三　SiO_2、Al_2O_3 含量比值图

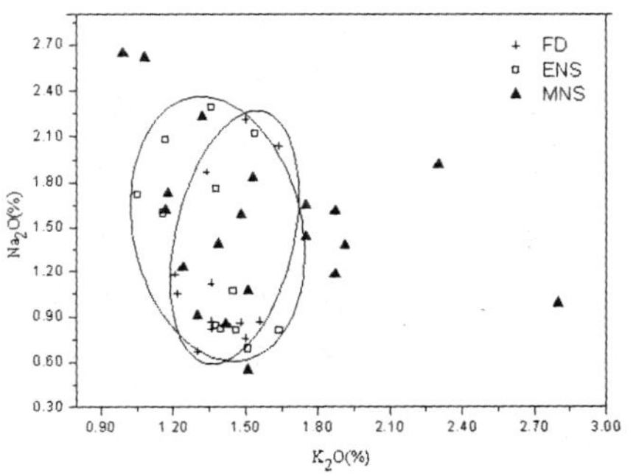

图九四　K_2O、Na_2O 含量比值图

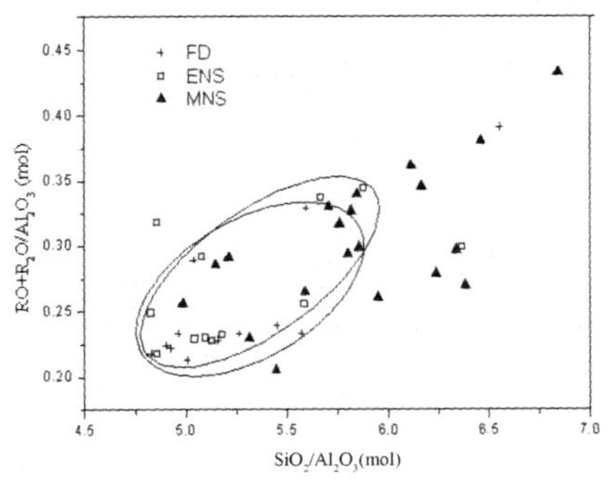

图九五　繁昌窑青白瓷胎式图

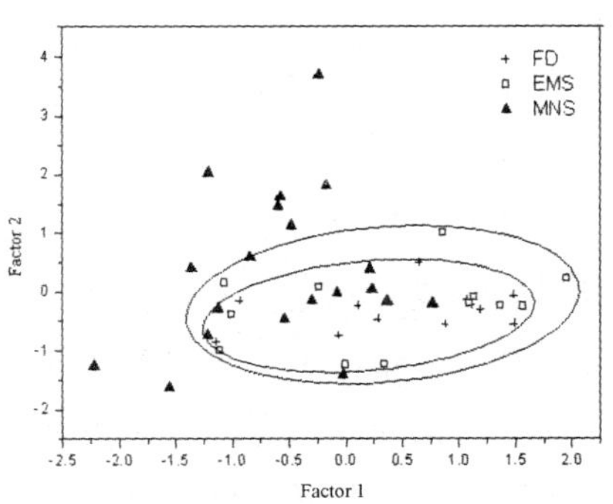

图九六　主量元素含量 PCA 散点图

表 11 是繁昌窑各期瓷胎中主量元素含量的平均值与标准偏差值，从表中可见，繁昌窑瓷胎主量元素化学组成随时代推移有非常明显的变化规律，从五代到北宋早期，各元素平均含量较为稳定，变化较小，但进入北宋中期后，各元素含量都发生了显著的变化：其中 SiO_2的含量从五代到北宋中期逐渐上升，其平均值从五代时的 69.67% 上升到北宋中期的 71.15%；而 Al_2O_3含量则不断下降，其平均值从五代时的 22.59% 降至北

宋中期时的20.77%；碱金属氧化物熔剂 K_2O 与 Na_2O 含量也不断上升，其平均值总量从五代时的2.59%上升到北宋中期的3.09%；碱土金属氧化物熔剂CaO和MgO总量平均值稍有下降，但变化幅度较小；主要致色元素Fe、Ti、Mn的总含量也不断上升，其中Fe元素变化最为明显，五代时铁含量较低，其平均含量仅0.89%，且标准偏差小，含量相对较稳定，到北宋中期时上升至0.96%，且变化范围也变宽。这里需要特别指出的是，Fe元素含量的平均值在五代时为0.89%，而北宋早期时是0.97%，甚至比北宋中期的0.96%还要高，似乎并不是逐渐上升的，但实际上，如果我们结合各期样品中 Fe_2O_3 含量的离散性分析（图九一），就会发现，五代和北宋早期大多数样品中 Fe_2O_3 含量的离散性较小，含量较为稳定，但由于所分析的这两个时期的样品中存在有少量 Fe_2O_3 含量异常高样品，从而大大提升了五代和北宋早期样品中 Fe_2O_3 含量的平均值，从而造成 Fe_2O_3 含量三个不同时期样品中变化幅度不大的假象，而实际上，五代和北宋早期繁昌窑瓷胎中 Fe_2O_3 含量应明显较北宋中期为低，这一分析与也五代和北宋早期繁昌窑青白瓷胎胎色较白，而北宋中期后明显变青的情况相符合。

从以上的分析来看，繁昌窑瓷胎化学组成在五代和北宋早期时相对较为稳定，铝含量较高，而硅、铁和碱金属氧化物的含量都较低，进入北宋中期后，瓷胎中铝含量显著下降，而硅、铁和碱金属氧化物的含量则明显上升，且瓷胎组成不稳定，元素含量变化幅度大。繁昌窑瓷胎化学组成中铝含量的降低和硅含量的上升会导致瓷坯高温烧成时玻璃相的增加和莫来石晶体形成的减少，从而降低瓷坯的高温强度，增加烧成时的变形①；同时，作为胎中的主要助熔剂，碱金属氧化物熔剂 K_2O 与 Na_2O 含量的上升，将有效地降低瓷坯的烧结温度；而主要致色元素Fe、Ti、Mn的总含量尤其是Fe含量的上升，将使繁昌窑青白瓷胎釉色泽加深，这也与繁昌窑青白瓷胎色由五代时期的白色逐渐演变为北宋中期的青灰色相一致。

众所周知，提高瓷坯的烧成温度是改善陶瓷质量的必由之路，而北宋中期繁昌窑青白瓷瓷胎中 SiO_2、K_2O、Na_2O 和 Fe_2O_3 含量的明显上升及 Al_2O_3 含量的显著下降，使得繁昌窑瓷器只能在较低的温度下烧成，且使

① 李家治主编：《中国科学技术史·陶瓷卷》，科学出版社1998年版，第330页。

繁昌窑青白瓷胎釉色泽不断加深，这应是导致北宋中期繁昌窑青白瓷质量下降的直接原因。一般而言，瓷胎组成的变化是由其制瓷原料或配料配方工艺的改变而导致的，在古代，胎料配方工艺的改进都是为了改善胎料的成瓷性能，提高瓷器的烧成质量，但从繁昌窑瓷胎主量元素化学组成的变化情况来看，其胎料的品质在北宋中期明显下降，因此，即使繁昌窑北宋中期时胎料配方发生了改变，也是其中某一类配料的品质发生了下降，结合微量元素的分析结果，北宋中期繁昌窑青白瓷胎化学组成的变化应是由于制瓷原料的改变引起的。通常而言，由于自然界的各类风化作用，接近于地表的制瓷原料中碱金属氧化物 K_2O、Na_2O 流失较多，其含量相对会较低，而在位于较下层的制瓷原料中它们的含量则相对会较高。北宋中期繁昌窑瓷胎化学组成中 K_2O、Na_2O 的总含量比五代和北宋早期时都明显为高，这一情况可能表明，五代北宋早期时繁昌窑可能使用了上层较为优质的原料制瓷，而随着优质原料的枯竭，北宋中期后只能使用品位较低的中下层原料，从而直接导致了繁昌窑产品质量的下降并最终导致了繁昌窑的迅速衰落。

三　结论

从五代至北宋中期，瓷胎中 Fe_2O_3、TiO_2、MnO 等致色元素含量不断上升，与胎色的由白向青的变化趋势一致，说明繁昌窑青白瓷胎色的不断加深是致色元素含量上升所致，这也是导致繁昌窑青白瓷釉呈色不断加深的原因之一。

从瓷胎的硅、铝、钾和钠含量分布图、胎式图及 PCA 散点图来看，繁昌窑瓷胎可以较为清楚地分成三类，分别与五代时期、北宋早期和北宋中期三个时期相对应，其中五代和北宋早期各数据点分布区域基本重合，而北宋中期的样品数据点分布范围很大，表明北宋中期时繁昌窑瓷胎化学组成发生了明显变化。从各元素含量的变化情况来看，五代至北宋中期，繁昌窑青白瓷胎中 SiO_2、Fe_2O_3、K_2O 和 Na_2O 等含量逐渐上升，而 Al_2O_3 含量则明显下降，这反映了北宋中期时繁昌窑青白瓷胎料的成瓷性能在不断降低。结合微量元素分析结果及碱金属氧化物含量的变化情况来看，优质制瓷原料的枯竭是繁昌窑北宋中期迅速衰落的原因。

第四节 繁昌窑青白瓷化学组成特征及胎料配方工艺研究

一 繁昌窑青白瓷元素组成特征分析

我国幅员辽阔，各地自然环境千差万别，所产制瓷原料的种类与性质也各不相同，尤其在化学组成上差别较大，具有明显的地域特征。我国古代各地窑口制瓷基本上以使用当地所产原料为主，这就自然地造成了各地所产古瓷在化学组成上各不相同，虽然这些差异较为复杂，但总体而言，仍有一定的规律可循，特别是我国南方地区与北方窑口所产古瓷的化学组成差异更加明显，如北方各窑瓷胎一般都具有“高铝低硅”的特征，胎中 Al_2O_3和 TiO_2含量都较高，Al_2O_3最高者达 33%（巩县窑），最低者也接近 22%（钧窑砂胎），TiO_2的含量则都在 1% 以上；而南方各窑瓷胎则普遍具有“高硅低铝”的特征，胎中 SiO_2含量都较高，TiO_2含量则都较低，在 1% 以下，最低者仅为痕量。①

传统观点认为，青白瓷是宋代以景德镇窑为代表烧制成的一种具有独特风格的瓷器。因其釉色介于青白二色之间，青中有白，白中泛青，因此称青白瓷，对于青白瓷的早期烧制历史目前尚不十分清楚。② 从目前的考古资料来看，景德镇窑五代时只生产青瓷和白瓷，北宋时开始烧造青白瓷，北宋中期后，其产品质量迅速提高，并极大地影响了我国南方地区其他窑场的生产，许多窑口纷纷仿效生产青白瓷，从而形成了以景德镇窑为中心的规模庞大的青白瓷窑系，景德镇也自然地成为了我国古代青白瓷的典型代表。

关于青白瓷的早期窑址，目前见诸报道的仅有湖北青山窑和安徽繁昌

① 周仁、李家治：《中国历代名窑陶瓷工艺的初步科学总结》，《考古学报》1960 年第 1 期。

② 中国硅酸盐学会编：《中国陶瓷史》，文物出版社 1982 年版，第 264 页。

窑，二者皆从五代时期开始烧造青白瓷①。但近年来，有研究表明，湖北青山窑能够断定为五代时期的产品是青瓷的酱釉瓷，大量烧制釉色统一的青白瓷要到北宋中期以后②，因此，繁昌窑实际上成为目前能够肯定的唯一一处五代时期开始烧造青白瓷的窑址，也是我国最早的一处青白瓷窑址，此外，我国福建、广西等地也有许多窑址在宋代烧制青白瓷，但除安徽繁昌窑、江西景德镇、湖北青山窑和福建德化窑外，其他窑口所产青白瓷的化学组成分析工作基本未开展。为分析繁昌窑青白瓷瓷胎的化学组成特征，此处主要对以上四处窑址的青白瓷的主量元素化学组成数据进行分析（表 12），以期得出较为科学的认识。

表 12　　景德镇窑、德化窑和青山窑青白瓷瓷胎主量元素化学组成　　（wt%）

样品编号	原始编号	Fe_2O_3	TiO_2	MnO	K_2O	Na_2O	CaO	MgO	SiO_2	Al_2O_3	P_2O_5	Total
JDZ1	A	0.75	0.08	0.00	2.96	1.10	1.40	0.24	76.90	16.50	0.00	99.93
JDZ2	B	0.49	0.08	0.00	3.02	0.07	0.50	0.24	78.90	15.90	0.00	99.20
JDZ3	JHYQ	0.92	0.00	0.04	2.84	1.70	1.09	0.10	75.14	18.74	0.00	100.57
JDZ4	JHYQ-1	0.86	0.10	0.03	2.63	1.34	0.57	0.03	75.48	18.37	0.02	99.43
JDZ5	JHYQ-2	0.84	0.08	0.08	2.92	1.00	0.63	0.18	74.71	18.40	0.03	98.87
JDZ6	JHYQ-4	0.83	0.08	0.04	2.47	2.15	0.55	0.13	75.91	17.24	0.03	99.43
JDZ7	JHYQ-5	0.65	0.06	0.03	2.87	0.39	0.87	0.54	77.32	16.54	0.04	99.31
JDZ8	JHYQ-6	0.92	0.07	0.06	2.50	1.72	0.84	0.18	70.90	22.16	0.01	99.36
JDZ9	JHYQ-7	0.93	0.10	0.05	2.37	1.83	0.62	0.62	74.86	18.14	0.03	99.55
JDZ10	JHYQ-8	1.12	0.14	0.03	2.62	2.68	0.59	0.43	75.60	16.31	0.02	99.54
JDZ11	S10-1	0.81	0.35	0.09	2.95	0.46	0.96	0.63	75.41	18.15	0.00	99.81

① a. 陈文学：《湖北青山窑考古的重要收获》，《中国文物报》1997 年 7 月 27 日第 3 版。

b. 杨玉璋、张居中、李广宁等：《安徽繁昌柯家冲瓷窑遗址发掘简报》，《考古》2006 年第 4 期。

② 黄义军：《唐宋之际南方的白瓷生产与青白瓷的产生》，《华夏考古》2008 年第 1 期。

续表

样品编号	原始编号	Fe_2O_3	TiO_2	MnO	K_2O	Na_2O	CaO	MgO	SiO_2	Al_2O_3	P_2O_5	Total
JDZ12	S9-1	0.58	0.06	0.03	2.76	1.02	1.36	0.10	76.24	17.56	0.00	99.71
JDZ13	S9-2	0.96	0.03	0.08	2.79	1.49	1.01	0.50	74.70	18.65	0.00	100.21
JDZ14	S9-5	0.59	0.06	0.00	3.25	1.14	0.40	0.16	77.79	16.16	0.00	99.55
DH1	NST3′（2）	1.12	0.00	0.00	2.75	0.06	0.15	0.22	74.51	21.42	0.02	100.25
DH2	SST1（1）	0.87	0.09	0.00	2.87	0.08	0.14	0.13	81.60	14.92	0.00	100.70
DH3	SST3（1）	0.42	0.03	0.00	4.45	0.10	0.17	0.17	77.80	18.47	0.03	101.64
QS1	WY1	0.80	0.20	0.02	4.00	<0.1	1.00	0.20	74.10	19.60	0.10	100.02
QS2	WY2	0.70	0.20	0.01	3.70	<0.1	0.60	0.10	72.60	21.60	0.10	99.61
QS3	WY3	0.70	0.20	0.04	3.80	<0.1	0.80	0.30	71.80	22.00	0.20	99.84
QS4	WY4	1.10	0.20	0.02	3.20	<0.1	0.90	0.20	74.80	18.80	0.10	99.32
QS5	WY5	0.50	0.20	0.02	4.00	<0.1	1.00	0.20	74.00	19.90	0.10	99.92

注：编号 JDZ12—JDZ14 为景德镇窑宋代青白瓷样品，DH1—DH3 为德化窑宋代青白瓷样品，QS1—QS5 为青山窑宋代青白瓷样品。其中，景德镇窑和德化窑青白瓷瓷胎化学组成数据引自罗宏杰编著《中国古陶瓷与多元统计分析》，中国轻工业出版社 1997 年版。青山窑青白瓷瓷胎化学组成数据引自陈尧成等《武昌青山窑影青瓷的研究》，《江汉考古》1994 年第 4 期。青山窑瓷胎中 Na_2O 含量在 0.1% 以下，为了计算方便，在后面的分析中以 0.1 代替。

从表 12 中各窑瓷胎化学组成上来看，景德镇窑、德化窑和青山窑青白瓷瓷胎都具有高硅、低铝、低钛的特点，这与繁昌窑青白瓷胎的特征也是一致的，它们都具备我国古代南方瓷器的一般特征，同属南方瓷系。虽然如此，对比表 10 和表 12 可以发现，繁昌窑与前述三窑古瓷的化学组成有明显不同，如景德镇窑、德化窑和青山窑宋代青白瓷瓷胎中的 Al_2O_3 含量大多在 20% 以下，而繁昌窑自五代始其瓷胎中的 Al_2O_3 含量大多在 20% 以上。为进一步分析这几个不同地域窑口青白瓷胎化学组成的特征，分别作其 SiO_2/Al_2O_3、K_2O/Na_2O，CaO/MgO 和 Fe_2O_3/TiO_2 含量分布图（图九七至一〇〇）。从图中可见，繁昌窑青白瓷胎的化学组成具有明显的自身特征，它与其他三个窑口青白瓷区别明显。图九七显示，繁昌窑瓷胎具有明显的高铝低硅的特点，它与景德镇窑样品硅铝含量数据点分别集中于不同区域，青山窑瓷胎硅铝组成位于繁昌窑与湖田窑之间，而德化窑瓷胎样品的数据点分布显示，其硅铝含量不稳定，波动幅度较大。图九八是各窑青白瓷胎的钾钠含量分布图，从图中可见，繁昌窑瓷胎的钾含量比其他三个窑都要低，这是繁昌窑青白瓷的一个显著特征，青山窑和德化窑瓷器具有较高的钾含量，但钠含量非常低。图九九和图一〇〇显示，繁昌窑瓷胎有较低的钙含量和较高的钛含量，这都将繁昌窑与其他青白瓷区分开来。

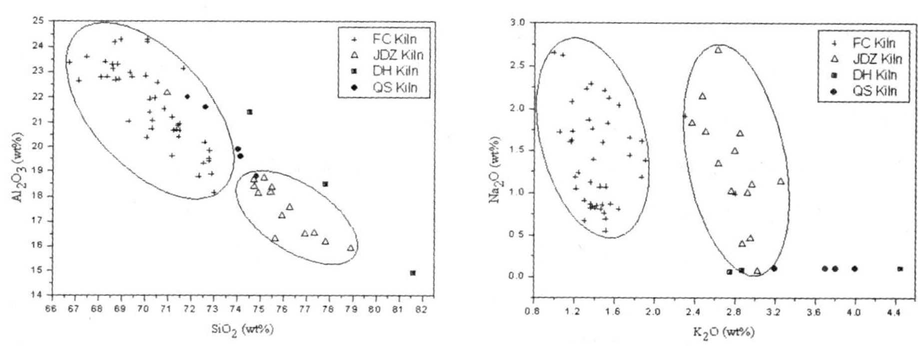

图九七　青白瓷胎 SiO_2、Al_2O_3 含量比值图　图九八　青白瓷胎 K_2O、Na_2O 含量比值图

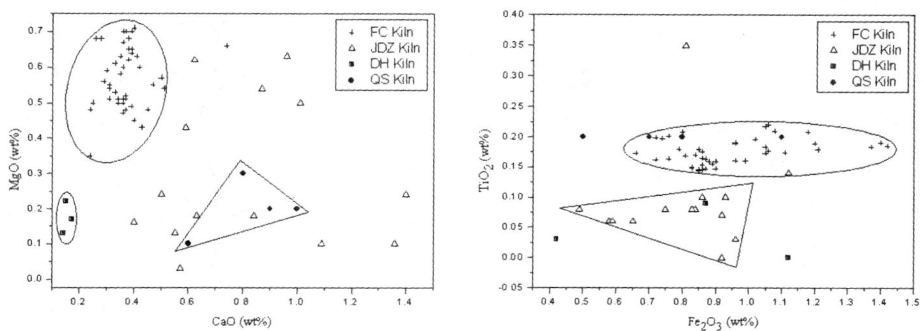

图九九　青白瓷胎 CaO、MgO 含量比值图　图一〇〇　青白瓷胎 Fe_2O_3、TiO_2 含量比值图

二　繁昌窑青白瓷胎料配方工艺研究

（一）中国古瓷制作原料及胎料配方工艺

中国古代陶瓷是由天然黏土、瓷石及其他一些辅助原料按不同比例配制，并经原料加工、器物成型和窑炉烧制等工艺过程制成。由于制瓷原料的地区性差异，及各地陶瓷的胎釉配方、制作工艺等因素的不同，使得我国陶瓷的化学组成及结构非常复杂。

中国北方地区如河南、河北、陕西、山西、山东等省盛产较优质的黏土，这些黏土多为二次沉积形成，由于含有大量的有机物质和碳素，其呈色一般较深。各类黏土中有的较纯，含铝量较高，接近纯高岭土；有的则含较多的杂质矿物，如石英、云母等。一般来说，含杂质矿物少的黏土在高温下很难致密烧结，制胎时要配用适量的长石和石英；而本身含有一定量杂质矿物的黏土，由于杂质矿物中的 CaO、MgO、K_2O 和 Na_2O 等具有助熔作用，一般在 1300℃上下可以烧结成致密的瓷胎。由于制瓷原料中含铝量高，也直接导致北方窑口生产的瓷器具有非常明显的“高铝低硅”特征。①

中国南方各省如浙江、江西、福建、江苏和安徽南部等地则盛产各类瓷石，瓷石是一种主要含有石英和绢云母矿物组成的岩石，其中绢云母是水白云母的一种细颗粒组成。它既具有适当的可塑性，又具有相当的助熔作用，而且它与瓷胎的化学组成也十分接近，因此，瓷石可以单独用作制瓷原料，不用添加其他任何黏土类矿物，这种只用瓷石一种原料制作瓷胎的技术就是中国制瓷史上所谓的“一元配方”工艺。② 与北方相反，我国南方地区的制瓷原料和瓷器在化学组成上具有“高硅低铝”的特征。

在中国瓷器诞生后的很长时间内，“一元配方”工艺是我国南方地区窑场所掌握的唯一制瓷技术。瓷石虽然可以单独成瓷，但由于其中石英矿物含量较多，SiO_2含量高，而 Al_2O_3含量相对较低，因而仅使用瓷石原料制成的瓷坯在高温烧成时容易产生大量的玻璃相，同时也无法生成足量的莫来石晶体，瓷器的高温强度低，易产生高温变形等现象。但要改善瓷器的质量，则必须提高瓷器的烧成温度，为解决这一难题，中国古代的先民们创造性地发明了在瓷石中加入高岭土的方法，提高了瓷胎中的 Al_2O_3含量，使瓷器能在更高的温度下烧成，达到了改善瓷器质量的目的。这种以瓷石掺和高岭土作为制瓷原料的技术就是中国陶瓷史上著名的“二元配方”制瓷工艺，这一工艺的发明极大地改善了中国古瓷的质量，推动着中国古瓷继续向前发展，在中国陶瓷史乃至世界陶瓷史上具有革命性的意义。

---

① 郭演仪：《中国制瓷原料》，载李家治等《中国古代陶瓷科学技术成就》，上海科学技术出版社 1985 年版，第 285—299 页。

② 李家治主编：《中国科学技术史·陶瓷卷》，科学出版社 1998 年版，第 319 页。

（二）“二元配方”工艺起源问题的研究

由于“二元配方”工艺在陶瓷科技史上的重要地位，对于这一工艺起源问题的研究也一直是古陶瓷界关注的热点。景德镇窑元代以后成为中国的瓷都，是全世界古陶瓷研究与爱好者心中的“圣地”，因而对“二元配方”工艺起源问题的研究一直以景德镇窑为主要研究对象，并认为是景德镇窑首先发明了这一工艺，而对全国其他地区窑场所做的相关研究甚少。关于景德镇窑何时使用“二元配方”工艺的问题，主要有以下两种观点：一是20世纪80年代初，经过对文献的系统考证和高岭土产地的考察提出的二元配方确立的年代，至迟在元泰定年间（14世纪20年代），但不会早于元初①；二是20世纪90年代初应用对应分析方法研究景德镇历代瓷胎化学组成数据而得出的“高岭土配合瓷石制胎的二元配方始于元代，成熟于明末清初；在元明时期，单一瓷石的一元配方与瓷石配合高岭土的二元配方同时并存”。② 目前，学术界一般认为景德镇窑在元代已经开始使用“二元配方”工艺。

近年来，有学者通过对南宋官窑黑胎青瓷原料的研究认为，南宋官窑可能已经使用了瓷土掺用紫金土的“二元配方”胎料配方工艺。③

20世纪90年代，有学者通过对繁昌窑瓷胎及遗址附近采集的岩石样品进行分析后发现，二者的化学成分相差很大，从而推测繁昌窑可能使用了两种以上的原料掺和后来制作胎料的。④ 但以上研究存在两处不足：一是无法确定遗址周围的岩石即为繁昌窑的制瓷原料，二者之间缺乏必要的关联证据；二是当时分析的样品缺乏明确的年代，即使繁昌窑确已使用了“二元配方”工艺，也无法确定这一工艺开始使用的具体时间。因此，这一观点虽然很早就提出来了，但一直未引起学术界的关注。

2002年中国科学技术大学科技史与科技考古系与安徽省文物考古部门联合对繁昌柯家冲窑进行的正式考古发掘，取得了丰硕的成果，出土了大量

① 刘新园、白焜：《高岭土史考》，《中国陶瓷》1982年第7期。

② 罗宏杰、高力明：《对应分析在景德镇历代瓷胎配方演变规律研究中的应用》，《硅酸盐学报》1991年第19卷第2期。

③ 周少华、梁宝鎏、杜正贤：《南宋官窑青瓷原料的研究与中国瓷器二元配方起源的探讨》，载郭景坤主编《'02古陶瓷科学技术国际讨论会论文集》，上海科学技术文献出版社2002年版，第231—240页。

④ 胡悦谦：《安徽江南地区的繁昌窑》，《东南文化》1994年增刊1号。

有明确年代序列的瓷器标本和保存良好的龙窑、作坊、沉淀池等遗迹，并对这些资料进行了初步的整理和研究，使我们对繁昌窑青白瓷胎料配方工艺进行系统研究成为可能①。

（三）繁昌窑胎料配方工艺分析

2002 年繁昌柯家冲窑址的发掘在作坊区出土了 2 块制瓷原料碎块，从外观特征来看，这两块制瓷原料与遗址周围广泛分布的白色岩石完全一致，为判断二者是否即是同一种岩石，对这两块制瓷原料化学组成进行了分析，结果见表 13。从表中可见，这两块制瓷原料的化学组成与柯家冲窑址周围广泛分布的白色岩石化学组成基本一致，说明繁昌窑确曾使用当地所产的这类白色岩石作为其制瓷原料。

关于这种原料的性质，曾有人认为其就是我国南方地区广泛分布的制瓷原料——瓷石，② 但有学者通过肉眼和显微镜下对其观察鉴定及 X 射线衍射分析发现，这是一种具有斑状结构、风化程度较弱的次火山岩，其斑晶为石英、斜长石，基质为细小的钠长石和石英，并零星分布着微量的黄铁矿和萤石，其化学组成中 Al_2O_3 含量在 13% 以下，因此这种在遗址周围广泛分布的白色岩石并非我国南方制瓷业常用原料——瓷石，它不能单独用来制作瓷器。③ 与景德镇地区瓷石原料相比，繁昌地区这种原料 SiO_2 含量更高，而 Al_2O_3 含量要低。为了解繁昌这种制瓷原料的组成特点，根据其与景德镇瓷石胎式，以 SiO_2 分子数对熔剂氧化物（$RO + R_2O$）分子数之和作图（图一〇一）。从图中可见，繁昌制瓷原料中 SiO_2 含量明显高于景德镇瓷石，但熔剂氧化物含量变化较大，不如景德镇瓷石中熔剂氧化物含量稳定。总体来说，繁昌制瓷原料的品位显然不如景德镇瓷石，但其仍具备作为制瓷原料的基本化学组成。

---

① a. 杨玉璋、张居中、李广宁等：《安徽繁昌柯家冲瓷窑遗址发掘简报》，《考古》2006 年第 4 期。

b. 杨玉璋、张居中：《从繁昌窑青白瓷制作看“二元配方”工艺的产生》，《考古与文物》2006 年第 2 期。

c. 杨玉璋、张居中：《试论安徽繁昌窑——2002 年柯家冲窑址发掘的主要收获》，《华夏考古》2006 年第 2 期。

② 胡悦谦：《安徽江南地区的繁昌窑》，《东南文化》1994 年增刊 1 号。

③ 冯敏等、李广宁、凌雪等《繁昌窑青白瓷的初步研究》，《文物保护与考古科学》2004 年第 16 卷第 3 期。

表 13 **各类制瓷原料主要元素化学组成** （wt%）

编 号	氧化物含量										分子数	
	SiO_2	Al_2O_3	Fe_2O_3	TiO_2	MnO	CaO	MgO	K_2O	Na_2O	Total	RO + R_2O	SiO_2
KCYL1	83.99	9.28	0.42	0.20	0.01	1.06	0.15	0.29	0.31	95.74	0.337	15.359
KCYL2	81.49	11.69	0.17	0.15	0.01	0.42	0.12	0.53	2.49	97.09	0.491	11.823
FCY1	86.21	11.02	0.42	0.13		0.22			2.94	100.94	0.472	13.287
FCY2	84.93	11.96	0.38	0.11		0.62			3.50	101.59	0.573	12.077
FCY3	85.20	12.06	0.38	0.10		0.26			2.67	100.67	0.406	12.017
瑶里瓷石原矿	80.50	14.45	0.76	0.07	0.00	0.38	0.46	3.54	0.19	100.44	0.459	9.453
南港瓷石原矿	78.84	15.50	0.79	0.00	0.06	1.50	0.00	2.87	0.44	100.00	0.460	8.631
明砂高岭精泥	53.60	40.47	1.11	0.04	0.16	0.45	0.28	2.82	1.07	100.00	0.181	2.247
星子高岭精泥	54.60	41.30	1.46	0.00	0.16	0.15	0.22	2.01	0.19	100.09	0.109	2.243
YM（74）Ⅳ-1	74.02	19.34	1.17	0.06	0.06	0.12	0.12	2.84	2.69	100.42	0.463	6.494
YG（72）Ⅳ-2	72.08	21.01	0.84	0.09	0.05	0.40	0.23	2.50	2.56	99.76	0.427	5.821

注：表中样品 FCY1—FCY3 为繁昌柯家冲窑址附近所产白色岩石。其成分数据引自邓泽群等《繁昌窑青白瓷的研究》，载郭景坤主编《'02 古陶瓷科学技术国际讨论会论文集》，上海科学技术文献出版社 2002 年版，第 231—240 页。景德镇瓷石及高岭土成分数据引自李家治主编《中国科学技术史 · 陶瓷卷》，科学出版社 1998 年版，第 323 页。样品 YM（74）Ⅳ-1 与 YG（72）Ⅳ-2 为景德镇元代青白瓷胎，数据引自李家治主编《中国科学技术史 · 陶瓷卷》，科学出版社 1998 年版，第 328 页。

从前文分析的繁昌窑瓷胎主量元素化学组成来看（见表 10），其胎中 SiO_2 含量远低于其使用的白色制瓷原料，而 Al_2O_3 含量除北宋时期的少数样品外，都在 20% 以上，这比制瓷原料中 Al_2O_3 含量要高 8% 以上。我们知道，增加原料的淘洗程度是提高其 Al_2O_3 含量的一个有效方法，淘洗越细，原料中细颗粒部分越多，由于细颗粒部分是以绢云母等矿物为主，绢云母是一种含铝量较高的矿物，其组成为 $KAl_2[AlSi_3O_{10}](OH)_2$，因此可相应地提高原料中 Al_2O_3 的含量，但淘洗越细，所费工时和困难程度就越大，所能使用的原料也就越少，而且从实际效果来看，依靠对制瓷原料的淘洗，只能将 Al_2O_3 含量提高约 3% 左右，如景德镇南港瓷石原矿中 Al_2O_3 含量为 15.25%，

经淘洗制成精泥后 Al_2O_3含量上升至18.26%。[①] 因此，仅仅依靠淘洗除砂处理来大幅度提高 Al_2O_3含量在古代是无法实现的，我们认为繁昌窑应该是使用了窑址周围分布这种制瓷原料和另一类富铝的原料混合制胎的，从我国古代制瓷工艺传统和南方制瓷原料的实际情况来看，高岭土是最可能的一种选择，为了解景德镇青白瓷胎、瓷石、高岭土、繁昌窑瓷胎及制瓷原料各自的化学组成特点，判断繁昌窑可能的胎料配方工艺，我们用它们的 SiO_2分子数对熔剂氧化物（$RO+R_2O$）分子数之和作组成分布图（图一〇一）。从图中可见，繁昌窑瓷胎的组成正位于繁昌窑制瓷原料与高岭土分布区域之间，其 SiO_2分子数与景德镇窑元代使用“二元配方”工艺制瓷的青白瓷相当，只是熔剂氧化物含量要低，这可能是繁昌窑当时使用了含熔剂氧化物较少的上层原料所致。因此，五代时期的繁昌窑应是使用了其遗址周围的白色岩石状制瓷原料加高岭土混合制胎的“二元配方”工艺。

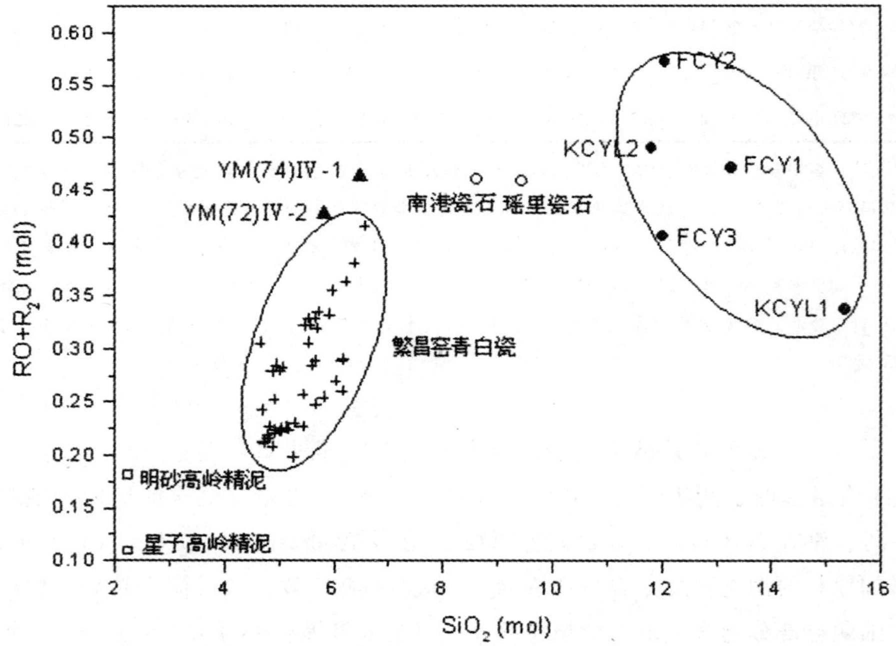

图一〇一 繁昌窑制瓷原料、瓷胎及景德镇瓷石与高岭土组成分布图

① 祝桂洪编著：《景德镇陶瓷传统工艺》，江西高校出版社2004年版，第51页。

以上是根据制瓷原料与瓷胎的化学组成从理论角度对繁昌窑胎料配方工艺所做的分析，那么，繁昌地区是否存在适合制作瓷器的高岭土资源呢？安徽省科研所地质室1958年曾对繁昌柯家冲进行调查，发现该地区蕴藏有高岭土资源并对其进行了研究①，同时，在距离繁昌不远的枞阳、庐江等地同样蕴藏有丰富的高岭土资源②，因此，繁昌窑制瓷使用“二元配方”不仅存在理论上的可能性，也同样具有现实的物质基础。

三　小结

（一）繁昌窑青白瓷与江西景德镇窑、福建德化窑以及湖北青山窑青白瓷在化学组成上具有我国古代南方瓷器的一般特征，即“高硅低铝”。但分析表明，繁昌窑青白瓷的化学组成也具有鲜明的自身特征，如繁昌窑青白瓷胎的铝含量要高于同时期或更晚的其他几个窑口所产青白瓷，其瓷胎中的Al_2O_3含量大多在20%以上，而景德镇窑等窑口的青白瓷Al_2O_3含量大多不及20%。而从各窑口青白瓷K_2O/Na_2O、CaO/MgO和Fe_2O_3/TiO_2含量分布图分析表明，繁昌窑瓷胎的钾含量比其他三个窑都要低，这是繁昌窑青白瓷的一个显著特征，青山窑和德化窑瓷器具有较高的钾含量，但钠含量很低，同时，繁昌窑瓷胎有较低的钙含量和较高的钛含量，这都将繁昌窑与其他青白瓷区分开来。

（二）根据安徽繁昌窑制瓷原料及瓷胎的化学分析结果及与景德镇制瓷原料与瓷胎进行的对比研究，我们认为五代时期的繁昌窑应是使用了窑址附近产出的一种岩石状制瓷原料与高岭土混合制胎的“二元配方”工艺，这对我们重新认识中国古瓷“二元配方”的起源问题具有非常重要的意义。

第五节　繁昌窑制瓷工艺的模拟实验研究

从上述研究可知，繁昌窑五代时期应已开始使用“二元配方”工艺制

① 《中华人民共和国区域地质调查报告繁昌县幅》，1989年，安徽省地矿局藏，资料号：1318。

② 张寿稳：《安徽庐枞地区高岭土资源及其开发利用》，《地质与勘探》2000年第36卷第5期。

作青白瓷了，对于其制瓷原料，目前可以肯定的是，其胎料配方中的一种原料即为遗址附近广泛分布的白色次火山岩，而另一种原料应是一类富铝的制瓷原料如高岭土等，虽然以往的调查表明繁昌地区存在高岭土资源，但遗憾的是，在我们最近的调查中并未找到高岭土资源。此外，我们将对目前已知的繁昌窑制瓷原料，白色的次火山岩进行相关理化分析，以进一步深化对繁昌窑青白瓷“二元配方”工艺问题的研究。实验将选择这种白色制瓷原料，按照中国古代传统制瓷工艺过程进行模拟烧制实验，并对这种原料及用其加工成的粉料、经过过筛处理的粉料、模拟实验制品及繁昌窑古瓷胎体的显微结构、物相组成和化学组分等进行分析和对比研究，从而为繁昌窑胎料配方工艺研究提供更多的科学信息。

一 模拟实验

（一）实验依据

自中国瓷器诞生以来，我国南方地区的古代窑场在很长的时期内一直使用瓷石单料成瓷，其胎体制作的工艺流程大致如下：原料开采、水碓粉碎、淘洗过滤、陈腐发酵、拉坯成形、自然干燥和入窑烧制。本工作是在实验室条件下模拟繁昌窑五代北宋时期的制瓷工艺，由于繁昌窑制瓷的主要原料是一种类似瓷石的岩石状原料，同时在柯家冲窑址也发掘出的两座用于淘洗制瓷原料的沉淀池，其与我国传统制瓷工艺中用来淘洗瓷石粉料的淘洗池完全相同①，因此我们认为繁昌窑的原料加工技术与我国古代南方使用瓷石制瓷的窑场应是一致的。景德镇是中国古代的瓷都，景德镇地区传统制瓷工艺的研究历来受到学术界的重视，对其研究也最为深入，同时，该地区至今仍有许多使用传统工艺制瓷的小作坊，其工艺流程保存良好，基本代表了我国古代的制瓷工艺过程，本模拟实验流程就是以景德镇传统制瓷工艺为主要参考的。

（二）实验样品

实验用制瓷原料采自繁昌柯家冲窑址东南约200米处的一现代采矿坑，样品呈岩石状，色泽灰白，前述研究表明这种岩石即为繁昌窑制瓷主要原料

① 杨玉璋、张居中、李广宁等：《安徽繁昌柯家冲瓷窑遗址发掘简报》，《考古》2006年第4期。

中的一种，关于这种原料的工艺性能等尚有待做进一步系统研究。

（三）实验仪器

包括原料加工、成型及烧制所用的仪器设备有：电子天平、玛瑙研钵、230目标准筛、压片机、马弗炉等。

（四）实验过程

本实验分两组进行。

1. 称取制瓷原料60g，先粗碎至粒径≤1mm，再加入分析醇在玛瑙研钵中细磨，研磨约15分钟，待粉料研细至无明显颗粒感后将其烘干，加入黏合剂聚乙烯醇（PVA）约0.5mL，使用圆形压盘直径为10.6cm的压片机，分别取表压为4MPa、6MPa、8MPa、10MPa，每种压力下压制圆片两个。按公式：

$$\frac{P_0 \times S_1}{S_2} = P$$

换算可知压片成型时的压力分别是：92.9MPa、139.3MPa、185.7MPa、232.1MPa（式中P_0为表压、S_1为圆形压盘表面积、S_2为模具内孔表面积、P为压片成型压力）。

待压片自然干燥后，放入马弗炉中烧制，烧成制度见表14，烧成后自然冷却至常温。

2. 称取2000g制瓷原料，粗粉碎至颗粒粒径≤3毫米，在玛瑙研钵中以水为助磨剂进行细磨，之后淘洗研磨后的泥料，并用230目标准筛过筛，将含有细泥料的悬浊液静置24小时，然后除去上部清水使其自然晾干，得到粒径≤63μm的粉料约600g，再加入适量的水，调节粉料含水率为20%—25%，练泥1小时/天，在25℃左右条件下，陈腐3天后手捏成型，成品自然干燥3天后入炉烧制，烧成制度同表14，烧成后自然冷却至常温。

从烧制结果来看，两组实验制品都已烧结。第一组实验压制成型的8块圆片，颜色白中泛青，具有一定的透明度。第二组手捏成型的碗、圆片等，颜色白中微泛黄，从外观上来看，两组制品烧结程度都比较高。

表 14　　**模拟实验样品烧成制度**

升温过程	升温范围	升温速度	升温时间	保温时间
第一阶段升温	64℃—500℃	1℃/min	436min	
中火保温	500℃—500℃			60min
第二阶段升温	500℃—1200℃	2℃/min	350min	
高火保温	1200℃—1200℃			240min

（五）实验过程分析

原料的细碎可以增加表面粒子的数量，提高物料的表面能和活性，使坯料具备一定的成型性能，因此原料粉碎是陶瓷制作的第一道工序。古人先将原料粗碎，再用水碓细碎，之后将细粉料倒入淘洗池中进行淘洗，这样粉料中的大部分粗颗粒物质如石英等很快沉到池底，而黏土细粒则水化为悬浊液，古人再用木桶将这种悬浊液舀入排砂沟，部分较粗的颗粒再沉降在排砂沟底，由此，粉料中较粗的颗粒得到了清除。得到纯化后的悬浊液流入沉淀池，此后，再将沉淀池中的浆体舀入稠化池进一步沉淀和浓缩，沉淀后稠化池上部的清液被放回到沉淀池，再将稠化池中浓缩的稠浆铲到泥床上，待含水率一定时即成为可以制瓷的初步泥料①。

在中国古代南方地区，对制瓷原料的细粉碎是采用水碓舂碎来进行的，为研究古代制瓷所用粉料粒径分布，有学者用景德镇地区现存的水碓进行了舂碎实验，并对舂碎的细粉料进行了粒径分布分析，表 15 为景德镇附近三宝和余干两处瓷石粉料的粒径分布对比②。

表 15　　**景德镇附近三宝、余干瓷石粉料粒径分布**　　（%）

粒径	累计百分数	
	三宝	余干
≤50μm	98	98
≤20μm	88	78
≤10μm	71	60
≤5μm	54	49

① 白明：《景德镇传统制瓷工艺》，江西美术出版社 2002 年版，第 32—45 页。

② 祝桂洪编著：《景德镇陶瓷传统工艺》，江西高校出版社 2004 年版，第 73 页。

由表15可知，古时用水碓舂碎的粉料粒径≤50μm的已经达到98%，因此，我们选用孔径为63μm的230目标准筛对研磨细碎后的粉料进行过筛处理，所得的粉料可包括所有粒径小于50μm的部分。第一组实验用酒精作为助磨剂细碎，没有经过过筛、陈腐、练泥等过程。第二组实验与传统坯料制备过程相似，以水为助磨剂，在玛瑙研钵中研磨，与古时水碓舂碎的细粉碎作用相同；淘洗、搅拌过筛相当于古代的多次淘洗排砂；静置后舀去上部清水、自然晾干多余的水分相当于古代在稠化池、泥床上沉淀去水稠化。方式虽不同，但起到的筛选颗粒的作用是相近的。

陈腐和练泥是原料加工过程中的又一个重要环节。陈腐可使一些非可塑性的硅酸盐矿物长期与水接触从而发生水解变为黏土物质，提高坯料的可塑性。同时，还可以使发生氧化还原反应产生的气体扩散流动，使泥料松散均匀，水分分布更均匀。古代泥房低于地面30—40毫米，泥房地面地板平整光滑、干净又不吸水。传统打泥有“三道脚板两道铲，莲花墩，菊花心”之称，古人按照这一要求赤脚踩泥①。冬季陈腐7—10天，夏季陈腐3—5天。通过陈腐和练泥可以排出泥料中多余的空气，改善定向结构。因为本实验在夏季进行，所以选择在地下室相对阴暗的环境下，每天揉泥1小时，陈腐3—4天。揉泥这一过程的操作，起到了使泥料水分趋于均匀的作用。

传统成型方法以手工拉坯成型为主，具有很好的工艺性和艺术性。由于本实验人员不具备拉坯成型要求的技术和经验，因此，我们采用器械压制和手工捏制成型方法，其中，第一组实验使用压片机将粉料压制成型，第二组实验采用手工捏制方法成型。手工成型后的坯体由于含水率比较高，不能直接装窑烧成，必须先经过干燥。传统工艺制瓷时湿坯要放在坯架上阴干，或者把坯板放在露天坯架上利用“阳光晒空气吹”自然干燥②。这里，我们选择与传统工艺相同的干燥方式，让成型的样品在空气中自然干燥。

烧成是陶瓷制造工艺过程中最重要的工序之一。烧成过程就是将成型后的生坯在一定条件下进行热处理，经过一系列物理化学变化，得到具有一定矿物组成和显微结构的成坯。古人凭经验控制窑的温度和时间，我们

① 祝桂洪编著：《景德镇陶瓷传统工艺》，江西高校出版社2004年版，第80页。
② 同上书，第105页。

采用了现在通用的能控制烧成温度的电炉，在本实验中，选择500℃中火保温，有利于有机物或碳酸盐类充分燃烧分解，保持坯体的完整性。经测试，繁昌窑瓷器的烧成温度约在1200℃左右。低于1200℃时瓷器出现不完全烧结，高于1200℃时部分瓷器出现过烧现象①。因此选择1200℃为最高烧成温度，1200℃高火保温1个小时主要是为了使其能在高温下完全烧结。

二 理化分析

（一）样品

分析样品包括模拟实验用制瓷原料、模拟实验制品以及柯家冲窑址出土的青白瓷标本。

（二）实验仪器

1. XRF-1800X射线荧光光谱仪。日本SHIMADZU公司生产。型号：XRF-1800。检测浓度范围：10^{-6}—100%。最小分析微区：直径250μm。

2. 18KW转靶X射线衍射仪。日本玛珂公司生产。型号：MXPAHF。工作条件：CuKα辐射，电压、电流分别为40kV、100mA，DS、SS、和RS依次为1°、1°、0.15mm，衍射计量范围是10°—70°。

3. 场发射扫描电子显微镜。日本电子公司JEOL生产。型号：JSM-6700F。工作条件：加速电压5kV，束斑直径5mm。

（三）结果与讨论

1. 化学成分分析

为探讨制瓷原料在加工及烧制过程中化学组成的变化情况，采用熔融玻璃片XRF法测试了制瓷原料原矿粉料、细碎后过230目筛的粉料和模拟试验制品的化学组成。此外，为了避免系统误差，便于更加准确地进行对比，同时测试了两件青白瓷瓷胎样本的化学组成，测定条件及结果见表16、17。

---

① 邓泽群、吴隽、李家治等：《繁昌窑青白瓷的研究》，载郭景坤主编《'02古陶瓷科学技术国际讨论会论文集》，上海科学技术文献出版社2002年版，第173—178页。

表 16　**模拟实验样品 XRF 法测定条件**

元素	管压/kV	管流/mA	分析晶体	2θ/（o）	PHA	探测器	计数时间/s
SiO_2	40	70	PET	108.880	25—90	FPC	20
Al_2O_3	40	70	PET	144.620	25—95	FPC	20
Fe_2O_3	40	70	LiF	57.500	25—90	SC	20
CaO	40	70	LiF	113.200	30—85	FPC	20
MgO	40	70	TAP	45.120	30—85	FPC	100
Na_2O	40	70	TAP	55.100	30—90	FPC	100
K_2O	40	70	LiF	136.700	25—85	FPC	20
TiO_2	40	70	LiF	86.140	25—85	SC	40
MnO	40	70	LiF	62.980	30—80	SC	40
P_2O_5	40	70	Ge	140.960	25—85	FPC	40

表 17　**制瓷原料、粉料、模拟实验制品及繁昌窑瓷胎化学组成**　（wt%）

样品编号	SiO_2	Al_2O_3	Fe_2O_3	CaO	MgO	Na_2O	K_2O	TiO_2	MnO	P_2O_5	总量
FL-1	75.72	13.06	0.24	0.12	0.12	2.30	5.73	0.19	0.02	0.013	97.51
FL-2	71.54	16.21	0.57	0.22	0.27	2.65	4.96	0.29	0.02	0.026	96.76
ZP-1	75.70	13.71	0.30	0.40	0.28	2.06	5.82	0.20	0.01	0.017	98.50
ZP-2	73.37	16.54	0.59	0.31	0.32	2.67	5.07	0.30	0.02	0.026	99.22
CT-1	69.46	23.76	0.83	0.45	0.45	1.69	1.16	0.21	0.03	0.032	98.07
CT-2	70.64	22.45	1.12	0.42	0.53	0.81	1.59	0.21	0.03	0.033	97.83

样品说明：FL-1：模拟实验用制瓷原料，粉碎后未经过筛处理；FL-2：模拟实验用制瓷原料，经粉碎、过 230 目标准筛后的粉料；ZP-1：使用 FL-1 作为原料压制成型后烧成的制品；ZP-2：使用经陈腐炼泥等加工处理后的 FL-2 作为原料、手捏成形烧成的制品；CT-1：繁昌柯家冲窑址 T95 第⑥层出土瓷胎样品；CT-2：繁昌柯家冲窑址 T95 第⑩层出土瓷胎样品。

从实验结果来看，本次测定的繁昌窑瓷胎与前文所测定瓷胎的化学组成基本一致，表明本次实验结果准确可靠。分析表明，繁昌窑制瓷原料原矿样品 FL-1 中的 SiO_2 含量为 75.72%，Al_2O_3 含量为 13.06%，碱金属氧化物 K_2O 和 Na_2O 的总含量则达到了较高的 8.03%，其他氧化物的含量都相对较低，直接用这种原料烧制成的样品 ZP-1，其化学组成几无变化。从表 17 中可见，过筛后的粉料其成分已发生了较为明显的变化，其中 Al_2O_3 含量升至16.21%，SiO_2 含量降至 71.54%，$K_2O + Na_2O$ 的总含量也微有下降，这表明，制瓷原料通过细磨、淘洗和过滤等工序处理，可以提高原料中的铝含量，而随着烧成过程中各种挥发成分的烧失，实验烧成品中 SiO_2 与 Al_2O_3 的含量又微有上升，其中 Al_2O_3 的含量上升为 16.54%，这比原矿粉料中的含量提高了 3.48%，而碱金属氧化物总体不大，仅下降了 0.29%，其他氧化物含量也变化较小。由此可见，通过物理粉碎、淘洗的方法处理原料虽然可以提高胎料中 Al_2O_3 含量，但其提高幅度是非常有限的。

2. 物相分析

根据对模拟实验烧制成品、制瓷原料粉料及繁昌窑青白瓷瓷胎样品的 XRD 分析来看，制瓷原料 FL-1 中存在石英、方石英和长石；用未过筛粉料 FL-1 做原料烧制的成品 ZP-1 中仅有石英晶体存在；用过筛后的粉料 FL-2 做原料的烧制的成品 ZP-2 中则含有石英和少量莫来石晶体；而繁昌窑瓷胎 CT-1 中则含有石英、方石英和较多的莫来石晶体（图一〇二至图一〇五）。因此可知，无论是由未经过筛处理的 FL-1 制成的 ZP-1，还是由经 230 目标准筛过滤的 FL-2 制成的 ZP-2，其物相组成都与繁昌窑古瓷胎样品 CT-1 完全不同。根据成分分析的结果来看，从 ZP-1、ZP-2 到 CT-1，其胎体中 Al_2O_3 的含量逐渐上升，而与之对应的是，胎体中莫来石的含量也逐渐增多，因此，可以肯定的是，胎体中莫来石晶体的生成与其中 Al_2O_3 含量的多少有直接关系，Al_2O_3 含量高，生成的莫来石也多，反之亦然。

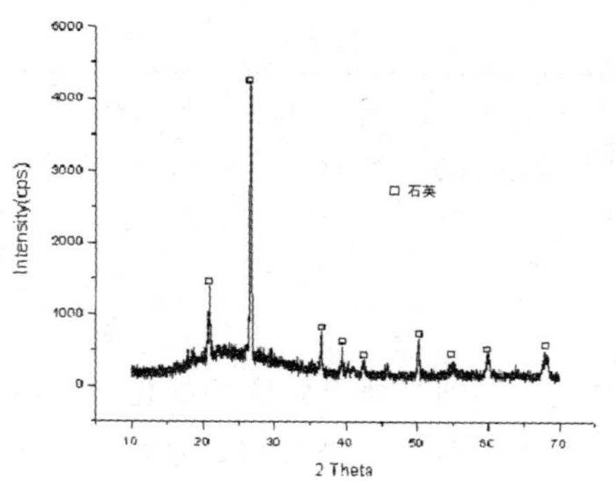

图一〇二　ZP-1 的 XRD 图谱

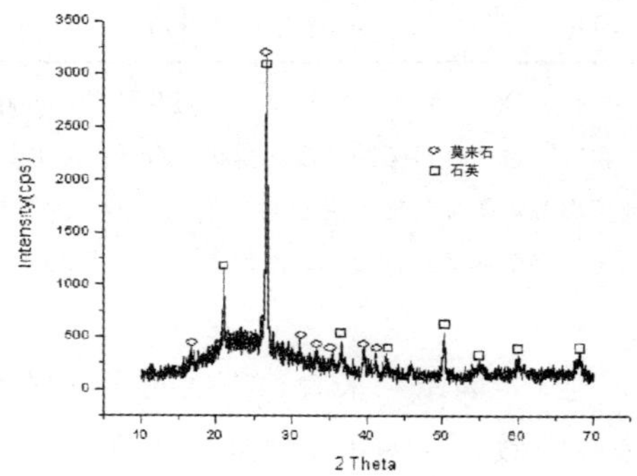

图一〇三　ZP-2 的 XRD 图谱

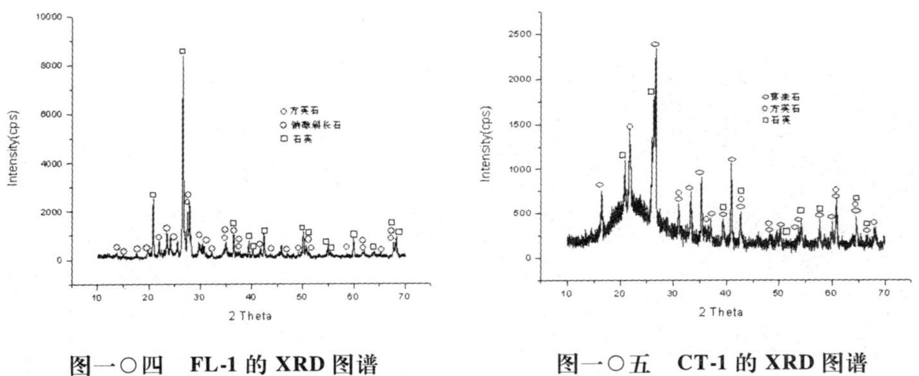

图一〇四　FL-1 的 XRD 图谱　　　图一〇五　CT-1 的 XRD 图谱

3. 显微结构分析

为比较模拟实验制品与繁昌窑青白瓷胎体在显微结构上的异同，使用场发射扫描电子显微镜对二者的自然断面进行观察（图一〇六至一〇九）。结果表明，模拟烧制成品烧结程度很高，已形成致密的玻璃态基体，断面上气孔明显，多呈规则的圆形。显然，这是由于胎体中的残留气体及各种盐类在高温下分解产生气体并在胎体内部形成的气泡，在更高的倍数下观察，可以发现胎体的部分区域有细小的针状晶体，这与瓷器胎体中的莫来石晶体十分相似。繁昌窑瓷胎的显微结构显示，其胎体中含有大量的不规则孔隙，且形态与模拟实验制品明显不同，从这些孔隙的形态来看，繁昌窑青白瓷的胎体并未完全烧结，这些孔隙可能是由胎体中所含的有机物质在高温下炭化后形成的。

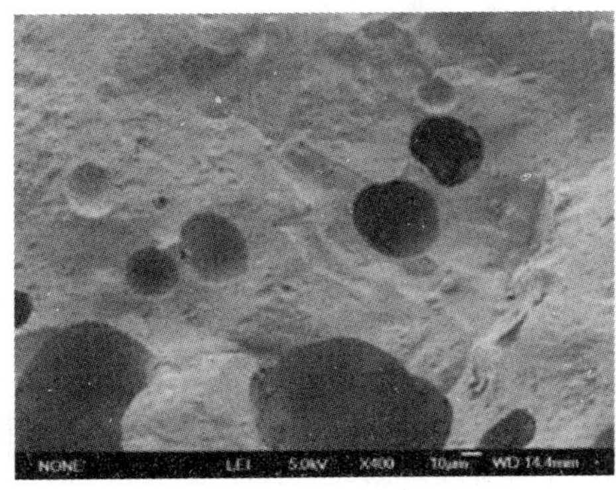

图一〇六　ZP-2 的 SEM 显微结构（×400）

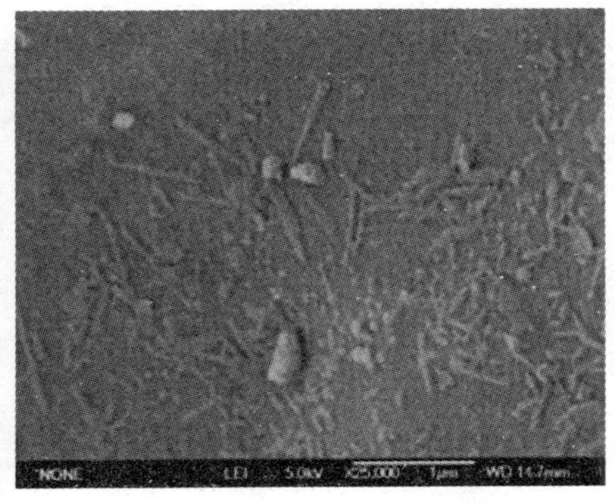

图一〇七　ZP-2 的 SEM 显微结构（×25，000）

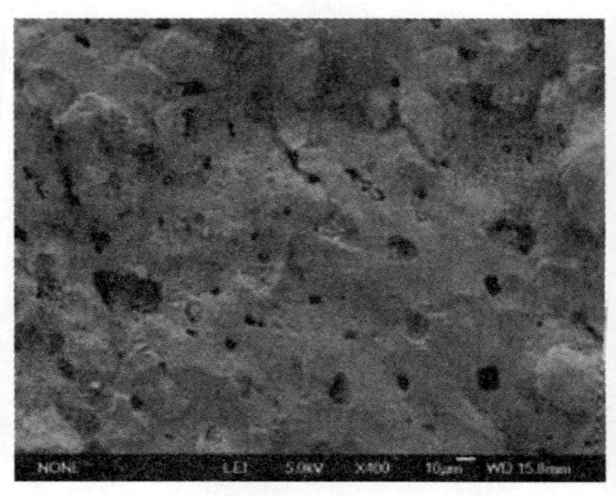

图一〇八　CT-1 的 SEM 显微结构（×400）

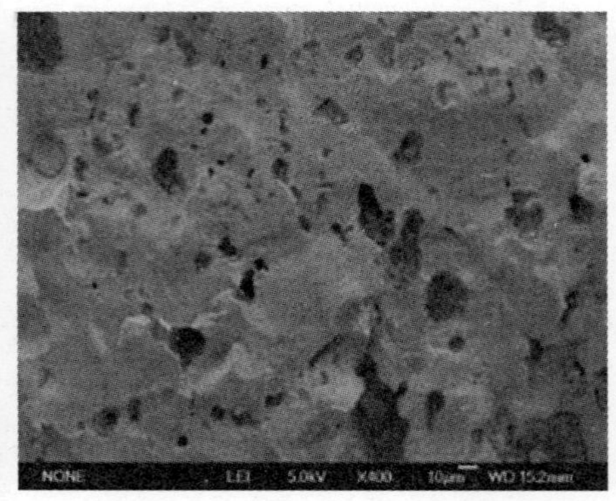

图一〇九　CT-2 的 SEM 显微结构（×400）

4. 气孔率、吸水率及体积密度测定

选取三个 ZP-2 样品，用 Archimedes 法测定其开口气孔率、吸水率及体积密度，实验数据及结果见表 18。

表 18　　模拟实验制品开口气孔率、吸水率及体积密度测试结果

样　品	质量记录（g）				体积密度（kg/m^3）	开口气孔率（%）	吸水率（%）
	G_0'	G_0	G_1	G_2			
ZP-2（1）	5.5809	5.5782	5.5903	3.0421	2189.07	0.4748	0.2169
ZP-2（2）	4.9288	4.9263	4.9393	2.7341	2233.95	0.5895	0.2639
ZP-2（3）	4.6470	4.6461	4.6560	2.5055	2160.47	0.4603	0.2131

从测试结果来看，模拟实验成品的体积密度介于每立方厘米 2.16 克与 2.23 克之间；开口气孔率为 0.46%—0.59%；吸水率小于 0.3%，与繁昌窑瓷胎相比（表 19），模拟实验制品的开口气孔率和吸水率明显要低，这表明模拟实验制品的烧结程度比繁昌窑古瓷要高得多，这与显微结构观察结果是一致的，但是值得注意的是，模拟实验制品的体积密度则与繁昌窑古瓷较为接近，这一现象的产生应与二者的化学组成不同相关。

表 19　繁昌窑青白瓷胎的开口气孔率、吸水率以及体积密度

编号	体积密度（g/cm^3）	开口气孔率（%）	吸水率（%）
FC1	2.18	1.9	0.9
FC63	2.14	13.1	5.4
FC66	2.23	1.5	0.7

注：数据引自邓泽群、吴隽、李家治等：《繁昌窑青白瓷的研究》，载郭景坤主编《'02 古陶瓷科学技术国际讨论会论文集》，上海科学技术文献出版社 2002 年版，第 173—178 页。

三　结论

繁昌窑遗址附近所产的白色岩石是繁昌窑制瓷胎料配方中的一种主要原料，实验表明，其 SiO_2 含量较高，而 Al_2O_3 含量相对较低，只有 13% 左右，虽然通过物理粉碎、淘洗等加工过程，可将其中 Al_2O_3 含量提高 3% 左右，但与繁昌窑青白瓷胎体中 20% 以上的 Al_2O_3 含量仍差距甚远。通过对模拟实验制品及繁昌窑古瓷的对比研究表明，虽然单用遗址附近所产白色岩石状原料制作的坯体可以烧结成瓷，但它与繁昌古瓷在化学组成、物相组成、显微结构及物理性能等方面有着截然不同的特征，上述证据表明，繁昌窑青白瓷不是单用遗址附近所产白色岩石状原料制成的，而是以这种原料为基础，在其胎料中另外加入了富铝的制瓷原料如高岭土等制作而成。

第八章　结语

第一节　繁昌窑性质的讨论

繁昌窑在各类古代文献中并无明确记载，从目前已有的考古资料来看，其产品主要出土于长江中下游沿江地区的墓葬和遗址中，器型皆为各类日用瓷器，因此，繁昌窑应是一座主要烧造日用瓷器的民间窑场。然而，在明代以来的历代文献记载中皖南地区有一“宣州窑”，且该窑产品品质较好，并可能曾为五代时南唐国宫廷烧造贡瓷，具有贡窑的性质，但是，学术界对于该窑产品特征、具体位置和性质等问题众说纷纭，“宣州窑”也成为中国陶瓷史上的一个不解之谜。繁昌古属宣州，繁昌窑与“宣州窑”的关系问题也一直受到古陶瓷界关注。此处，我们拟对文献记载和考古资料进行综合分析，以求探明两者的关系，并对繁昌窑的性质作进一步的考察。

一　文献记载中的“宣州窑”

宣州，《元和郡县志》载汉顺帝立宣城郡，唐时为宣州，领有宣城、当涂、泾县、溧水、溧阳、南陵、绥定、宁国、太平、青阳十县，入宋有宣州宣城郡，辖有宣城、泾县、南陵、宁国、旌德、太平。后改为宁国府，元明因之。① 历史上，宣州是我国南方重要的产瓷区，文献中对宣州地区产瓷的记载主要集中于明清时期的方志和私人著述中，目前可见的相关记载有如下几条：

---

① （唐）李吉甫：《元和郡县志》卷28《江南道四·宣州》。

明嘉靖《宁国府志》卷六“岁贡”条下记载说：明代宣城岁贡“酒瓶一十二万个，内十一万五千个解仪真抽分厂转解工部，五千个解南京工部”。①

万历《宁国府志》卷八所列“岁贡之目”有“官瓶”一条：“官瓶，一十二万个，内一十一万五千个解仪真抽分厂转解工部，五千个解南京工部，宣城个户造纳，复役与园户埒”，“官瓶每个五厘二毫”。②

清蓝浦的《景德镇陶录》记载“宣州窑，元明烧造，出宣州，土埴质颇薄，色白”，“元时浮梁磁局，专管景德镇磁器，世称枢府器。而民间所烧者，则有宣州、临州、南丰诸窑，然其成绩不能超过两宋也”。③

清陆凤藻《小知录·器用》中载：“古无磁，瓶皆以铜为之，至唐时尚窑器。厥后有柴、汝、官、哥、定、龙泉、均州、章生、乌泥、宣城等窑，而柴、汝最贵。”④

黄裔《瓷史》中论宣州窑：“宣州窑，当烧于南唐有国时。盖宣州五代中为南唐所有，入宋改为宁国府，元明因之，遂无复宣州之号，是宣州瓷器为南唐所烧造，以为供奉之物者。南唐后主尤好珍玩，则其供奉之瓷器必极精良，明王世贞诗云：‘泻向宣州雪白瓷’，谓之雪白，知非柴窑之黄土粗足所能比拟也。”⑤

综上所述，文献中对于“宣州窑”时代和产品特征的描述并不相同，但在对这些记载进行细致分析后我们仍然可以得到以下的一些信息：

首先，关于“宣州窑”的时代问题。文献中记载的“宣州窑”，其时间跨度从五代时期到明代，前后500余年，其中蓝浦记载的宣州窑为元明时期，明《宁国府志》记载生产“官瓶”的宣州窑为明代，而陆凤藻将其与柴、汝、官、哥、定等五代、宋代名窑相提并论，应该认为他所记载的宣州窑属于五代北宋时期，《瓷史》中更是记载宣州窑“当烧于南唐有国时”，明确其为五代瓷窑。因此，综合来看，关于“宣州窑”时代问题应是两种

① 参见冯先铭《记志书中一批有待调查的瓷窑》，《文物》1973年第5期。

② 同上。

③ 熊寥、熊微编注：《中国陶瓷古籍集成·景德镇陶录》，江西科学技术出版社2006年版，第530页。

④ 陆凤藻：《小知录》，上海古籍出版社1991年版。

⑤ 黄裔：《瓷史》，载孙彦《古瓷鉴定指南》，北京燕山出版社1993年版，第106页。

观点，一是五代至宋时期；二是元明时期。

其次，关于宣州窑产品的特色。从文献中的描述来看，仅有《景德镇陶录》和《瓷史》中对此略有提及，且皆认为宣州窑产品特征是胎釉色较白。

二 古宣州境内发现的瓷窑遗址

新中国成立后，文物考古部门对宣州地区古窑址进行了多次考古调查和发掘，目前已发现的窑址主要有休宁县岩前窑、歙县竦口窑、泾县琴溪窑、瑶头岭窑、窑峰窑、绩溪县霞间窑、繁昌县繁昌窑等。这些窑址基本属于唐、五代和北宋时期，迄今为止，在宣州境内尚未发现元明时期生产瓷器的窑址。①

休宁县岩前窑仅在唐代生产，其主要烧制青黄釉粗瓷，施半釉，釉层厚薄不一，厚处泛青，薄处泛黄，胎釉结合不好。脱釉现象较为严重，釉面有细碎开片。胎壁较厚，灰色，无透感，质地粗，夹杂质较多。②

歙县竦口窑的生产时间为唐至北宋时期。唐代竦口窑青瓷，釉呈姜黄色，釉面带有细小的黑色斑点，胎色铁灰，施釉不到底，露胎处呈黑褐色，器类以碗、盘为主，碗壁厚重，支钉叠烧，器底往往留有支烧痕。五代时，竦口窑青瓷得到发展，器物制作精工，造型规整。器型以碗为主，碗多花瓣口，圈足。此外还有执壶、盏、托等。器物烧成温度较高，胎色铁灰，胎质坚硬。器物施釉均匀，里外满釉，釉面光亮明净，一般无开片，支钉叠烧。到北宋时，竦口窑青瓷烧制达到鼎盛时期，抛弃了落后的叠烧方法，采用先进的一匣一器的装烧方法，碗内心没有支烧痕迹，是这一时期瓷器的重要特征。③

泾县琴溪窑为晚唐至北宋的青瓷窑。产品系明火烧制，釉色不甚均匀，呈青黄、黄绿、青绿等色，胎色深青。器型有盏、碗、盘、执壶、钵、枕等。窑具只有窑柱和托珠，不见匣钵。④

---

① 李广宁：《试谈安徽古代瓷器的生产与外销》，《文物研究》1988年总第4期。

② 阚绪杭：《皖南四处青瓷窑址的初步调查》，《文物研究》1995年总第10期。

③ a. 高一龙、贾庆元：《安徽歙县竦口窑调查》，《考古》1988年第12期。

b. 李辉柄：《安徽省窑址调查纪略》，《故宫博物院院刊》1988年第3期。

④ 李广宁：《泾县琴溪古陶瓷窑址调查》，《安徽文博》1985年总第5期。

绩溪霞间窑创烧于五代，延续到北宋。霞间窑以烧制青釉瓷器为主，还兼烧一些酱黑釉瓷器。青釉瓷的釉面光洁，釉层厚薄均匀，胎釉结合紧密。瓷胎质地细腻、结构致密，胎中无明显杂质，胎色为各种程度不同的灰色。绝大多数用支垫明火烧制，少数用匣钵烧制。生产器型有碗、执壶、罐等。①

此外，泾县还有两处北宋时期窑址，窑峰窑与瑶头岭窑。窑峰窑器物主要有碗、盏、壶等，造型小巧精致，胎壁较薄，胎质细密，胎色有白、灰白、铁灰、砖红等。釉色可分为青、白、黑三大类，多数器物釉下施化妆土。以青瓷为主，白瓷器较少。早期以支钉叠烧，晚期以匣钵装烧。瑶头岭窑器物以碗为主，胎色有灰白、铁灰、砖红等，无白胎，釉色有青、青白、白等。窑具均为漏斗形匣钵，不见支钉叠烧痕迹。②

繁昌窑是五代至宋时专烧青白瓷的窑址，其产品特色为五代时胎釉皆偏白，进入宋代以后胎釉逐渐向偏青的方向发展。③

1985年，在芜湖县东门渡发现一个唐宋窑址群，该窑址生产粗糙的酱釉瓷、青釉瓷及黄釉瓷。在该窑址采集到印有“宣州官窑”标志的四系罐残片，给研究宣州窑及其相关问题提供了重要的资料。④

三　“宣州窑”的时代及其产品特征分析

从上述文献记载及考古资料来看，宣州历史上确曾生产瓷器，但遗憾的是，自冯先铭先生1973年将“宣州窑”列入待确定的古窑址之一后，⑤学术界至今无法确定“宣州窑”的时代、位置及其产品特征。虽然如此，在对上述资料进行仔细分析后，我们认为“宣州窑”应是五代至宋时期的瓷窑，其产品具有胎釉色泽较白的特征，而《景德镇陶录》中关于“宣州窑”是元明时期白瓷窑的记载是不准确的。

---

① 阚绪杭：《皖南四处青瓷窑址的初步调查》，《文物研究》1995年总第10期。

② 安徽省泾县文化局编：《泾县文物志》，1986年版，第16—19页。

③ 陈衍麟：《安徽繁昌柯家村窑址调查简报》，《东南文化》1991年第2期。

④ 谢小成：《芜湖县东门渡唐宋陶瓷窑址的调查——兼议“宣州官窑”》，《东南文化》1991年第2期。

⑤ 冯先铭：《记志书中一批有待调查的瓷窑》，《考古》1973年第5期。

首先，从中国陶瓷发展历史来看，北宋中期以后，景德镇生产的青白瓷迅速崛起，对各大名窑产生巨大的冲击，其产品不仅行销长江以南各地区，甚至在遥远的东北地区都多有发现，在外销瓷中也占据了重要的地位。入元以后，景德镇又开始烧造青花瓷，其产品逐步占领了全国的市场，并初步确立了其“瓷都”的历史地位，宋代名窑鼎立的局面已不复存在，江南地区除了龙泉窑、德化窑等少数几个窑址外，已没有能够生产高质量瓷器窑址的存在，而宣州距景德镇仅百余公里，在这样的一个距离上出现一个值得记入《景德镇陶录》的“土埴质颇薄，色白”的元明白瓷名窑在理论上来说几无可能。

其次，“窑以州名”的做法流行于唐宋时期，元明时期虽也仍有少数窑址以州府命名的，如景德镇窑称“饶州窑”，龙泉窑称“处州窑”，但已十分鲜见。宣州，南北朝时始有建制，隋朝为宣城郡、唐五代为宣州，宋改为宁国府，元明继续沿用。因此，“宣州窑”时代属于元明时期的可能性是非常小的，这一点已有学者做相关阐述。①

再次，根据建国后对皖南地区古窑址的调查发现，在古宣州境内的古窑址只有泾县琴溪窑、瑶头岭窑、窑峰窑，繁昌窑及芜湖县东门渡窑，这些窑基本属于唐、五代和北宋时期，迄今为止，在古宣州境内尚未发现元明时期的制瓷窑址。② 而皖南地区其他古窑址如休宁县岩前窑、歙县竦口窑、绩溪县霞间窑等都不在古宣州的范围之内。同时，从目前所掌握的宣州地区墓葬资料来看，也未发现有较多与当地有关的白瓷资料。

综上所述，我们认为文献记载中的“宣州窑”应是五代北宋时期的窑址，而《景德镇陶录》中关于“宣州窑”是元明时期的窑址的记载是不准确的。

四 “宣州官窑”及相关问题研究

（一）官窑制度的讨论

官窑制度是我国古代瓷业发展史上一个特殊的现象，关于官窑的概念内涵，历来有很多争议。实际上这一概念的内涵有一个发展变化的过程，明清

---

① 刘毅：《“宣州官窑”及相关问题研究》，《考古》1999 年第 11 期。

② 李广宁：《试谈安徽古代瓷器的生产与外销》，《文物研究》1988 年总第 4 期。

以前的官窑应是指由官府开设的瓷窑场，而明清时期所谓的官窑应是专指景德镇的御窑厂。根据有关学者的研究，明清以前的官窑可分为中央官窑和地方官窑两种类型。中央官窑是指由中央政府自行设立的窑场，隶属于中央政府，专门烧造宫廷和中央政府用瓷。这一制度开始于北宋末年，宋代中央官窑有北宋汴京官窑、南宋修内司官窑和郊坛下官窑三处。地方官窑则是指隶属于地方官府的窑场，地方官窑制度的形成则较为复杂，刘毅先生认为，这一制度的起源可以上溯到晚唐时期的"贡窑"，唐代时地方郡县的贡品大多由官府出资收购，这些由官府出资收购的贡品，一般由特定的匠户生产。为保证贡品质量，晚唐时越窑辟有专烧贡瓷的窑场——"贡窑"。唐末宋初时，浙江地区的越窑为吴越钱氏政权控制，在吴越王的统治期间，境内相对安定，社会生产持续发展，越窑瓷器的质量和产量都在提高，为自保于江南，历代吴越王都向中原王朝称臣纳贡，越窑精品瓷器即为重要的贡品之一。为保证产品的质量，吴越政权加强了对窑场的直接控制，派官员赴窑场监督秘色瓷的烧造，由此，"贡窑"制度发展为"设官监窑"的烧制制度。吴越归宋后，官监越窑也被宋廷接受，"设官监窑"制度也被继承下来。[①]据王光尧先生考证，"设官监窑"制度在两宋一直存在，是两宋时期通行的瓷窑管理制度。至北宋末年，开始出现诏命地方烧造瓷器的新制，汝窑是目前所知的最早承担这种任务的窑场，而这种烧造瓷器制度是由地方行政官员来负责完成的。[②] 地方官窑在生产资料所有权上属于国家所有，其产品流向也由官府控制，除了上贡朝廷和官府使用外，其多数产品应该都是商品。

（二）"宣州官窑"的性质

"宣州官窑"发现于1985年的文物普查中，窑址位于安徽省芜湖县东门渡村，南北长3公里，东西宽1.5公里，时代为唐末至北宋时期，该窑址不见于文献记载。1991年《中国文物报》报道了"宣州官窑"消息，在窑址采集到钤有"宣州官窑"四字阴文印记的四系罐，引起古陶瓷研究者的广泛关注。然而，这座宣州官窑的产品质量非常粗劣，据调查，该窑烧制的产品种类有小罐、双系罐、四系罐、酱釉钵、盒及狮子、虎头等。釉色有青黄釉、灰青釉、黄釉、黑釉等多种，瓷质粗糙，制作极不规整。这样的产品实在很难与人们传统观念中的官窑联系起来，由此也引发了学术界对官窑内

---

① 刘毅：《官窑制度的形成及其实质》，《中原文物》1994年第3期。

② 王光尧：《宋代官窑制度初探》，《文物》2002年第5期。

涵的深深地思考。学者将其与文献记载中宣州窑联系起来，认为它就是学者们苦苦找寻的宣州窑遗址。也有一些学者认为质地如此粗糙的器物不可能是官窑产品，同时，1991 年合肥市阜阳南路拓宽时，在距地表深约 1.5 米处发现一个桶形窖穴，窖内堆放 400 多件四系罐，其中 8 件带“宣州官窑”款。由此引发了人们对官窑传统概念的重新思考，袁南征先生认为，这种器型唐宋时期曾大量烧造，并且在遗址中发现这种酒瓶有的印有“宣州官窑”四字，从这些发现来看，“宣州官窑”应是专为官府烧造盛酒器。而不是传统意义上的为宫廷烧造御用瓷的瓷窑。①

（三）《宁国府志》中相关记载的讨论

明嘉靖《宁国府志》卷六记载“岁贡”条下记载说：明代宣城岁贡“酒瓶一十二万个，内一十一万五千个解仪真抽分厂转解工部，五千个解南京工部”②；又万历《宁国府志》卷八所列“岁贡之目”有“官瓶”一条：“官瓶，一十二万个，内一十一万五千个解仪真抽分厂转解工部，五千个解南京工部，宣城个户造纳，复役与园户埒”，“官瓶每个五厘二毫”。③ 到目前为止，尚不清楚书中记载的“官瓶”到底出自哪个窑址。《宁国府志》中的记载为当朝人记当朝事，应不会有错，因此，宣州地区有窑场存在是可信的，但其产品很可能是书中记载上贡所用之“官瓶”，这应是为明政府烧制的一种盛酒器，由此很容易让人想起芜湖县东门渡的“宣州官窑”，二者都生产一种盛酒器，不同的是，“宣州官窑”是由地方官府控制的，而明代宣城地区生产“官瓶”的瓷窑是属于个体所有。李广宁先生在调查泾县琴溪古陶瓷窑址时，在陶窑村及其附近地区发现大量明清时期的陶器堆积，主要器型有罐、壶、虎子、灯等，基本无装饰，少量的罐、壶类器物口部施白釉，腹部施褐彩，下体露胎。而陶窑村至今还有用龙窑烧造缸瓦陶器。④《宁国府志》中记载的这种“官瓶”很可能即是由这些烧制粗糙陶器的窑址烧制作为一种赋税上贡给政府的，因此，冯先铭先生根据《宁国府志》确定的“宣州窑”与明清文献中记载的“宣州窑”应不是同一概念。

---

① 袁南征：《重新认识官窑——关于官窑概念的探讨》，《文博》1995 年第 6 期。

② 参见冯先铭《记志书中一批有待调查的瓷窑》，《文物》1973 年第 5 期。

③ 同上。

④ 李广宁：《泾县琴溪古陶瓷窑址调查》，《安徽文博》1985 年总第 5 期。

五　“宣州窑”与繁昌窑的关系

从以上的发现和分析来看，“宣州窑”应属于五代至宋时期的窑址，其特征是胎釉颜色较白。目前古宣州境内已发现的唐宋时期窑址包括泾县琴溪窑、瑶头岭窑、窑峰窑、繁昌县繁昌窑及上述芜湖县东门渡窑。[①] 在所有这些唐宋时期的瓷窑中，绝大多数都以生产青瓷为主，生产白瓷或近白瓷器的窑址只有瑶头岭窑和繁昌窑。瑶头岭白瓷产品有卷唇碗、盏等，胎料因含铁量稍高而呈青灰色，釉下施白色化妆土，釉色微闪青色，使白瓷呈现“卵白色”，有学者认为这与文献记载的宣州窑“卵白釉”一致。[②]

繁昌窑青白瓷器五代时期颜色近白，很多产品几乎与白瓷无异，其时，繁昌地属宣州，为南唐国所辖，1950 年 10 月至 1951 年初，南京博物院发掘了南唐二陵。在 1957 年出版的《南唐二陵发掘报告》中，出土瓷器基本分为两大类——青瓷与白瓷。二陵共复原 7 件白瓷器，其中李昪墓出土的盏（原文作瓷碟）和李璟墓的盏（原文作卷唇小瓷碗）从器物物征及制作工艺上看与繁昌窑五代时期的产品完全一致（彩版一五九，1；图一一〇），同时，在南京南唐国宫殿遗址区发现的一件青白瓷盏（彩版一五九，2），[③] 也与繁昌窑一期出土的盏器型相同（彩版一五九，3；彩版一五九，4），此外，在现北京故宫博物院藏南唐顾宏中《韩熙载夜宴图》中所绘部分瓷器[④]（彩版一五九，5）也与繁昌窑同类产品（彩版一五九，6）基本一致，说明繁昌窑确实曾为南唐国烧造贡瓷，同时也证明了黄裔《瓷史》中的记载是可信的，因此，如果清代其他文献中所载的宣州窑与《瓷史》中宣州窑为同一概念的话，繁昌窑就很可能是文献记载中的宣州窑。

综上所述，宣州窑为五代北宋时期窑址，从考古资料及文献记载分析来看，繁昌窑很可能是文献记载中的宣州窑。其性质为民间窑场，但曾为南唐国生产过贡瓷。东门渡窑及《宁国府志》中记载的“岁贡官瓶”窑场与清

---

① 李广宁：《试谈安徽古代瓷器的生产与外销》，《文物研究》1988 年总第 4 期。

② 叶润清：《安徽古瓷概述》，《文物研究》1993 年第 8 辑。

③ 此件盏图片由南京博物院张浦生先生允准拍摄。

④ 中国美术全集编辑委员会：《中国美术全集·绘画编 2·隋唐五代绘画》，锦绣出版公司 1989 年版。

代文献中记载的。

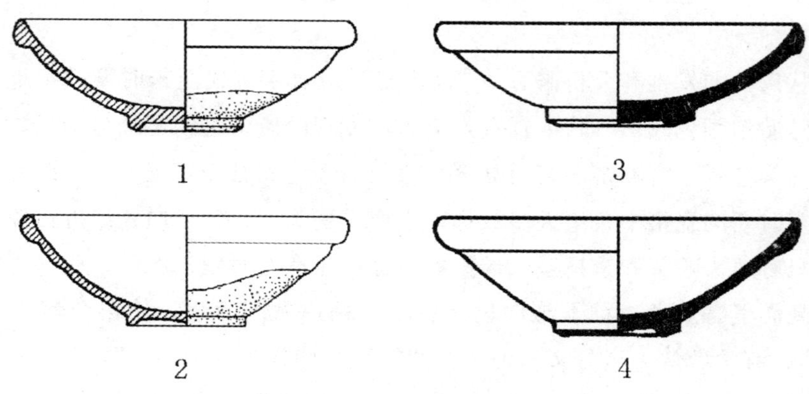

1、2 繁昌窑出土盏 3、4 南唐二陵出土盏

图一一〇 繁昌窑与南唐二陵出土瓷盏平剖面直视图

第二节 繁昌窑的兴衰

前文已对五代、北宋时期的繁昌窑进行了分期和年代推断，在此基础上，下文对繁昌窑的发展、兴盛与衰微进行讨论。

远在两汉时期，我国的经济重心是在黄河下游地区，但其后由于黄河的不时决口及黄河流域的累次战乱，社会不安，经济繁荣景象逐渐消退，而南方长江下游三角洲和太湖流域经济则逐渐发展起来，宣州所在的皖南地区，经济也在逐步发展，唐代前期由贞观到天宝年间，宣州的户数已在十万以上，与贞观时期相比，增加了五倍。① 安史之乱后，中原板荡，人户南迁，更加促成了经济重心的南移，据说“自正德后，中原多故，襄、邓百姓，两京衣冠，尽投江湘，故荆南升邑，十倍其初”。②

公元 907 年，在长时期的藩镇割据、朋党之争、宦官专权中，曾经盛极一时的唐王朝，终于为后梁政权所取代，中国历史进入了一个战乱频仍的五

① 白寿彝总主编：《中国通史》第 6 卷《隋唐时期（上）》，上海人民出版社 1997 年版，第 468 页。

② 《钦定旧唐书》卷 39《地理志二》，光绪癸卯年十月，五洲同文局石印本，第 14 册。

代十国时期。安徽境内的宣城地区先后为杨吴政权和南唐国所辖，在此期间，实行休兵息民政策，境内社会稳定，生产逐渐得到恢复与发展，制瓷手工业也得到迅速发展，吴越境内的越窑烧制出的秘色瓷更是名满天下，而同时期的中原地区却五代更替，战乱频仍，伴随着北方人户的南迁，北方地区的大量窑工也纷纷南下，这给南方特别是长江中下游地区制瓷业带来了新的因素，促进了南方制瓷业的发展。安徽境内的多数瓷窑都是唐末五代时所创烧，繁昌窑正是在这样一个背景下诞生的，从瓷器的风格来看，繁昌窑兼有南北方瓷器的风格特点。同时，安徽南部包括繁昌地区分布有丰富的制瓷原料和烧瓷燃料，且水网密布，交通便利，为繁昌窑的瓷业生产与销售提供了优越的自然条件，由此，五代时期繁昌窑得以创烧并迅速发展。

公元 960 年，北宋立国，此后不久，公元 976 年南唐降宋，原南唐境内的繁昌等地得以平稳过渡，未受兵祸，生产力得以继续发展。入宋以后，江南经济得以持续发展，制瓷业更是达到了一个新的高峰时期，各地窑场林立，出现了我国历史上著名的五大名窑竞相争辉的现象。繁昌窑在宋代初年也达到了一个新的高度，瓷器的产量及质量都得到了显著的提高，根据对繁昌柯家冲瓷器显微结构的研究发现，北宋早期的瓷胎烧结程度最好，说明这一时期繁昌窑的生产技术已经成熟，繁昌地区的考古发现也证明此一阶段的墓葬中大量发现繁昌窑瓷器，这一阶段应是繁昌窑生产的高峰时期。

根据对繁昌窑瓷胎的化学组成分析来看，北宋中期以后，其瓷胎化学组成中 Al_2O_3 含量大幅下降，而 K_2O、Na_2O 和 Fe_2O_3 含量则明显上升，造成这种变化的原因是其制瓷原料的品质在不断下降，从而最终导致了繁昌窑的衰落。另外，这一阶段繁昌窑器物烧制用垫砂代替了垫饼，制作也变得非常粗糙，胎料加工不如以前精细，瓷胎中有较多大颗粒，器物圈足常有多处豁口。上述现象表明，繁昌窑在北宋中期已开始逐渐衰落。

第三节　繁昌窑的历史地位

瓷器的发明是中华民族对世界文明的伟大贡献之一。在距今 1.5 万多年前的史前时代，古代的先民们就已经用火与土制造出了中国大地上第一批陶器，在此后漫长的岁月里，伟大的先民创造了辉煌灿烂的新石器文化，各类精美的陶器比比皆是，经过近万年的经验积累，新石器时代末期至夏商时期，又创造出了原始瓷器。再经过近2000年的发展，至东汉中晚期，浙江地区的越窑终于首先生产出第一批成熟的瓷器。至此，瓷器成为人类物质文明的重要组成部分，在人们的生活中扮演着不可忽缺的角色。

早期的瓷器生产主要集中在我国南方地区，其中尤以浙江境内为多，此时生产的瓷器主要是各类青瓷。而我国北方地区瓷器生产在瓷器诞生后的很长时间内一直未取得较大发展，直至南北朝时期，北方瓷器生产才逐渐增多，并较多地生产白瓷。隋唐以后，我国瓷器生产形成“南青北白”的格局，这一格局一直到唐末五代时才有所改变。进入宋代以后，我国瓷器的生产进入了一个百花争艳的繁盛时期，各地名窑林立，并形成六大瓷窑体系。旧时“南青北白”的格局已不复存在。

青白瓷是介于青、白两个瓷种之间的一个新瓷种，它正是在唐末五代这样一个南北制瓷工艺不断交流融合的过程中得以诞生的，传统上认为，我国青白瓷以宋元时期的景德镇窑产品为代表，这期间景德镇窑青白瓷生产工艺先进，质量精美，不仅行销全国，在外销瓷中同样占据着非常重要的地位。但一直以来，学术界对于青白瓷的早期生产情况并不清楚，由于景德镇地区在五代时期只烧青瓷和白瓷，至今未发现有烧造青白瓷的窑址，因此有人认为青白瓷是景德镇在北宋时期创烧的，但根据目前的考古发掘资料来看，湖北武昌的青山窑和安徽的繁昌窑在五代时期都已经开始生产青白瓷器。青山窑的研究进行较早，研究表明其五代时期兼烧青瓷与青白瓷，而繁昌窑则是一处专烧青白瓷的窑址，因此，繁昌窑对于研究青白瓷的起源及其早期生产情况都具有重要价值。

五代时期，繁昌先后属于杨吴政权和南唐国，在此期间，境内相对安定，生产得以持续发展，繁昌窑出土的五代时期的产品质量较好，其中骆冲窑出土的青白瓷尤为精美。20世纪50年代南京南唐二陵的发掘出土的瓷盏（原文作小瓷碗），与繁昌窑五代时期的叠唇盏完全一致，说明繁昌窑曾为南唐宫廷生产贡瓷，同时也证实了黄裔《瓷史》中“南唐后主尤好珍玩”的“宣州窑”瓷器即为繁昌窑产品。

从装烧工艺来看，繁昌窑五代时期已使用匣钵及垫饼来装烧瓷器，这对提高瓷器质量有着非常重要的作用，而同时期的景德镇窑及皖南地区的许多窑址仍在使用明火烧瓷，繁昌窑率先使用这一工艺对促进这种装烧先进工艺的传播也有着非常重要的作用。

我国幅员辽阔，各地制瓷所用原料也多不相同。在北方地区主要以各种沉积黏土作为制瓷原料，其中含有较多的高岭石，因此，其胎料具有“高铝低硅”的特点。而南方地区由于分布有大量的瓷石，长期以来一直使用瓷石作为单一原料，其胎料配方具有“高硅低铝”的特点。但由于瓷石中含有较多的石英矿物，在烧成时如果温度过高就会造成高温变形，限制了烧成温度的提高，也就限制瓷器质量的进一步提高，为提高瓷器质量，必须提高胎料中 Al_2O_3 含量，传统观点认为使用瓷石加高岭土的“二元配方”制瓷工艺是景德镇在元代初年首创的，经我们对繁昌窑瓷器胎料化学组成及制瓷工艺的研究发现，繁昌窑在五代时已使用了“二元配方”工艺，比这一问题的传统认识要早 300 多年。

第四节 成型与装烧工艺

安徽繁昌窑至迟在五代已开始烧造瓷器，历经五代、北宋两朝，其龙窑窑炉曾经历了多次改建重修，随着时代的变更，装烧工艺也发生了变化。

五代繁昌窑瓷器胎质洁白细腻，瓷化程度高，质地坚硬，敲之有金玉之声，系在高温中烧成。根据对青白瓷器标本瓷胎及当地瓷石矿料的化学成分分析表明，前者 Al_2O_3 的含量高于后者，这对研究早期青白瓷具有重要价值。

繁昌窑瓷器制作使用轮制成型的方法，标本周身多有较清晰的轮制痕迹，碗、盏等类器物的下腹及圈足部位还经刀削二次加工。早期制作精细，器型规整。晚期制作逐渐粗糙。

施釉采用蘸釉法。碗盏类器内施全釉，器外施半釉。壶、罐、炉等器类的内壁除口沿部位外多不施釉，而器外表则多施满釉。

繁昌窑具有较长的烧造瓷器的历史，其创烧时代最迟不晚于五代，衰落于北宋晚期。通过对考古调查和发掘出土窑具标本的综合分析，可以看到自五代至北宋中期其窑具的使用、装烧方法及其变化情况。

骆冲窑出土五代时期窑具主要有匣钵、垫圈及少量的垫柱和泥支钉。柯家冲窑则主要是匣钵、垫饼及少量垫圈。发掘时我们发现大量匣钵与瓷器烧结在一起，匣钵按形状可分为漏斗状和桶状两种。在匣钵的口沿部位多有一层玻璃化釉状物。垫饼制作规整且数量巨大，系用较粗糙的废胎料制成。

柯家冲窑址发掘出北宋时期大量的匣钵、垫饼及少量垫圈。匣钵有漏斗状和桶状，个体大小不一，另发现一种浅盘状的匣钵盖。桶状匣钵为圜底，底中部有一圆形小孔，制作较粗。漏斗状匣钵内小平底，斜壁上有一圆孔。

装烧方法，五代时虽然仍然保留有早期支钉叠烧方法，但已经开始使用一钵一器的装烧技术，下垫一个由碗的圈足套住的垫饼，匣钵层层叠起，这一时期的装烧方法与景德镇湖田窑早期相似。

北宋早期，已全部使用匣钵叠烧方法，发掘时我们发现大量匣钵与瓷器烧结在一起的废品。

北宋中期，仍然使用匣钵叠烧方法，但随着窑址的衰落，垫饼数量锐减，窑工们开始用垫砂来代替垫饼垫在匣钵内。

后　　记

2002 年，中国科学技术大学科技史与科技考古系、安徽省文物考古研究所、繁昌县文物管理所组成联合考古队，对安徽繁昌柯家冲窑址进行了为期两个月的正式考古发掘，取得了丰富的成果。本书即是在此次发掘的基础上，通过对发掘资料的整理、研究编写而成。

本书由中国科学技术大学科技史与科技考古系杨玉璋执笔完成，全书最后由张居中教授修改定稿。朱清时院士对该窑址的发掘和本书的写作都曾做过重要的指导。发掘资料的整理工作由杨玉璋、张居中及河南省文物考古研究所的贾长有完成。

本书器物线图的绘制及电脑制作由杨玉璋、贾长有完成。发掘现场及各类遗迹照片由张居中、杨玉璋拍摄。器物照片由安徽省文物考古研究所程京安、中铁四局许国拍摄。

安徽省文物考古研究所的李广宁、吴卫红先生，繁昌县文物管理所的徐繁、黄柏挺、谢军、汪发智等先生，中国科学技术大学的昝义、姚凌、李育林等同学也参加了本项目的部分工作。

中国科学技术大学的胡化凯、石云里、金正耀、杨晓勇、冯敏等先生，安徽省文物考古研究所原所长杨立新先生，中国科学院高能物理研究所冯松林先生等对本书的写作提供了诸多的帮助和支持。

中国科学技术大学研究生院为 2002 年繁昌柯家冲窑址的发掘及后期的整理和部分研究工作提供了经费支持。

本书由国家社科基金后期资助项目（08FKG002）资助出版。

在此，我们向上述单位和个人表示感谢。

编　者

2009 年 11 月

1. 繁昌柯家冲窑址龙窑发掘区全景

2. 繁昌柯家冲窑址作坊基址发掘区全景

彩版一　繁昌柯家冲窑址发掘

1. 2002 年古陶瓷科学技术国际讨论会繁昌窑专题讨论

2. 2002 年古陶瓷科学技术国际讨论会代表参观发掘现场

彩版二　2002 年古陶瓷科学技术国际讨论会

1. 2003 年 1 月安徽繁昌窑遗址发掘成果专家论证会

2. 参加论证会的专家考察发掘现场

彩版三　繁昌窑遗址专家论证会

1. 龙窑发掘区第一批探方分布图

2. T119 地层剖面图

彩版四　龙窑基址发掘

彩版五　龙窑遗迹全景

1. 龙窑操作间

2. 龙窑火门与火膛

彩版六　龙窑遗迹

1. 龙窑中部窑壁三层窑砖

2. 窑室内保存完好的匣钵堆积

彩版七　龙窑窑壁与窑室

1. 南三号窑门

2. 北二号窑门

彩版八　龙窑窑门

1. 作坊基址

2. 淘洗池

彩版九　作坊与淘洗池

1. 淘洗池（C2）

2. 排水沟（G2）

彩版一〇　作坊区遗迹

1. T364②：13

2. T364②：8

彩版一一　Aa 型敞口碗

1. T97⑦：52

2. T97⑦：48

彩版一二　Ab型Ⅰ式敞口碗

1. T97⑦：47

2. T97⑦：44

彩版一三　Ab 型 I 式敞口碗

1. T98④：12

2. T97⑥：39

彩版一四　Ab 型Ⅱ式敞口碗

1. T97⑤：21

2. T292②：18

彩版一五　Ab 型Ⅱ式敞口碗

1. T98②：4

2. T97③：18

彩版一六　Ab 型Ⅲ式敞口碗

1. T97③：14

2. T97②：3

彩版一七　Ab 型Ⅲ式敞口碗

1. T140②：3

2. T93③：17

彩版一八　Ac型Ⅰ式敞口碗

1. T93①：2

2. T54③：16

彩版一九　Ac 型 I 式敞口碗

1. T72②：2

2. T339②：4

彩版二〇　Ac型Ⅱ式敞口碗

1. F1：14

2. C2：14

彩版二一　Ac型Ⅱ式敞口碗

1. C2：10（Ac 型Ⅱ式）

2. T293①：1（Ac 型Ⅲ式）

彩版二二　Ac 型Ⅱ式、Ⅲ式敞口碗

1. T125⑤：7

2. T125⑤：7

彩版二三　Ad 型敞口碗

1. T123③：29

2. T123③：28

彩版二四　Ad 型敞口碗

1. T123③：27

2. T123③：27

彩版二五　Ad 型敞口碗

1. T122②：8

2. T122②：8

彩版二六　Ad 型敞口碗

1. C2：9（Ba 型Ⅰ式）

2. T339②：3（Ba 型Ⅱ式）

彩版二七　Ba 型Ⅰ式、Ⅱ式敞口碗

1. T123③：20

2. T123③：20

彩版二八　**Ba 型Ⅱ式敞口碗**

1. F1：39

2. Y1：13

彩版二九　**Ba** 型Ⅱ式敞口碗

1. T72②：4

2. T54②：10

彩版三〇　**Bb** 型敞口碗

1. Y1：16

2. Y1：15

彩版三一　**Bb 型敞口碗**

1. T339②：9

2. C2：5

彩版三二　Bc 型敞口碗

1. T293①：2

2. F1：21

彩版三三　Ca 型 I 式敞口碗

1. F1：20

2. F1：15

彩版三四　Ca 型 I 式敞口碗

1. T123③：21

2. T123③：21

彩版三五　Ca 型Ⅱ式敞口碗

1. T123③：6

2. T123③：6

彩版三六　Ca 型 II 式敞口碗

1. Y1：25

2. Y1：5

彩版三七　Cb 型敞口碗

1. T95④：12

2. T95④：12

彩版三八　Cc 型敞口碗

1. T364②：15

2. T364②：9

彩版三九　Aa型侈口碗

1. T54③：15（Ab 型）

2. T139①：2（Ba 型Ⅰ式）

彩版四〇　Ab 型、Ba 型Ⅰ式侈口碗

1. T124③：19

2. T123③：23

彩版四一　Ba 型Ⅰ式侈口碗

1. C2：2（Ba 型Ⅰ式）

2. Y1：27（Ba 型Ⅱ式）

彩版四二　Ba 型Ⅰ式、Ⅱ式侈口碗

1. Y1：17

2. Y1：2

彩版四三　Ba型Ⅱ式侈口碗

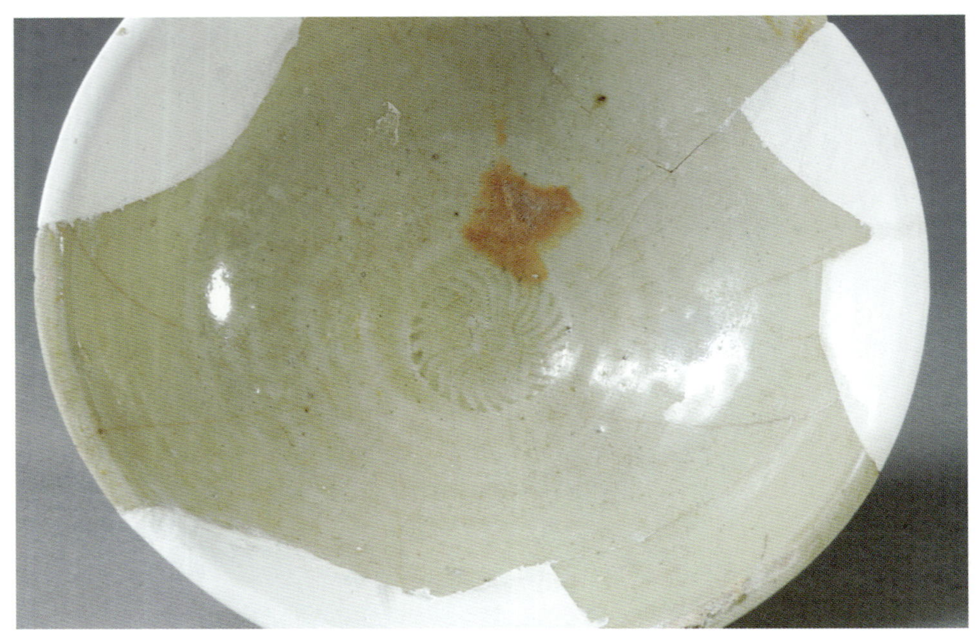

1. Y1：2（Ba 型Ⅱ式）

2. T124③：24（Bb 型）

彩版四四　Ba 型Ⅱ式、Bb 型侈口碗

1. T316②：14

2. T316①：9

彩版四五　Aa型Ⅰ式温碗

1. T316①：11

2. T292②：23

彩版四六　Aa 型Ⅱ式温碗

1. T339②：5

2. T316②：15

彩版四七　Ab 型温碗

1. F1：5

2. F1：4

彩版四八　**Ba** 型温碗

1. T293②：5

2. F1：51

彩版四九　**Bb** 型温碗

1. F1：45

2. F1：19

彩版五〇　**Bb** 型温碗

1. T97⑦：41

2. T95⑪：33

彩版五一　Aa 型 I 式盏

1. T340②：2

2. T316②：23

彩版五二　Aa 型 I 式盏

1. H1：7

2. H1：6

彩版五三　Aa 型Ⅰ式盏

1. T97⑤：26

2. T316①：4

彩版五四　Aa 型Ⅱ式盏

1. T316①：2

2. H1：13

彩版五五　Aa型Ⅱ式盏

1. H1：11

2. H1：5

彩版五六　Aa 型Ⅱ式盏

1. T315②：6

2. T292②：9

彩版五七　Aa 型Ⅲ式盏

1. F1：36

2. F1：10

彩版五八　Aa 型Ⅲ式盏

1. T54④：18

2. T340②：4

彩版五九　Aa型Ⅳ式盏

1. T316②：24

2. T315②：7

彩版六○　Aa 型Ⅳ式盏

1. T93①：1

2. T292②：37

彩版六一　Ab 型盏

1. T316②：18

2. T315②：3

彩版六二　B 型盏

1. T95⑥：23

2. T316②：22

彩版六三　C型Ⅰ式盏

1. T316②：21

2. T316①：7

彩版六四　C 型 I 式盏

1. T54③：14

2. T293②：7

彩版六五　C 型Ⅱ式盏

1. F1：11

2. M2：2

彩版六六　C型Ⅱ式盏

1. T124②：11

2. T121③：8

彩版六七　C型Ⅲ式盏

1. T72②：6

2. C2：7

彩版六八　C 型Ⅲ式盏

1. T316①：8

2. H1：19

彩版六九　Da 型 I 式盏

1. H1：18

2. Y1：28

彩版七〇　Da型Ⅰ式盏

1. T96②：4

2. Y1：26

彩版七一　Da 型Ⅱ式盏

1. T72②：7

2. Y1：3

彩版七二　Db 型盏

1. T292②：34

2. T292②：22

彩版七三　Ea 型盏

1. T269①：2

2. F1：37

彩版七四　Ea 型盏

1. T93④：20

2. T72③：10

彩版七五　Eb 型盏

1. F1：3（Eb 型）

2. T122③：16（F 型）

彩版七六　Eb 型、F 型盏

1. T316①：3

2. T292②：6

彩版七七　Aa 型Ⅰ式圈足碟

1. T292②：17

2. C2：16

彩版七八　Aa 型Ⅱ式圈足碟

1. T364②：4

2. T269①：5

彩版七九　Ab 型圈足碟

1. T123③：2

2. Y1：9

彩版八○　Ac 型圈足碟

1. H2：2（Ba 型）

2. F1：43（Bb 型）

彩版八一　Ba 型、Bb 型圈足碟

1. T292②：28

2. H1：3

彩版八二　Ca 型 I 式圈足碟

1. T95⑤：19

2. T54⑦：20

彩版八三　Ca 型Ⅱ式圈足碟

1. T72②：3

2. Y1：8

彩版八四　Ca 型Ⅲ式圈足碟

1. T269①：4

2. F1：6

彩版八五　Cb型Ⅰ式圈足碟

1. T140②：4

2. T95③：3

彩版八六　Cb 型Ⅱ式圈足碟

1. C2：3

2. Y1：19

彩版八七　**Cc 型圈足碟**

1. T97⑦：50

2. T95⑦：26

彩版八八　平底碟

1. T116②：2

2. H1：4

彩版八九　A 型隐圈足碟

1. T292②：16

2. T292②：16

彩版九〇　A 型隐圈足碟

1. T125⑤：6

2. F1：44

彩版九一　B 型隐圈足碟

1. T364②：12

2. T364②：11

彩版九二　A 型盘

1. T122②：7

2. T316②：19

彩版九三　Ba 型盘

1. H1：9（Bb 型盘）

2. T96②：3（Ca 型盘）

彩版九四　Bb 型、Ca 型盘

1. T96②：3

2. Y1：12

彩版九五　Ca 型盘

1. Y1：12（Ca 型盘）

2. T95④：10（Cb 型盘）

彩版九六　Ca 型、Cb 型盘

1. T95③：4

2. T95③：4

彩版九七　Cb 型盘

1. T123③：33

2. T269①：6

彩版九八　Aa 型 I 式执壶

1. T116②：3

2. T292②：24

彩版九九　Aa型Ⅱ式执壶

1. F1：38（Aa 型Ⅱ式）

2. T117③：14（Aa 型Ⅲ式）

彩版一〇〇　Aa 型Ⅱ式、Ⅲ式执壶

1. F1：23（Ab 型）

2. T124③：20（Ba 型Ⅰ式）

彩版一〇一　Ab 型、Ba 型Ⅰ式执壶

1. T292②：36

2. F1：8

彩版一〇二　Ba 型Ⅰ式执壶

1. F1：52

2. F1：22

彩版一〇三　Ba 型Ⅱ式执壶

1. F1：18

2. C2：1

彩版一〇四　Ba 型Ⅱ式执壶

1. T124③：23

2. H1：16

彩版一〇五　**Bb** 型执壶

1. H1：15（Bb 型）

2. T123③：3（Bc 型）

彩版一〇六　Bb 型、Bc 型执壶

1. T123③：5

2. T95⑪：32

彩版一〇七　Aa 型 I 式水盂

1. T292②：31（Aa 型Ⅱ式）

2. T316②：17（Aa 型Ⅲ式）

彩版一〇八　Aa 型Ⅱ式、Ⅲ式水盂

1. T292②：3（Aa 型Ⅲ式）

2. M2：5（Ab 型）

彩版一〇九　Aa 型Ⅲ式、Ab 型水盂

1. T292②：29

2. F1：47

彩版一一〇　Ba 型水盂

1. T140②：6（Bb 型）

2. T316①：5（C 型）

彩版一一一　Bb 型、C 型水盂

1. T97⑦：46

2. F1：1

彩版一一二　A 型盒

1. M2：6

2. M2：6

彩版一一三　B 型盒

1. T120①：1

2. C2：4

彩版一一四　C型盒

1. T292②：35

2. T292②：27

彩版一一五　Aa 型盒盖

1. T72②：9（Ab 型）

2. T292②：26（Ba 型）

彩版一一六　Ab 型、Ba 型盒盖

1. T123③：32

2. T123③：18

彩版一一七　Bb 型盒盖

1. T95②：1

2. T292②：25

彩版一一八　**Bb** 型盒盖

1. T93②：8

2. F1：27

彩版一一九　Aa 型炉

1. F1：50（Ab 型）

2. M2：4（B 型）

彩版一二〇　Ab 型、B 型炉

1. T96①：1

2. F1：30

彩版一二一　A 型罐

1. H1：10（Ba 型）

2. T140②：5（Bb 型）

彩版一二二　Ba 型、Bb 型罐

1. T124③：25

2. T93①：5

彩版一二三　C 型罐

1. T122②：2

2. M2：3

彩版一二四　盏托

1. M2：1

2. T96②：6

彩版一二五　魂瓶及魂瓶盖

1. T125②：3

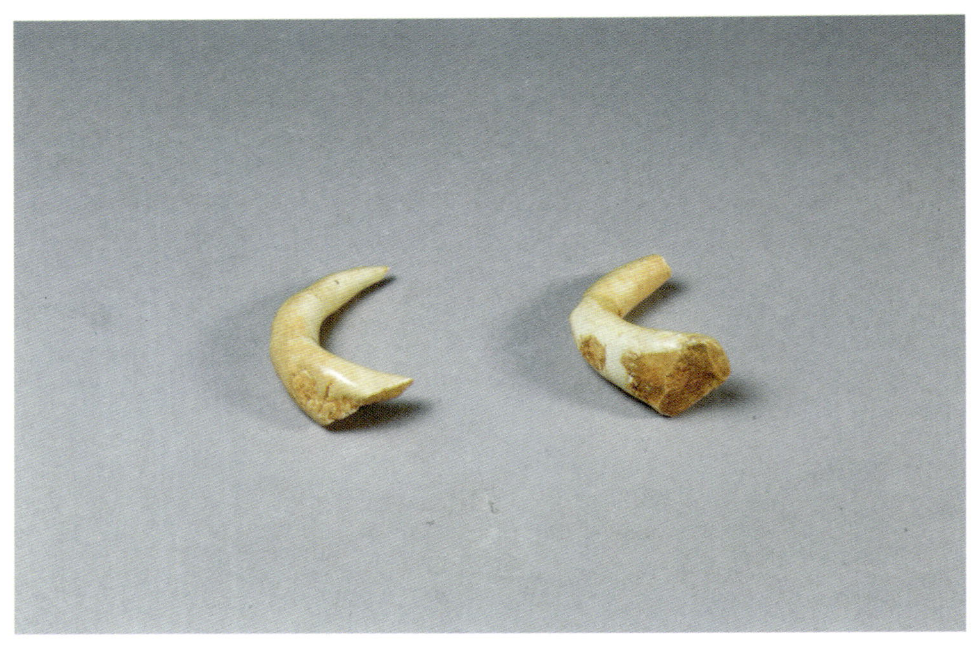

2. Y1：23

彩版一二六　动物雕像

1. T125②：2

2. T120②：5

彩版一二七　瓜子、炉足

1. H1：20

2. T125⑦：12

彩版一二八　圆瓷片与器盖

1. T123②：1

2. T292②：32

彩版一二九　酱、黑釉瓷器

1. T315②：8

2. T364②：7

彩版一三〇　酱、黑釉瓷器

1. T119②：3

2. T72②：8

彩版一三一　A 型擂钵

1. T119②：4

2. T118③：4

彩版一三二　B 型擂钵

1. T125③：5

2. T316①：12

彩版一三三　碾轮

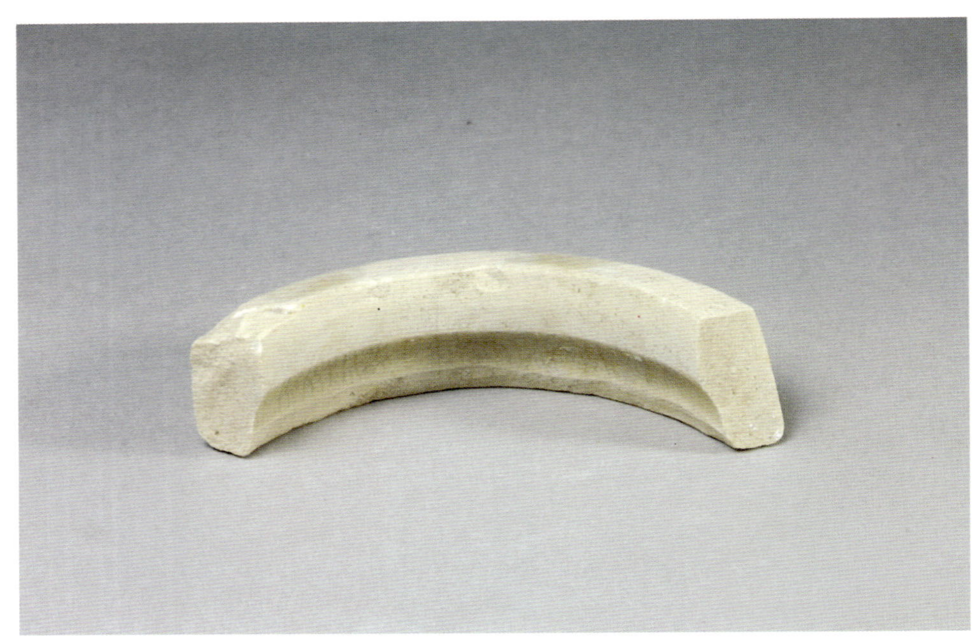

1. F1：26

2. G1②：7

彩版一三四　荡箍

1. C2：11

2. T125③：4

彩版一三五　整形工具、陶拍

1. T123③：14

2. T97⑦：63

彩版一三六　A 型漏斗状匣钵

1. T316②：26

2. T316②：25

彩版一三七　A 型漏斗状匣钵

1. T98②：2

2. T93①：3

彩版一三八　B 型漏斗状匣钵

1. T95⑦：27

2. H1：2

彩版一三九　A 型桶形匣钵

1. T269①：7（B 型）

2. T95⑤：21（C 型）

彩版一四○　B、C 型桶形匣钵

1. T140①：1（“M”形）

2. G1②：15（平底）

彩版一四一　“M”形、平底匣钵

1. T97⑦：55

2. T97⑦：55

彩版一四二　A 型匣钵盖

1. T97⑦：56（A 型）

2. T122③：13（B 型）

彩版一四三　A 型、B 型匣钵盖

1. T93④：24

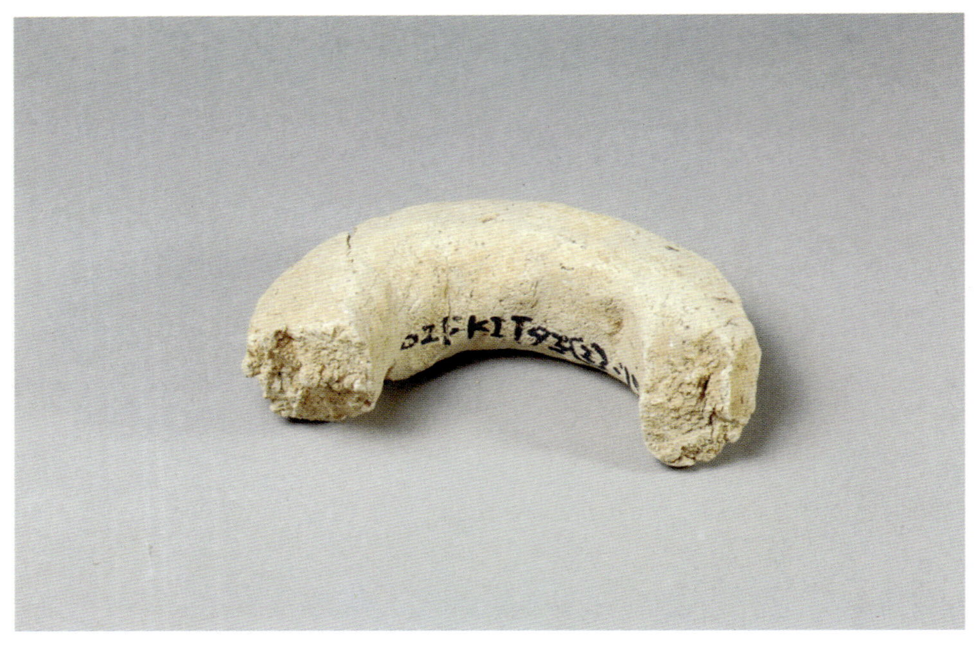

2. T93②：15

彩版一四四　垫圈

1. T97①：1

2. T119②：1

彩版一四五　垫圈与垫饼

1. T119②：2

2. T98②：5

彩版一四六　垫饼

1. T117②：9

2. T54④：19

彩版一四七　窑柱

1. T117②：1

2. T97①：2

彩版一四八　刻字匣钵

1. T269①：8

2. T98①：1

彩版一四九　刻字匣钵

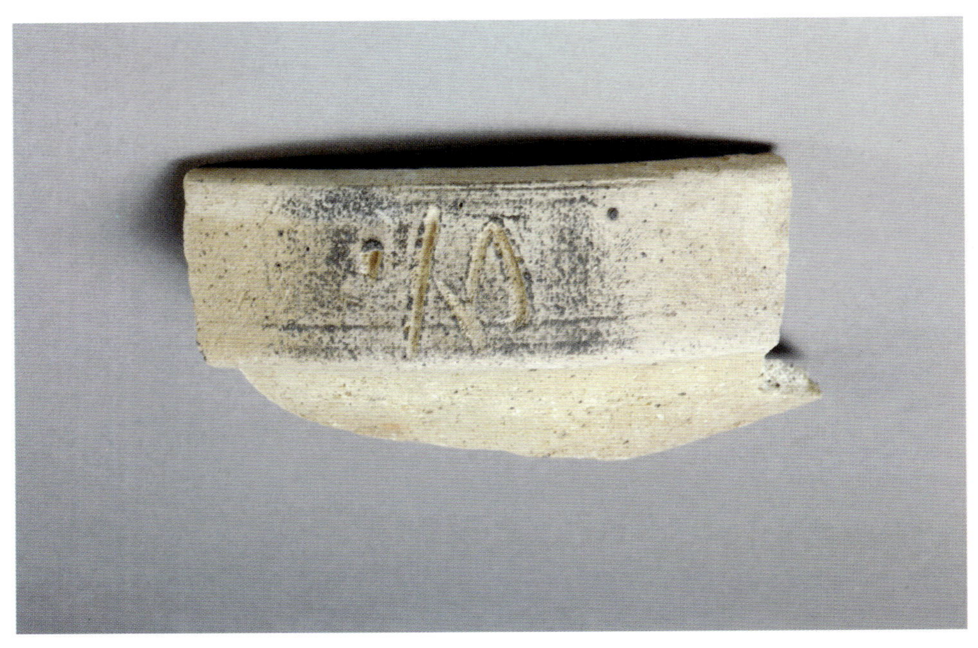

1. T97①：45

2. T54①：5

彩版一五〇　刻字匣钵

1. T141①：1

2. T292②：14

彩版一五一　刻字匣钵

1. T292②：15

2. T93②：12

彩版一五二　刻字匣钵、瓷器

1. T292②：11

2. T123③：7

彩版一五三　刻字瓷器

1. T121②：6

2. T339②：6

彩版一五四　刻字瓷器

1. T124③：21

2. T124③：26

彩版一五五　刻字瓷器

1. T97③：6

2. Y1：40

彩版一五六　刻字瓷器

1. T69②：1

2. T96②：2

彩版一五七　铜币

1. T95⑤：22

彩版一五八　铜币

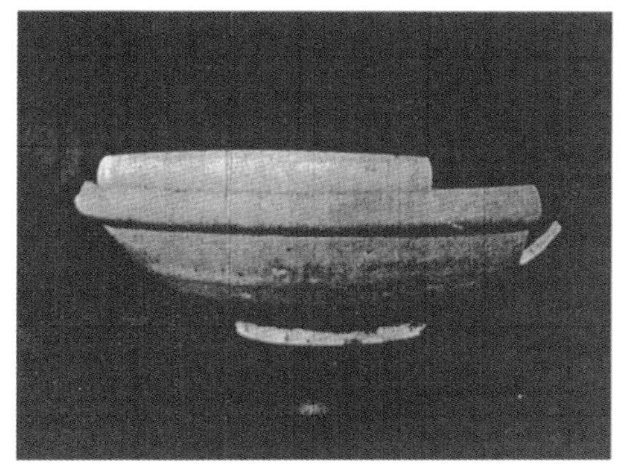

1. 南唐二陵出土盏

2. 南唐宫殿区出土盏

3. 繁昌窑瓷盏（柯家冲窑址出土）

4. 繁昌窑瓷盏（繁昌县博物馆藏）

5. 《韩熙载夜宴图》（局部）所绘瓷器

6. 繁昌窑瓷盏（繁昌县博物馆藏）

彩版一五九　文献与考古资料中南唐国瓷器与繁昌窑生产瓷器